判断のモダリティに関する日中対照研究

ひつじ研究叢書〈言語編〉

第108巻 言語の創発と身体性 児玉一宏・小山哲春 編
第109巻 複雑述語研究の現在 岸本秀樹・由本陽子 編
第110巻 言語行為と調整理論 久保進 著
第111巻 現代日本語ムード・テンス・アスペクト論 工藤真由美 著
第112巻 名詞句の世界 西山佑司 編
第113巻 「国語学」の形成と水脈 釘貫亨 著
第115巻 日本語の名詞指向性の研究 新屋映子 著
第116巻 英語副詞配列論 鈴木博雄 著
第117巻 バントゥ諸語の一般言語学的研究 湯川恭敏 著
第118巻 名詞句とともに用いられる「こと」の談話機能 金英周 著
第119巻 平安期日本語の主体表現と客体表現 高山道代 著
第120巻 長崎方言からみた語音調の構造 松浦年男 著
第121巻 テキストマイニングによる言語研究 岸江信介・田畑智司 編
第122巻 話し言葉と書き言葉の接点 石黒圭・橋本行洋 編
第123巻 パースペクティブ・シフトと混合話法 山森良枝 著
第124巻 日本語の共感覚的比喩 武藤彩加 著
第125巻 日本語における漢語の変容の研究 鳴海伸一 著
第126巻 ドイツ語の様相助動詞 髙橋輝和 著
第127巻 コーパスと日本語史研究 近藤泰弘・田中牧郎・小木曽智信 編
第128巻 手続き的意味論 武内道子 著
第129巻 コミュニケーションへの言語的接近 定延利之 著
第131巻 日本語の活用現象 三原健一 著
第132巻 日英語の文法化と構文化 秋元実治・青木博史・前田満 編
第133巻 発話行為から見た日本語授受表現の歴史的研究 森勇太 著
第134巻 法生活空間におけるスペイン語の用法研究 堀田英夫 編
第138巻 判断のモダリティに関する日中対照研究 王其莉 著

ひつじ研究叢書
〈言語編〉
第138巻

判断のモダリティに関する日中対照研究

王其莉 著

ひつじ書房

まえがき

　本書は、2012年1月に東北大学大学院文学研究科に提出した博士論文「判断のモダリティに関する日中対照研究」をもとに加筆・修正したものである。

　周知の通り、モダリティ研究は日本において1980年代後半から盛んになり、多くの学術的に優れた成果が出されている。しかし、日本語学でのモダリティ研究は議論がますます深められているが、他の言語との対照研究はあまり見られていない。一方、中国語は日本語ほどモダリティが発達する言語ではないので、モダリティに関する研究はあるものの、研究成果はまだまだ少ないのであり、未開発領域へのチャレンジが大いに期待されている。このような状況を突破するには、モダリティの日本語と中国語の対照研究はもっとも有効な手段の1つではないかと思われる。そして対照研究は、比べないと分からない個別言語の特徴を明らかにすることができる利点がある。そういう意味で本書は、日本語と中国語の対照研究だけではなく、日本語学そして中国語学にも貢献しようと試みた研究でもある。

　本書は、モダリティの中核である「判断のモダリティ」を研究の枠組みとする。判断のモダリティの下位分類として、評価判断のモダリティと真偽判断のモダリティがあることは、日本語と中国語において共通して言えることである。また、その表す手段として、日本語では助動詞、複合形式、終助詞など、中国語では助動詞、語気副詞、語気詞などがあり、完全に一致してはいないが、対訳上対応関係にある形式が多々ある。この2点を見据えて、対応関係にある形式を地道に比較対照していけば、もしかしたら判断のモダリティにおける日本語と中国語に関しての大きな違いが見えてくるかもしれないし、少なくとも比較対照した形式の共通点と相違点を明らか

v

にすることができると考え、研究を始めた。

　本書は5部構成となっている。第6章と第8章は博士課程修了後に書いたものであり、それ以外の各章は博士課程在籍中に完成したものである。

　第Ⅰ部の序論では、まず、第1章において、先行研究における「対照研究」の定義やタイプなど、本書が行う対照研究の目的と方法を述べた。第2章では、日本語と中国語のそれぞれのモダリティの体系を取り扱う先行研究を概観し、先行研究における日本語と中国語のモダリティの共通点と相違点をおおまかに把握した。それから、第3章では、モダリティ、本書が比較対照を行う枠組みである「判断のモダリティ」およびその下位分類の「評価判断のモダリティ」と「真偽判断のモダリティ」について規定し、比較対照する具体的な形式を挙げ、本書の構成についても述べた。

　第Ⅱ部では、評価判断のモダリティにおいて日本語と中国語の対照研究を行った。具体的に、第4章では日本語の「なければならない」と中国語の"必須"、第5章では日本語の「べきだ」と中国語の"応該"、第6章では日本語の「てもいい」と中国語の"可以"を比較対象とし、それぞれの意味用法の共通点と相違点、および相違点を生じさせる要因を明らかにした。

　第Ⅲ部では、真偽判断のモダリティにおいて日本語と中国語の対照研究を行った。第7章では、日本語の「だろう」と中国語の"吧"を比較対象とし、両形式が同じ推量用法と確認用法を持つに至る経緯が異なることを明らかにした。第8章では日本語の「かもしれない」と中国語の"也許""可能"、第9章では日本語の「はずだ」と中国語の"応該"、第10章では日本語の「ようだ」「らしい」と中国語の"好像"を比較対象とし、それぞれの意味用法の共通点と相違点を明らかにしたとともに、なぜ相違点が生じたのかも考察を行った。

　また、第5章と第9章から分かるように、日本語の「べきだ」「はずだ」の2形式が中国語の"応該"と対応している。そこで第Ⅳ部の第11章では、評価判断のモダリティと真偽判断のモダリティのかかわりが日本語と中国語においてどのように現れているのかを

考察した。また第 12 章では、日本語の「べきだ」「はずだ」と中国語の"应该"を比較対象とし、評価判断と真偽判断において「べきだ」「はずだ」には多義性が見られず、"应该"には多義性が見られる原因を、共時的な視点から解明することを試みた。

そして、各章の対応関係にある形式を比較対照した中で、中国語の"会"は様々な日本語の真偽判断のモダリティ表現と対応することに気づき、第 V 部の第 13 章では、中国語の"会"（第Ⅲ類）の本質を考察した。

各々の、対応関係にある形式の比較対照した結果を見ると、第 4 章の「なければならない」と"必须"、第 9 章の「はずだ」と"应该"、第 10 章の「ようだ」「らしい」と"好像"の結果を統一的に解釈することができ、最後の第 14 章では、判断のモダリティから見る時の日本語と中国語の違いを「日本語は「P（根拠）ならば Q（結論）」という関係を重視するのに対し、中国語は Q が話し手の判断によるものであることを重視する」と結論づけた。

第Ⅱ部と第Ⅲ部での考察は、単に対応関係にある形式の共通点と相違点を明らかにしただけではなく、できるかぎり相違点を生じさせる原因の究明にも努めた。具体的には対応関係にある形式のこれまでの意味用法を再考することを通して、従来看過されてきた問題を意識的に発掘し、形式間の複雑微妙な違いをよりはっきりとらえることができた。これが本書の議論の基盤となっている。また、本書は、相違点を生じさせる要因を形式の本質的な違いあるいは特徴との関連性から探り、統一的に相違点を説明できた点も注目されたい。

そして、本書の全体の軸となる考え方を次のように考えることができる。つまり、対訳上対応関係にある形式の比較を通して「形式間の違い」を明らかにするという比較作業を、ある文法カテゴリーに属する個々の形式に対して一貫して行い、得られた「形式間の違い」が同質のものであると見なせれば、この「形式間の違い」は文法カテゴリーという視点から見た時の「言語間の違い」でもあるという考え方である。本書の第Ⅱ部と第Ⅲ部では、個々の対訳上対応関係にある判断のモダリティに属する日本語と中国語の形式を比較

対照し、それぞれの「形式間の違い」を明らかにした。最後の第14章では、第4、9、10章から得られた「形式間の違い」が同質のものと見なせることを見出し、上記の判断のモダリティという視点から見た時の日本語と中国語の「言語間の違い」を提示した。このような「形式間の違い」から「言語間の違い」へのアプローチが今までにない取り組みであり、対照研究に有益な視点を与えることを本書では示唆し得た。そして、本書で得た「形式間の違い」および「言語間の違い」は、比べてはじめて分かる個別言語の特徴であり、日本語学にも中国語学にも貢献できたように思われる。

　むろん、本書は多くの未解決な問題点が残されている。今後の日中対照研究、日本語学そして中国語学に少しでも役に立てればと期待するとともに、ご教示、ご叱正を賜ることができればと願っている。

目　次

まえがき　　　　　　　　　　　　　　　　　　　　　ｖ

Ⅰ　序　　　　　　　　　　　　　　　　　　　　　　　1

第1章　対照研究と本書の立場　　　　　　　　　　　　3
 1.　対照研究とは　　　　　　　　　　　　　　　　3
 2.　本書の立場　目的と方法　　　　　　　　　　　9

第2章　モダリティに関する先行研究の概観　　　　　　15
 1.　日本語のモダリティに関する先行研究　　　　　15
 2.　中国語のモダリティに関する先行研究　　　　　29
 3.　先行研究における日本語のモダリティと中国語のモダリティの
  共通点と相違点　　　　　　　　　　　　　　　37

第3章　本書の対象と構成　　　　　　　　　　　　　　43
 1.　本書の対象　　　　　　　　　　　　　　　　　43
 2.　本書の構成　　　　　　　　　　　　　　　　　49

Ⅱ　評価判断のモダリティ　　　　　　　　　　　　　　53

第4章　日本語の「なければならない」と中国語の"必須"　55
 1.　はじめに　　　　　　　　　　　　　　　　　　55
 2.　先行研究　　　　　　　　　　　　　　　　　　56
 3.　両形式の本質的な違い　　　　　　　　　　　　56
 4.　両形式の本質的な違いによる使われ方の相違　　64
  4.1　疑問文の場合　　　　　　　　　　　　　　66
  4.2　事物発展の成り行きを表す場合　　　　　　68
  4.3　真偽判断を表す場合　　　　　　　　　　　69

ⅠX

		5. まとめと今後の課題	71

第5章	日本語の「べきだ」と中国語の"应该"		75
	1. はじめに		75
	2. 先行研究と本章の目的		76
	3. 両形式の用法分類		78
		3.1 中国語の"应该"について	78
		3.2 日本語の「べきだ」について	82
		3.3 ⅠⅡⅢの関係	84
	4. 仮説の提示　両形式における各用法の位置づけに関して		87
	5. 仮説の検証　用法Ⅲにおける両形式の違いから		92
	6. まとめと今後の課題		95

第6章	日本語の「てもいい」と中国語の"可以"		99
	1. はじめに		99
	2. 先行研究と本章の立場		100
	3. 両形式の比較対照		103
	4. まとめと今後の課題		117

	Ⅲ　真偽判断のモダリティ		119

第7章	日本語の「だろう」と中国語の"吧"		121
	1. はじめに		121
	2. 先行研究		122
	3. 考察		124
		3.1 日本語の「だろう」について	125
		3.2 中国語の"吧"について	128
		3.3 「だろう」と"吧"の相違点	133
		3.3.1 独り言の場合	134
		3.3.2 軽い問いかけの場合	134
	4. まとめと今後の課題		135

第8章　日本語の「かもしれない」と中国語の"也许""可能"　139
1. はじめに　139
2. 先行研究　139
3. 用法の考察　140
4. ⅠⅡⅢの関係　145
5. 3形式におけるⅠⅡⅢの位置づけ　147
6. 3形式の主観性とその検証　148
7. まとめと今後の課題　150

第9章　日本語の「はずだ」と中国語の"应该"　153
1. はじめに　153
2. 先行研究　153
3. 両形式の用法の概観　154
   - 3.1 基本的意味　155
   - 3.2 「見込み」用法と「悟り」用法　158
4. 仮説の提示　160
5. 「見込み」用法における両形式の相違点　162
   - 5.1 確認要求文における場合　162
   - 5.2 主観性の強弱　166
   - 5.3 人称制限　166
   - 5.4 現状を根拠として推論する場合　167
   - 5.5 副詞と共起する場合　168
6. まとめと今後の課題　169

第10章　日本語の「ようだ」「らしい」と中国語の"好像"　171
1. はじめに　171
2. 先行研究　171
3. 日本語の「ようだ」「らしい」と中国語の"好像"の本質的な違い　174
   - 3.1 日本語の「ようだ」と中国語の"好像"　174
   - 3.2 日本語の「らしい」と中国語の"好像"　177
4. 本質的な違いから導かれる日中表現の相違　182
   - 4.1 根拠の性質　183
   - 4.2 用法の派生　185
5. まとめと今後の課題　189

   IV　評価判断のモダリティと真偽判断のモダリティのかかわり　191

第11章　評価判断のモダリティと真偽判断のモダリティのかかわり　193
 1.　はじめに　193
 2.　考察　193
  2.1　評価判断のモダリティと真偽判断のモダリティの交渉　194
  2.2　評価判断のモダリティと真偽判断のモダリティの相互承接　195
  2.3　評価判断のモダリティと真偽判断のモダリティの両方の用法を
    持つ形式　196
 3.　まとめと今後の課題　197

   V　様々な日本語表現と対応する中国語の"会"　215

第12章　日本語の「べきだ」「はずだ」と中国語の"応該"　199
 1.　はじめに　199
 2.　先行研究　200
 3.　3形式の意味用法　200
  3.1　中国語の"応該"について　200
  3.2　日本語の「べきだ」について　205
  3.3　日本語の「はずだ」について　207
 4.　分析　208
  4.1　5用法の意味関係　209
  4.2　なぜ「べきだ」「はずだ」には多義性が見られず、"応該"には
    多義性が見られるのか　211
 5.　まとめと今後の課題　212

第13章　中国語の"会"について
   「能力」「長じている」以外の意味を対象に　217
 1.　背景　217
 2.　"会"の意味用法と本章の考察対象　218
 3.　III類の"会"に関する先行研究　219
 4.　"会"の本質に関する仮説　221
 5.　仮説の検証　225
  5.1　事態が繰り返し生起する場合（反復性）　226
  5.2　事態が1回生起する場合　227
   5.2.1　事態が超時に生起する場合　227

		5.2.2 事態が未来に生起する場合	228
		5.2.3 事態が過去に生起する場合	229
6.	Ⅰ類の"会"とⅢ類の"会"の派生関係から考える仮説の妥当性		235
7.	本章の独自性と立場		235
8.	おわりに		236

第14章　結論　241

1.	第Ⅱ部と第Ⅲ部のまとめ	241
2.	判断のモダリティから見る日本語と中国語の違い	245
3.	本書の意義と今後の課題	248

初出一覧		253
参考文献		255
あとがき		261
刊行によせて	斎藤倫明	265
索引		269

XIII

I
序

第1章
対照研究と本書の立場

　この章では、これまでの先行研究における対照研究の定義、タイプなどを整理・分析したうえで、本書が行う対照研究の目的と方法について述べる。

1. 対照研究とは

　本書で言う対照研究とは、言語の比較対照を行う研究を意味し、「対照言語学」などと呼ばれてきたものである。この場合、あらゆる言語を比較対照の対象とすることができ、また、音韻論、語彙論、形態論、文法論、意味論、言語行動などの各分野において比較対照を行うことが可能である。

　まず、従来の研究における対照研究の定義を見てみよう。『言語学大辞典〈第6巻〉術語篇』(1996) では、「対照言語学」の項目を次のように規定している。

　　言語と他の言語を比較する言語学の一分野で、目標の言語を基本の言語と対照すること、すなわち対照分析（contrastive analysis）によってその目標言語（target language）の特徴を捉えようとする。(中略) 対照言語学でとり扱われる2つの言語のうち、その一つは研究者の母語であるのが普通で、目標言語での差異が母語である基本の言語でどう対比するかを追求するのが通常であるが、その逆もありうる。

　　　　　　　　　　　　　(『言語学大辞典〈第6巻〉術語篇』1996：877)

　また、対照言語学の一般的論理や、日本語と他の言語を音韻、語彙、文法などの諸分野にわたって体系的に記述した書物として、石綿・高田氏の『対照言語学』(1990) があり、そこでは、対照言語学について次のように述べている。

3

対照言語学とは、二つ、あるいは、二つ以上の言語について、音、語彙、文法等の言語体系、さらには、それらを用いる行動である言語行動のさまざまな部分をつきあわせ、どの部分とどの部分とが相対応するか、あるいは、しないかを明らかにしようとする言語研究の一分野であると定義されよう。
　それぞれの言語内部の分析に留まっているかぎりは、日本語学なり英語学なりの観点、ないしは、範囲内で問題は解決されるわけであるが、二つの言語にまたがる問題にあたっては、それぞれの個別言語学を越えた第三の観点が求められてくる。この観点からの研究を称して対照言語学というわけである。

(石綿・高田1990：9)

　さらに、井上氏の研究論文「日本語研究と対照研究」(2001)では、対照研究を以下のように定義している。

　　対照研究とは、複数の言語を相対的な観点から比較対照する作業を通じて、各個別言語が持つ文法的特徴や、各個別言語に見られる現象が持つ文法論的な意義をより明確な形でとらえようとする研究の方法である。　　　　　　　　　(井上2001)

　上記の３つの定義を見ると、まず、『言語学大辞典』と石綿・高田氏は対照研究を「研究の分野」と考えるのに対し、井上氏は「研究の方法」と考える点が違うようである。しかし、定義の内容を見ると、総じて対照研究によって明らかになることは、２つあると言える。１つは、『言語学大辞典』の言う「目標言語」、井上氏の言う「各個別言語」という１つの言語あるいは各言語の、比較対照することによってはじめて分かる特徴である。もう１つは、石綿・高田氏の言う「どの部分とどの部分とが相対応するか、あるいは、しないか」という言語間の共通点と相違点である。実際、まず言語間の共通点と相違点を明らかにしてから各個別言語の特徴を考えるのであり、また言語間の共通点と相違点（特に相違点であるが）こそが各個別言語の比較対照を経ることではじめて分かる特徴であろう。この点について、井上(2001)でも、「「言語間の類似と相違を明らかにする」ことと、「各個別言語について深く考える」ことは本質的に同じことなのである」と指摘している。つまり、この２つの

ことは、同時に明らかになる場合が多く、切り離しては考えられない。したがって、以上の3つの定義の中身は、基本的に同じであると思われる。

では、次に、対照研究のタイプ、すなわち何を目的・目標にするか、どのような方法を用いるか、何の意義があるか、などといった問題を論じる先行研究を見てみよう。ここでは、井上（2002）（2006）と張（麟声）（2007a）（2007b）を取り上げる。まず、井上（2002）では、対照研究は次の「対応記述型」と「類型設定型」の2つのタイプに分けられている。

Ⅰ 「二つの言語の類似と相違を共通の枠組みのもとで整理して記述する」ことに重点を置く〈対応記述型〉の対照研究

Ⅱ 「二言語間の類似と相違の背景にある一般的な原理や傾向性について考える」ことに重点を置く〈類型設定型〉の対照研究　　　　　　　　　　　　　　　　（井上2002）

「対応記述型」は、「対訳上対応関係にある表現をつきあわせて、その類似と相違」、あるいは「対訳上対応する複数の表現の使用範囲の違い」を共通の枠組みのもとで整理して記述するというものであると説明されている。「対応記述型」の対照研究が言語教育に果たす意義については、「学習者が第二言語を習得する上で何が阻害要因／促進要因になりうるかを考えたり、誤用の背景や教授上のポイントを考えたりするための参考情報として有益である」と述べられている。

一方、「類型設定型」は、「比較対照の作業を通じて、それぞれの言語に見られる種々の現象を統合的にとらえる観点を発見する」研究であると述べられている。そして、言語教育では、「言語そのものだけでなく、言語の背後にある発想や文化を理解することが大切である」と指摘され、言語に見られる種々の現象を統合的にとらえる観点の発見を提供することで、「類型設定型」の対照研究が言語教育において重要な意義を持つとされている。

また、「対応記述型」の対照研究と「類型設定型」の対照研究で提示される観点は、比較対照の対象とされた言語以外の言語に対しても応用し得るものであるとの指摘もある。

続いて、井上（2006）は井上（2002）における分類を改め、対照研究を以下の3つのタイプに分けた。

Ⅰ　言語間の類似と相違を共通の枠組みのもとで整理する「分析整理型」の対照研究
Ⅱ　言語間の類似と相違の背景にある一般的な原理や傾向性について考える「統合（類型設定）型」の対照研究
Ⅲ　異なる言語に見られる現象の間に一定の関連性を見出す「関連づけ型」の対照研究
　　　　　　　　　　　　　　　　　　　　　（井上2006）

ここのⅠⅡは井上（2002）のⅠⅡに相当し、Ⅲは新たに規定されたものである。Ⅰについて、井上（2006）は「複数の言語の表現が有する特徴を分析的に記述できる一般性の高い枠組みを見出すことを目標とする研究」であるとし、Ⅱは「比較対照の作業を通じて、それぞれの言語に見られる種々の現象を統合的に捉える観点を見出すことが目標とされる」としている。ⅠとⅡに関する説明は表現上、井上（2002）とは異なるが、中身は基本的に同じであろう。そして、新たに加えたⅢについては、「ある言語に見られる現象を理解するためのヒントを他の言語に見出すものである」とし、「他の言語との比較対照によって、一見「よその言語の不思議の現象」に見えることが、実は決してそのような現象ではないことがわかるというのが、このタイプの対照研究で得られる最も重要な知見である」と指摘している。

井上（2006）は、井上（2002）のようにタイプごとに対照研究の言語教育における意義を論じてはいないが、対照研究が総じて日本語教育において担う役割として、「「非母語話者の立場に立って、学習上の勘どころをより具体的な形でおさえる」ということにあると言ってよい」と述べている。

次に、張（2007a）（2007b）を見てみよう。張氏は、あらかじめ対照研究には「言語研究のための対照研究」と「言語教育のための対照研究」の2種類が存在するという立場を取り、張（2007a）では「言語研究のための対照研究」を論じ、張（2007b）では「言語教育のための対照研究」について論じている。

張（2007a）は、「井上（2002）によってとらえられている対照

研究は、基本的にすべて言語研究のための対照研究そのものである」と指摘し、井上（2002）の「対応記述型」を「先例参照型」「交互観察型」の2つに分け、日本における今までの対照研究には(1) 先例参照型、(2) 交互観察型、(3) 類型設定型の3つのタイプが観察されると主張している。そして、それぞれのタイプの研究手法や研究結果の傾向性を分析し、以下のようにまとめている。

(1) 先例参照型

　研究が進んでいる言語において確立された言語記述の原理、モデルあるいはさまざまなカテゴリーを、研究が相対的に進んでいない言語の記述に応用し、研究が相対的に進んでいない言語の記述を発展させる。このタイプの対照研究を進めるには、両方の言語の研究文献を熟読し、一線の研究についていける人でなければならない。

(2) 交互観察型

　どちらも研究が進んでいるとは言えない言語現象について、両側から眺めながら、言語表現としての異同をとらえ、規則性を見つけていく。結果的には、両方（片方だけの場合もありうるが）の言語の記述を発展させることになる。このタイプの研究は初心者でも翻訳小説などのような既成の対訳を観察する、あるいは自分で外国語を母語に直していくプロセスを観察することによって、やっていける。

(3) 類型設定型

　二つの言語において見られる体系的な対立を確認した上で、言語の類型を設定する。そして、その設定された類型の原理をより多数の言語に応用して、仮説の当否を検討する。研究の結果としては、ある程度普遍性を持つ類型の設定に成功する。このタイプの対照研究は言語研究の大家のなすことである。

(張2007a)

　一方、張（2007b）では、従来行われてきた対照研究は、「あくまで対照研究の結果が言語教育に役に立つというレベルの論述」であると指摘し、「言語教育のため対照研究をどのように工夫して、行っていくべきか」を議論するのが、今後における言語教育のため

の対照研究のあるべき姿であるとしている。そして、今日の言語教育のための対照研究は、具体的に以下の「3つの目的のために行わなければならない」と述べている。
　① 母語によって解説される教材や辞書を編集するため
　② プラス転移の効果を積極的に生かすため
　③ マイナス転移の言語的条件を確定するため　　　（張2007b）

　①に関して、まず、目標言語によって解説される教材は「基本的にメタ言語を使って、導入された文法形式や単語の意味や機能を説明していく形を取る」のに対し、母語によって解説される教材は「まず「対訳」で対応し、その「対訳」という手段が機能しないとき、はじめてメタ言語による説明を行う」と説明している。そして、「母語が話されている国での教材編集は、普通母語が媒介語として活用され、それによって目標言語の項目が解説される。また、最近は目標言語が話されている国での教材編集の場合でも、学習の母語によって解説したほうがよいという声が現れている」ため、「対訳」は「ますます日の目を見るようになる」と指摘している。さらに、その「対訳」は言うまでもなく、「緻密な対照研究による信頼ができる研究成果があって始めてレベルの高いものになる」と述べ、「質の高い母語によって解説される教材や辞書を編集するために、言語教育のための対照研究を行わなければならない」と説明している。

　続いて、②を目的とする理由については、目標言語を習得する時に母語から恩恵を受けることが多くあると述べ、そのため、「プラス転移にかかわる文法、語彙項目を特定するために、言語教育のための対照研究を行わなければならない」と指摘している。

　そして、③の理由は、「母語と目標言語において対応する形式の意味・機能上の類似が見られる場合にマイナス転移が起こりやすい」ので、「対照研究を行うことによって、その起こる場合の類似性とそうでない場合の類似性を突き止めることが求められている」としている。つまり、張（2007b）は、言語教育に起きる問題を解決するために、事前にそれを目的に設定して対照研究を行うべきであると主張しているのである。

以上をまとめると、まず、両氏の共通点となるのは、井上氏の対照研究のタイプと、張（2007a）が言う「言語研究のための対照研究」のタイプが類似していることである。具体的に言うと、井上（2002）の「対応記述型」、井上（2006）の「分析整理方」と張（2007a）の「先例参照型」「交互観察型」が対応し、井上（2002）の「類型設定型」、井上（2006）の「統合（類型設定）型」と張（2007a）の「類型設定型」が対応している。

　一方、対照研究と言語教育の関係については、対照研究が言語教育において役に立つという点で両氏は同じ意見であるが、意見の異なるところは、井上氏は対照研究をあくまでも言語研究の方法と考え、あらかじめ「言語教育のため」という目的を掲げないのに対し、張氏はあらかじめ言語研究のためか言語教育のためかを設定し、言語教育のために対照研究を行う場合、その具体的な問題に合わせて工夫すべきであると考えるところである。

2. 本書の立場　目的と方法

　この節では、研究目的と方法を中心に、本書の立場について述べる。随時、前節で見た先行研究との関連についても示す。

　まず、述べておかなければならないのは、本書は日本語と中国語の対照研究を行うものであるということである。この2つの言語を選んだ理由は2つある。1つは、筆者が中国語母語話者であると同時に、日本語学習者でもあるからである。

　また、近年グローバル化が進み、国際交流が頻繁に行われるようになり、アジアの中でも特に日本と中国の関係は、無視しては語れない状況にある。そのため、日本語と中国語の両方を操ることのできる人材が求められ、そして、その需要に応じて中国人の日本語学習者と日本人の中国語学習者が年々増えている。前節でも見たように、対照研究は言語教育の役に立つものであり、したがって、大きく言えば、日本語と中国語の対照研究は日中関係の発展においても必要とされている。これが2つ目の理由である。

　ただし、本書が行う対照研究は、張（2007b）の言うような、あ

らかじめ「言語教育のため」を目的に設定したものではない。この点で考えると、基本的に日本語と中国語の違いを追究する本書は、井上氏が言う「対照研究」と張（2007a）が言う「言語研究のための対照研究」にあてはまる。「言語教育のため」という設定以前に、言語そのものの対照研究が充分になされる必要があり、まずやらなければならないのは「言語研究のための対照研究」ではないかと筆者は考える。また、あらかじめ目的を「言語教育のため」に設定しなくても、研究成果が言語教育において役に立つはずであろう。

　さて、本書は、具体的に次の3点を目的とする。
① 判断のモダリティを表す日本語と中国語の対訳上対応関係にある形式の、意味用法上の共通点と相違点を考察し、明らかにする。
② ①の相違点を生じさせる要因の究明を試み、それによって両言語の形式の本質的な違いあるいは特徴を明らかにする。
③ 比較した各組の形式の①と②の結果を総合的に考え、判断のモダリティから見る時の日本語と中国語の違いを見出す。

　ここで、次のことを説明しておきたい。

　まず、本書は「判断のモダリティ」という文法的観点からの対照研究であることを強調しておきたい。また、「判断のモダリティ」というのは、本書が行う日本語と中国語の比較対照の「枠組み」である。つまり、本書は、「判断のモダリティ」という共通の枠組みのもとで、日本語と中国語を比較対照するということである。この「判断のモダリティ」は、井上（2002）（2006）のⅠの「共通の枠組み」にあてはまる。

　上記の3つの目的を果たすために、本書はそれぞれ次のような方法を用いることとする。

目的①の方法：
　目的①では、まず、比較対照を行う具体的な形式を選定しなければならない。判断のモダリティを表す形式かどうかという点については、日本語と中国語のそれぞれの先行研究を参考にして選定する。対訳上対応関係にある形式かどうかという点については、中国の日

本語教育界と日本の中国語教育界において一般的に対応関係にあると認識されているものを選択する。現在、中国の日本語教育も日本の中国語教育も研究が進んでおり、対応関係にあると承認されている形式は少なくない。それはたとえば、ある日本語の形式と対応関係にあるとされる中国語の形式は、日中辞書や中国人留学生向けの日本語教材に説明として挙げられているその訳の中の最初あるいは上位のものであると思われる。その逆も言える。

　さて、方法としては、まず、対訳上対応関係にある形式をある共通の枠組みのもとで比較対照する方法を採る場合がある（第4、6、8章）。ここで言う「共通の枠組み」は基本的に井上（2002）(2006)のⅠの「共通の枠組み」と同じである。たとえば、第4章の「なければならない」と"必须"の共通用法である「必然性用法」、第8章の「かもしれない」と"也许""可能"の共通用法である「可能性用法」をこれらの形式の「共通の枠組み」とする*1。また第6章では、「てもいい」と"可以"を「評価判断のモダリティ」という「共通の枠組み」のもとで取り扱う。ただ、これらは、形式間の「共通の枠組み」であり、上述した日本語と中国語を比較対照する言語間の「共通の枠組み」である「判断のモダリティ」とは、「形式間」のものか「言語間」のものかでレベル的に違う。もちろん「判断のモダリティ」は上位の枠組みであり、これらの形式間の「共通の枠組み」はその中にあると考えられる。

　具体的な方法としては、対応する形式が持つ「共通の枠組み」を下位分類する。対応する形式は、共通の枠組みを持ち、一見完全に対応しているかのように見える。しかし、ある基準によって、その内実をさらに細かく下位分類した用法において比較すると、その違いが浮かび上がることがある。もちろんこの場合、分類の基準は有意義なものでないと意味がない。下位分類の用法において形式を比較しても両言語の形式の違いが分からない場合、この分類の基準は有意義ではない。したがって、このような形式の比較において、有効な基準を見出すことは非常に重要である。

　また、両言語の形式が持つ用法をそれぞれ考察し、照らし合わせる方法も用いる（第5、7、9、10章）。形式にどのような用法があ

第1章　対照研究と本書の立場

るかは、先行研究を参考にする。または、コーパスを利用して形式の用法を洗い出す。この場合、対応する形式にはもちろん共通用法があり、それを対応する形式の「共通の枠組み」としても考えられるが、目的①の段階では、共通の枠組みを下位分類する方法を用いず、共通用法をただの形式間の共通点であると考える。

なお、本書は、日中両言語のうちの研究が進んでいるほうの言語を利用し、研究が相対的に進んでいないほうの言語の記述を発展させるというものではない。しかし、各章の具体的な分析の中で、研究が進んでいるほうの言語の成果を部分的に利用する場合もある。筆者は、基本的には両言語から出発して形式を比較するというスタンスを取る。この点から言うと、筆者の手法は張（2007b）の「交互観察型」にあたる。

目的②の方法：

目的①で明らかになった相違点を生じさせる要因を考察するにあたって、本書は、形式が持つ用法の間の関係を分析することから着手する。その際、主に用法間のつながりおよび用法間の派生関係などに注目する。なお、相違点を生じさせる要因から、両言語の形式の本質的な違いあるいは特徴を導く時に、状況に応じ、「仮説を立て、仮説を検証する」という形で議論を進める場合もある。

目的③の方法：

目的③の目指すところは、判断のモダリティから見た時の日本語と中国語の違いを提示することである。対訳上対応関係にある形式を比較して、「形式間の違い」を明らかにすることができる。このような比較作業をある文法カテゴリーに属する個々の形式に対して一貫して行い、得られた「形式間の違い」が同質のものであると見なせれば、この「形式間の違い」は文法カテゴリーという視点から見た時の「言語間の違い」でもあると考えることができる。これにしたがって、目的③では、①②で一貫して考察した判断のモダリティを表す日中形式の考察結果を観察し、それが同質のものかどうかを見極める。

ただし、個々の考察結果のうち、「判断のモダリティから見た時の日本語と中国語の違い」を見出すことには使用しかねるものもある。その理由については第14章で述べる。
　また、本書の言う「違い」は、あくまでも日本語と中国語の2つの言語を比較対照する時のそれぞれに見られる傾向性を意味する。本書の考察結果を、より多数の言語に応用できるかどうかまでは検討しない。したがって、厳密に言うと、本書は井上（2002）（2006）が言うⅡの「類型設定型」や張（2007a）が言うⅢの「類型設定型」にはあてはまらない。
　目的①と②については、第Ⅱ部～第Ⅳ部で考察を行い、明らかにすることとする。目的③については、最後の「結論」のところで目的①と②の結果を合わせて分析し、明らかにすることとする。

＊1　本書では日本語の形式を「」で表示し、中国語の形式を""で表示する。ただし、文献を引用する場合、原文の表示法で表示する。

第2章
モダリティに関する先行研究の概観

　本書は、題名の『判断のモダリティに関する日中対照研究』の通り、日本語と中国語の対照研究の中でもモダリティの問題を取り扱い、そして、モダリティの中の、判断のモダリティを比較対照の枠組みとする。本章では、まず、1節と2節で、それぞれ日本語と中国語のこれまでのモダリティに関する先行研究を概観し、両言語のモダリティの体系を把握する。次の3節で、両言語のモダリティの比較対照に関する先行研究を紹介したうえで、1節と2節で見た先行研究に基づき、〈モダリティを表す手段〉と〈モダリティの下位分類〉の2点において、両言語のモダリティの共通点と相違点をまとめる。〈モダリティの下位分類〉では、本書の比較対照の枠組みとする判断のモダリティの、モダリティの中での位置づけおよび下位分類に関して両言語が一致を見ることを提示する。

1. 日本語のモダリティに関する先行研究

　日本語はモダリティが比較的発達した言語であり、これまでに多くの先行研究が見られる。以下では、日本語のモダリティに関する主要な先行研究を概観し、日本語のモダリティの体系をおおまかに見てみる。

●益岡（1991）（2002）（2007）
　益岡（1991）では、日本語の文は命題とモダリティの二大要素から成るとし、命題を「客観的に把握される事柄を表す要素」、モダリティを「表現者の主観的な判断・表現態度を表す要素」（P.33）と定義している。また、モダリティは「言語の個別的、類型的な在り方に縛られない、一般性の高い概念」であり、「その現

れ方こそ言語によって様々であろうが、何らかの形ですべての言語に関わり得る文法概念」(P.29) であることも指摘している。

モダリティの分類においては、モダリティ形式の中には主観性表現の専用形式である「一次的モダリティ」形式と、客観化を許す「二次的モダリティ」形式があると指摘したうえで、モダリティを、表現態度を表す「表現系のモダリティ」と判断を表す「判断系のモダリティ」に分けている。そのさらなる下位分類とそれぞれの代表的形式を表にまとめると、表1のようになる。

表1　益岡（1991）におけるモダリティの体系

モダリティの分類		代表的形式
判断系の モダリティ （一次的と二次的）	取り立てのモダリティ	も、は、ばかり、でも、くらい
^	みとめ方のモダリティ	ない
^	テンスのモダリティ	述語の無標形、た
^	説明のモダリティ	のだ、わけだ
^	価値判断のモダリティ	べきだ、なければならない、ほうがよい
^	真偽判断 のモダリティ 断定	述語の無標形
^	真偽判断 のモダリティ 断定保留	だろう、に違いない、かもしれない、はずだ、ようだ、らしい
表現系の モダリティ （一次的）	表現類型のモダリティ	て下さい、なあ、ぜひ、なんて
^	ていねいさのモダリティ	です、ます
^	伝達態度のモダリティ	ね、よ、ねえ、おい

続いて、益岡（2002）では、「判断のモダリティ」を上位概念とし、そのサブカテゴリーには、命題に対する価値判断を表す「価値判断のモダリティ」と命題に対する真偽判断を表す「真偽判断のモダリティ」の2種類があるとしている。この2種類について、益岡（1991）より詳しい分類が行われており、それを次頁の表2のようにまとめている。

それから、益岡（2007）では、モダリティを「判断のモダリティ」(M1) と「発話のモダリティ」(M2) の2つの領域に分けるだけでなく、新たに命題を「一般事態」(P1) と「個別事態」(P2)

表2　益岡（2002）における判断のモダリティの体系

判断のモダリティの分類			代表的形式
価値判断のモダリティ	適当		べきだ、ほうがよい、ればよい、ものだ
	必要		なければならない、ざるをえない、しかない、ことだ
	容認・非容認		てもよい、なくてもよい、てはいけない
真偽判断のモダリティ	断定		述語の無標形
	非断定	断定保留	だろう（であろう）、（よ）う、まい
		蓋然性判断	かもしれない、にちがいない
		証拠性判断	ようだ、みだいだ、らしい
		当然性判断	はずだ
		伝聞	という、そうだ
		不定断定	断定保留を表す形式に「か」を付加したもの、かな、かしら、か

の2つに分けた。「一般事態」を「事態のタイプを表す領域」、「個別事態」を「一般事態が位置する時空間を表す領域」である（P.16）と規定している。そして、文の意味的構成構造には、以下のような階層的な関係が成立するとしている。

(1) ［M2［M1［P2［P1］P2］M1］M2］　　（益岡2007：17）
(2) ねえ、どうやら昨夜激しく雪が降ったようだよ。

（益岡2007：16）

　　［ねえ、［どうやら［昨夜［激しく雪が降る］た］ようだ］よ］　　　　　　　　　　　　　　　　　　　　（筆者による）

さらに、この文の意味的階層構造に位置する主な文法要素を次頁の表3のようにまとめている。

一方、「判断のモダリティ」の下位分類については、益岡（2007）は益岡（2002）の分類を大きく変えていない。益岡（2002）の「価値判断のモダリティ」の「必要」の中にあった「ことだ」を「適当」に入れなおし、また「真偽判断のモダリティ」の中にあった「伝聞」を削除し、「という」「そうだ」を「証拠性判断」に入れている。

表3 文の意味的階層構造（益岡2007：21）

階層	文法要素		
	主要部	補足部	付加部
一般事態	用言の語幹 ヴォイス	格成分 （補足語）	様態・程度・量など
個別事態	アスペクト テンス		アスペクト 時・場所など
判断のモダリティ	真偽判断 価値判断		「たぶん」類 「むろん」類 「あいにく」類
発話のモダリティ	発話類型 丁寧さ 対話態度		「どうか」類 「実は」類

　さて、以上のように、益岡氏のモダリティ研究における立場は、少しではあるが、変化したところがあるように思われる。まず、益岡（2007）は、益岡（1991）でモダリティに入れていた「テンス」を、命題の階層に属するものとしている。また、表3には挙げられていないが、益岡（2007）は益岡（1991）でモダリティに入れていた「みとめ方」には、命題の階層に属するものとモダリティの階層に属するものがあると改めた。要するに、命題とモダリティの境界線を変えたのである。そして、益岡（1991）で判断系のモダリティに属するとしていた説明のモダリティを、益岡（2007）では判断のモダリティの階層と発話のモダリティの階層にまたがって位置するものであるとしている。さらに、表3のように、益岡（2007）ではモダリティ要素には「付加部」の要素があるとし、付加部におけるモダリティ要素も取り上げている。つまり、当然のことではあるが、益岡（2007）は、文の構造やモダリティの体系について益岡（1991）（2002）より進んでいる。

●仁田（1991）（1999）（2000）
　仁田（1991）では、文は「言表事態」と「言表態度」から成るとしている。「言表事態」は「話し手が、現実との関わりにおいて、

描き取った一片の世界、文の意味内容のうち、客体的な出来事や事柄を表した部分である」(P.18)と定義している。そして、「言表態度」はモダリティと丁寧さから形成されているとし、モダリティを「現実との関わりにおける、発話時の話し手の立場からした、言表事態に対する把握のし方、および、それらについての話し手の発話・伝達的態度の在り方の表し分けに関わる文法的表現である」(P.18)と定義している。

　モダリティの分類については、大きく「言表事態めあてのモダリティ」と「発話・伝達のモダリティ」との2種に分かたれるとしている。「言表事態めあてのモダリティ」を「発話時における話し手の言表事態に対する把握のし方の表し分けに関わる文法表現」、「発話・伝達のモダリティ」を「文をめぐっての発話時における話し手の発話・伝達的態度の在り方、つまり、言語活動の基本的単位である文が、どのような類型的発話―伝達的役割・機能を担っているのかの表し分けに関わる文法表現」(PP.18-19)であると規定している。そして、前者を未実現の事態の実現を待ち望んだり企図したりする「情意系の〈待ち望み〉」と、話し手の認識的なとらえ方を表す「認識系の〈判断〉」の2種に分け、後者を「働きかけ」「表出」「問いかけ」「述べ立て」の4種に分けた。この両者の関係と後者の4種の関係は以下の表4のようにまとめられている。

表4　(仁田1991：23)

聞き手の在・不在＼言表事態めあてのモダリティ	テンスの分化 あり	なし
	判断系	待ち望み系
聞き手の存在	問いかけ	働きかけ
聞き手不在可	述べ立て	表出

　以上から仁田(1991)のモダリティの体系を表にすると、次頁の表5のようにまとめることができる。

　また、仁田(1991)では、「待ち望み」「判断」と「働きかけ」「表出」「問いかけ」「述べ立て」といったモダリティの下位分類は、文の類型を決定する主要なものであり、「文類型を形成・決定するところのモダリティである」としている。「べきだ」「なければなら

表5*1　仁田（1991）におけるモダリティの体系

モダリティの分類			形式・例文
言表事態めあてのモダリティ	情意系の待ち望み	意志	
^	^	希望	
^	^	願望	
^	認識系の判断	話し手の把握・推し量り作用を表すもの	だろう、まい
^	^	推し量りの確からしさを表すもの	にちがいない、かもしれない
^	^	徴候の存在の元での推し量りを表すもの	らしい、そうだ、ようだ、みたいだ
^	^	推論の様態に関わるもの	はずだ
発話・伝達のモダリティ	働きかけ	命令	こちらへ来い
^	^	誘いかけ	一緒に食べましょう
^	表出	意志・希望	今年こそ頑張ろう／水が飲みたい
^	^	願望	明日天気になあれ
^	述べ立て	現象描写文	子供が運動場で遊んでいる
^	^	判断文	彼は評議員に選ばれた
^	問いかけ	判断の問いかけ	彼は大学生ですか
^	^	情意・意向の問いかけ	水が飲みたいの／こちらから電話しましょうか

副次的モダリティ：べきだ、なければならない（当為的評価）
　　　　　　　　ものだ
　　　　　　　　よ、わ、なあ（終助詞）
副次的モダリティの表現に繋がる形式：してはいけない、してはだめだ、してもよい、するとよい、したらよい、したらいけない、したらだめだ、する方がよい、した方がよい

ない」などは、文類型を変更することがないため、付随・付加的な心的態度を付け加えるものとして、「副次的モダリティ」に位置づけられている。

　しかし、仁田（1999）では、「べきだ」「なければならない」などを「評価類」とし、「事態めあてのモダリティ」（仁田1991の「言表事態めあてのモダリティ」の言い換え）の「判断系」の下位分類として位置づけている。「これらは、事態に対して、その実現を当然であり義務的であるものとしてとらえたり、その実現が推奨されたり認められたりするものとしてとらえたりする、といった事態実現に対する当為・評価的なとらえ方を表したものである。こういった事態成立に伴う当為・評価的なとらえ方・あり方を、本稿では、〈判断系〉の一種として位置づけ〈評価類〉と仮称しておく」と述べている。ただし、「評価類」と「認識類」とを判断系の下位分類として位置づけていながらも、「完全に一つの系列（範列／体系）を形成する対等な構成メンバーとして捉えているわけではない。両者は、モダリティ形式としての熟成度が違う」ことも指摘されている。仁田（1999）では、事態めあてのモダリティの体系を次の図1のようにまとめている。

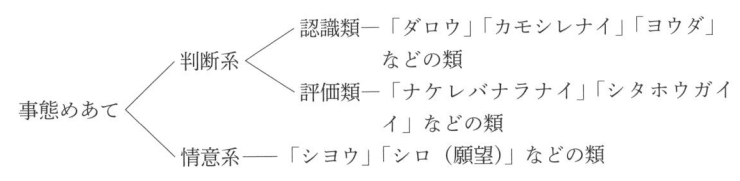

事態めあて ── 判断系 ── 認識類 ──「ダロウ」「カモシレナイ」「ヨウダ」などの類
　　　　　　　　　　　　評価類 ──「ナケレバナラナイ」「シタホウガイイ」などの類
　　　　　　情意系 ──「ショウ」「シロ（願望）」などの類

図1　事態めあてのモダリティの分類（仁田1999）

　また、仁田（2000）では、認識のモダリティの体系についてこれまでより詳細な考察がなされている。「当為評価のモダリティ」を「命題めあてのモダリティ」の下位分類として挙げているが、議論の範囲外とし、考察をしていない。仁田（2000）の認識のモダリティの体系をまとめると、次頁の表6のようになる。

　以上を見ると、仁田氏は、益岡氏と同様に、文は言表態度が言表事態を包み込む、つまりモダリティが命題を包み込むという階層構造をしている、という文を二分するとらえ方をしている。仁田氏の

表6　仁田（2000）における認識のモダリティの体系

認識のモダリティの分類				代表的形式
認識のモダリティ	判定のモダリティ	判定	確認	∅
^	^	^	確信	∅
^	^	概言	推量	だろう、まい
^	^	^	蓋然性判断	かもしれない、にちがいない
^	^	^	徴候性判断	ようだ、みたいだ、らしい、そうだ
^	疑い			かな、かしら、だろうか
^	伝聞			そうだ

モダリティ論は、丁寧さをモダリティの括りから除いた点以外は、益岡氏の論と類似しているように思われる。

　また、仁田氏は、仁田（1991）では「べきだ」「なければならない」などの評価類のモダリティを副次的モダリティとして位置づけていたが、仁田（1999）では、それらを認識類のモダリティと同じレベルのモダリティの下位分類として位置づけつつ、評価類のモダリティと認識類のモダリティが対等な構成メンバーではないとしている点にも注目したい。

●森山（2000）
　森山（2000）は、文を命題とモダリティの2要素から成るとする点は益岡氏、仁田氏と共通しており、命題とモダリティの定義について、次のように述べている。

　　我々が、一定の内容について述べる文を構成するには、その内容となる事態に対して、文としての様々な「述べ方」、すなわち発話の様式（mode）を選択しなければならない。言い換えれば、話し手が独立した言語行為をするなら、その事態に対する話し手の把握の仕方は必ず表示されなければならないのである。そこで、文は二つの要素に分けることができる。一つは述べる内容として文の中核を構成する事態（言表事態）である。これは「コト」あるいは命題（proposition）とも呼ばれる。もう一つは「述べ方」「発話の様式」を表す部分である。これ

はモダリティ（modality、ムードmood という用語を同じ意味で使う研究者もある）と呼ばれる。　　　　　（森山2000：4）

　しかし、モダリティの体系に関するとらえ方は、益岡氏、仁田氏と異なっている。森山（2000）では、まず、最終文末の述語形態の選択を「基本叙法」と呼ぶこととし、「基本叙法」を「有標叙法」「無標叙法」に分け、文末の最終形態を次の図2のように整理している。

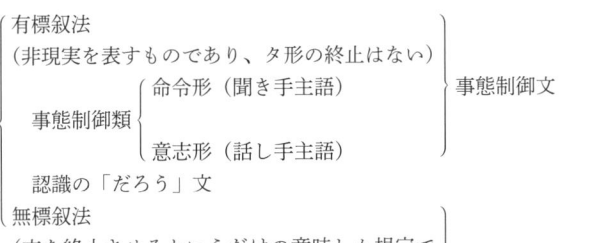

```
┌ 有標叙法
│ （非現実を表すものであり、タ形の終止はない）
│                ┌ 命令形（聞き手主語）  ┐
│ 事態制御類 ┤                                  ├ 事態制御文
│                └ 意志形（話し手主語）  ┘
│ 認識の「だろう」文
│ 無標叙法
│ （文を終止させるというだけの意味しか規定で
│  きない。非現実という標識はなく、タ形の終止  ┐ 認識文になれるタイプ
└  があり得、現実を表すこともできる）           ┘
```

図2　（森山2000：28）

　また、この図2の最終文末の基本叙法は、「あくまでも述語形態レベルでのモダリティの違いを整理したものである。これに対して、文末には様々な形式が共起する」(P.28)と指摘している。つまり、事態制御文と認識文において、文末では様々な形式と共起し、文のモーダルな意味を決定する、という考え方のようである。そして、これらの形式を「付加形式」と呼ぶことにし、付加形式との共起関係、形式名詞とテンスの現れ方から、文を以下の4段階の階層構造に分けている。

　　「未現実段階の事態概念」段階：事態概念だけであり、価値判
　　　　断的事態選択付加形式群が付加する前のレベル。「る／た」
　　　　の対立がない段階。
　　「事態」段階：「る／た」の対立がある段階。価値判断的事態選
　　　　択付加形式群が付加してもこのレベル。評価副詞の評価内容
　　　　になれる。
　　「事情」（推量判断を付加した扱い）段階：評価副詞の評価内容
　　　　に入れない。ただし、「のだ」の内部には入れる。

「判断」段階:最終文末形態を含むレベル。　　(森山2000:34)

　なお、モダリティ形式としての付加形式群には次のようなものがあるとしている。

　　価値判断的事態選択群
　　しなければならない、してはいけいない、せざるを得ない、してもいい、しなくてもいい、するべきだ、する方がいい
　　推量表示群
　　かもしれない、に違いない、にきまっている、はずだ、ようだ、らしい、そうだ(伝聞)　　　　　　　　　(森山2000:29)

　そして、「文の最終述語は、基本叙法によって決定され、それに付加形式が共起するのであるが、終わりにはさらに終助詞などの文末の付加要素がつくことがある」(P.34)と述べている。終助詞も加え、森山氏は図2の事態制御文と認識文を上記の4段階の階層構造に合わせ、文末に出現する諸形式をそれぞれ次頁の図3、図4のように整理している。

　図3と図4を見ると、森山氏は形式自体の前にテンスの対立を持つかどうかによって、「なければならない」などの価値判断的事態選択付加形式群と「かもしれない」などの推量付加形式群を異なるレベルに位置づけている。また、「のだ」の内部に入れるかどうかによって、「かもしれない」などの推量付加形式群と基本叙法を表す「だろう」を異なるレベルに位置づけている。そして、文を「事態概念」「事態」「事情」「判断」の4階層に細分している点にも注目したい。

　このように、森山氏はモダリティを「述べ方の様式」ととらえ、「基本叙法と選択関係としてのモダリティ」を打ち出し、独自のモダリティ体系を作っているのである。

●宮崎他(2002)
　宮崎他(2002)も、文は命題とモダリティの2要素から成ると考えている。モダリティを「言語活動の基本単位としての文の述べ方についての話し手の態度を表し分ける、文レベルの機能・意味的カテゴリーである」(P.7)と規定している。

```
事態概念（コトの中核）
――――――「未実現段階の事態概念」の段階――――――
基本叙法（命令形、意志形）
――――――「判断」扱いの段階――――――
広義終助詞群（疑問文の標識である「か」もここに位置づけられる）
```
図3 （森山2000：38）

```
事態概念（コトの中核）
――――――「未実現段階の事態概念」の段階――――――
価値判断的事態選択付加形式群（未実現事態レベル）
「なければならない」など〈＋T：た・Φ〉
――――――「事態」扱いのできる段階――――――
「の」などの形式名詞（だ＋T）
推量付加形式群（実現事態レベル：推量表示形式群）
「かもしれない」など（＋T）
――――――「事情」扱いができる段階――――――
「の」などの形式名詞（だ＋T）
基本叙法（終止形（無形式）／ダロウ）
――――――「判断」扱いの段階――――――
広義終助詞群（疑問文の標識である「か」もここに位置づけられる）
```
　　　　　　　　　　　　　＋T）：あとに「た」がつくことがある
図4 （森山2000：36-37）

　また、宮崎他も、「基本叙法」という用語を使用し、「基本叙法」は「実行」と「叙述」の対立を成すとしている。そして、「実行」と「叙述」の対立がモダリティ体系の基本軸であるという見方を取り、「基本叙法」はモダリティの中核であるとしている。ここの「基本叙法」は「意志」「命令」「叙述」の3つのムードを指し、「動詞を文を終止する述語として用いるには、この3つのムードのうちの1つを選ぶことが義務である」（P.9）というところから、それらを「基本叙法」と定義したようである。

　また、機能・意味的なレベルでは、「疑問」のモダリティを取り上げ、さらに、以上に挙げた「基本叙法」のモダリティと共起・共存しながら、テクスト・談話レベルで機能する説明のモダリティと終助詞についても論じている。宮崎他（2002）はモダリティの体系を次頁の図5のようにまとめている。

第2章　モダリティに関する先行研究の概観　　25

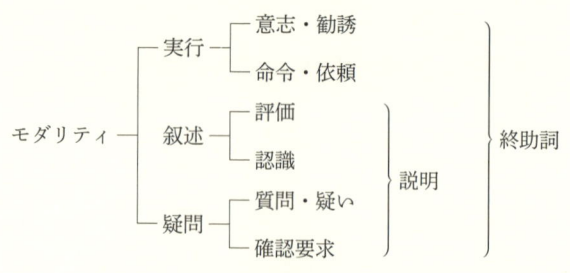

```
                ┌─ 実行 ─┬─ 意志・勧誘
                │        └─ 命令・依頼
モダリティ ─────┼─ 叙述 ─┬─ 評価       ┐
                │        └─ 認識       ├ 説明  ┐
                └─ 疑問 ─┬─ 質問・疑い ┘        ├ 終助詞
                         └─ 確認要求                  ┘
```

図5　モダリティの体系（宮崎他2002：15）

　具体的に、実行のモダリティについては、その中核をなすのは「意志」と「命令」であるとし、「実行の主体に2人称者を引き込むことによって、「意志」から「勧誘」が派生し、受益表現が「命令」と結びついて、「依頼」へと展開する」(P.14)と述べている。また、叙述のモダリティについて、「命題内容に対する評価的な捉え方を示しながらの叙述である〈評価〉と、命題内容に対する認識的な捉え方を示しながらの叙述である〈認識〉からなる」(P.15)と規定している。そして、疑問のモダリティは、「聞き手に対する情報の要求性の有無で対立する〈質問〉〈疑い〉、話し手の示した情報について聞き手に確認を求める〈確認要求〉に分かれる」(P.15)と説明している。

　その中の、叙述のモダリティの分類と代表的形式をまとめると、次頁の表7のようになる。

　ただし、宮崎他（2002）は、表7の認識のモダリティについて、その中核を成す形態論的なカテゴリーとしての認識ムードには無標形式と「だろう」が対立して存在する、という立場に立ち、表7の「可能性・必然性」と「証拠性」の形式の位置づけについては、「用言のテンス形式に接続して、その事柄を直接確認していないことを表す、という性質を共通している点で、「だろう」と並べて記述してよいと考えられる」(P.142)と述べている。

●日本語記述文法研究会（2003）

　日本語記述文法研究会（2003）も、文を命題とモダリティの2要素から成るとしている。日本語は、「その意味的な違いが文構造

表7　宮崎他（2002）における叙述のモダリティの体系

叙述のモダリティの分類		代表的形式
評価	必要妥当系	といい、ばいい、たらいい、ほうがいい、なくてはいけない、べきだ、ざるを得ない、必要がある
	不必要系	なくてもいい、までもない
	許容系	てもいい
	非許容系	てはいけない
認識	確認	∅
	推量	だろう
	可能性・必然性	かもしれない、にちがいない、はずだ
	証拠性	ようだ、みたいだ、らしい、（し）そうだ、（する）そうだ

に強く反映されるという特徴をもっており、命題レベルの要素が文の内側に、モダリティレベルの要素が文の外側に現れる傾向がある」（P.1）と指摘している。命題については「その文が伝える事柄的な内容を担う」、モダリティは「その文の内容に対する話し手の判断、発話状況やほかの文との関係、聞き手に対する伝え方といった文の述べ方を担う」（P.1）と説明している。そして、モダリティには、「文の伝達的な表し分けを表すもの、命題が表す事態のとらえ方を表すもの、文と先行文脈との関係づけを表すもの、聞き手に対する伝え方を表すもの」（P.4）の4つのタイプがあり、それぞれ「表現類型のモダリティ」、「事態に対するとらえ方を表すモダリティ」、「説明のモダリティ」、「伝達のモダリティ」と名づけている。

　日本語記述文法研究会のモダリティの下位分類およびその形式をまとめると、次頁の表8のようになる。

　このように、日本語記述文法研究会（2003）では、これまで以上に詳細な考察が行われ、日本語のモダリティの形式を体系化しようとしている。

●尾上（2001）
以上に紹介した「文は命題とモダリティの2要素から成る」とい

表8　日本語記述文法研究会（2003）におけるモダリティの体系

モダリティの分類				代表的形式
表現類型のモダリティ	情報系	叙述		
		疑問		か、∅、のではないか、ではないか、のか、だろうか、でしょうか、かな、かしら、わ、よね
	行為系	意志		する、しよう、つもりだ、気だ、まい
		勧誘		しよう、しないか
		行為要求		しろ、しなさい、てくれ、てください、てくれないか、てくれるか、てもらえないか、てもらえるか、して、てほしい、てもらいたい、お～ください、たら？、といい、方がいい、ことだ、するな、しないでくれ、しないでくれないか、しない
事態に対するとらえ方を表すモダリティ	評価	必要		といい、ばいい、たらいい、方がいい、なくてはいけない（なくてはならない、なければいけない、なければならない、ないといけない）、べきだ、ものだ、ことだ、ざるを得ない、しかない
		許可・許容		てもいい
		不必要		なくてもいい、ことはない
		不許可・非許容		てはいけない（てならない）
	認識	断定		∅
		推量		だろう
		蓋然性	可能性	かもしれない、かもわからない、かもしれぬ、かしれない、可能性がある、おそれがある、かねない、てもいい、ても不思議ではない、とは限らない、ないとも限らない、とも考えられる、ことがある
			必然性	にちがいない、に相違ない、にきまっている、はずだ
		証拠性	推定	ようだ、みたいだ、らしい、
			伝聞	（し）そうだ、（する）そうだ、って、だって、んだって、という、とのことだ、ということだ
説明のモダリティ				のだ、わけだ、ものだ、ことだ
伝達のモダリティ	丁寧さ			です、ます
	伝達態度			よ、ぞ、ぜ、さ、わ、ね、な、なあ、よね、とも、もの（もん）、の、っけ、ってば

　う階層構造を成すモダリティ論とは異なるものとして、尾上（2001）が挙げられる。尾上氏は、叙法論の視点から、述定形式の全体組織の中にモダリティを位置づけようとする立場を取り、「叙

法論としてのモダリティ論」を提唱している。「言語学上の本来の「モダリティ」という概念は言表事態や"主観性"一般のことではなく、専用の述定形式をもって非現実の事態を語るときにそこに生ずる意味ということである」(P.485) と指摘し、モダリティに関して、以下のように説明している。

① その述定形式に固有の述べ方（事態認識のあり方）があり、それが場合によって様々な意味を文にもたらすと考える。
② モダリティ形式とは非現実の領域に位置する事態を語るときに用いられる述定形式であるとする。
③ モダリティとは、モダリティ形式を用いて話者の事態に対する捉え方をその事態に塗り込めて語るときにその事態の一角に生ずる意味（grounding predication）であると見る。

(尾上2001：442)

尾上氏のモダリティ論は、モダリティを述語の時間性を表すテンス・アスペクトと同一のレベルで論じ、文の種類と終助詞とは異なるものとして見ている。要するに、モダリティを話し手の主観の表現された部分とは見なさない。この点は、以上に挙げた他の研究と大きく異なっている。

2. 中国語のモダリティに関する先行研究

前節では、これまでの日本語のモダリティに関する先行研究を見たが、本節では、中国語のモダリティに関する先行研究を概観し、中国語のモダリティの体系をおおまかに把握する。

中国語において、1898年に出版された馬建忠氏の『馬氏文通』では、すでにモダリティに相当するものについて言及されているようである。そこでは次のことが論じられている。

"可""足""能""得"等字，助動字也。不直言動字之行，而惟言將動之勢，故其後必有動字以續之者，即所以言其所助之行也。

(馬1898 (2004年版：183))

"字以達意，意之實處。自有動靜諸字寫之。若語氣之輕重，口吻之疑似，動靜之字無是也，則唯有助字傳之。

助字所傳之語氣有二：曰信，曰疑。故助字有傳信者，有傳疑者。二者故不足以概助字之用，而大較則然矣。傳言助字，爲"也""矣""耳""已"等字，決辭也。傳疑助字，爲"乎""哉""耶""歟"等字，詰辭也。　　（馬1898（2004年版：323）

　馬氏は、"助動字"が"將動之勢"を表すとし、"助字"が"曰信，曰疑"を表すとしている。これは、今日のモダリティに近いことを言っていると考えられる。

　また、呂（1942）では、中国語の「語気」の体系を図6のようにとらえている。

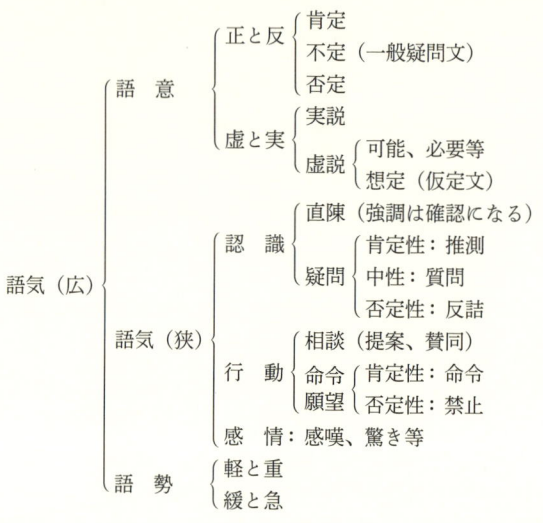

```
           ┌ 正と反 ┌ 肯定
           │        │ 不定（一般疑問文）
           │        └ 否定
     ┌ 語 意
     │     │        ┌ 実説
     │     └ 虚と実 │        ┌ 可能、必要等
     │              └ 虚説 ┤
     │                       └ 想定（仮定文）
     │
     │              ┌ 直陳（強調は確認になる）
語気(広)│        ┌ 認 識 │        ┌ 肯定性：推測
     │        │        │ 疑問 ┤ 中性：質問
     │ 語気(狭)│        │        └ 否定性：反詰
     │        │
     │        │        ┌ 相談（提案、賛同）
     │        │ 行 動 │ 命令 ┌ 肯定性：命令
     │        │        └ 願望 └ 否定性：禁止
     │        └ 感 情：感嘆、驚き等
     │
     └ 語 勢 ┌ 軽と重
              └ 緩と急
```

図6　呂（1942）の「語気」の体系（1990年版：258、筆者訳）

　この分類について、呂氏は以下のように述べている。

　「语气」可有广狭两解。广义的「语气」包括「语意」和「语势」。所谓「语意」，指正和反，定和不定，虚和实等等区别。所谓「语势」，指说话的轻或重，缓或急。除去这两样，剩下的是狭义的「语气」：假如要给他一个定义，可以说是概念内容相同的语句，因使用的目的不同所生的分别。「语意」对于概念的内容有改变，而同一语气仍可有「语势」的差异。三者的表现法也不同：语意以加用限制词为主，语势以语调为主，而语气则兼用语调与语气词。但是三者之间的关系非常密切，例如不定的语意必

然取疑问的语气，反诘的语势比普通询问沉重，测度比直陈缓和，命令比商量急促，这些都是明显的事实。

(呂1942（1990年版：257))

「語気」は広義と狭義の2つに分けられる。広義の「語気」には「語意」と「語勢」が含まれる。「語意」は「正と反、定と不定、虚と実などの区別」を指す。「語勢」は「語調の強弱、抑揚」を指す。この2つを除くと、残るのは狭義の「語気」である。狭義の「語気」を定義するとしたら、「同じ概念内容の語句を異なる目的で使用する時に生じた区別」と言ってよかろう。「語意」は概念内容に影響を与え、同じ語気には「語勢」の差が存在する。また三者の表現法も違う。語意は言葉を加えることを主な手段とし、語勢は語調を主な手段とし、語気は語調と語気詞を兼用している。また三者間の関係も非常に密接であり、たとえば、不定の語意は必然的に疑問の語気を取るが、反詰の語勢は普通の質問より重々しいのであり、また推測の語勢は直陳より緩やかであり、命令の語勢は相談より差し迫っているのである。これらはすべて明らかな事実である。（筆者訳）

このように、呂氏の狭義の語気は、モダリティに近いものであり、語意は命題内容にあたるもので、語勢はイントネーションにかかわるものであることがうかがえる。

そして、90年代になると、英語をはじめとするヨーロッパ言語のモダリティ研究の成果が取り入れられ、中国語のモダリティ研究は著しく発展した。以下、主にモダリティを体系的に論じる研究を紹介する。

●賀（1992）

賀（1992）[2]は、モダリティを「語気」と呼び、「文法の形式によって命題に対する話し手の主観を表すもの」であると定義し、次の2つの特徴を有するとしている。

（Ⅰ）意味から見ると、1つの文は命題と語気の2つの部分に分けられる。命題は物事あるいは出来事そのものに対する叙述であるが、語気は文の命題に対する再叙述である。語気

は、命題を述べる話し手の目的、命題に対する話し手の態度・評価等、もしくは命題に関わる話し手の感情を表す。
（Ⅱ）形式から見ると、語気は文法形式によって表される文法的意味である。ここで言う「文法形式」とは、開放的体系ではなく、閉鎖的体系の言語形式のことである。

また、中国語の書き言葉における語気の形式標記には、①文末においてイントネーションを示す文章記号、②特殊な文の形式、③共起制限、即ち特定の語気と他の言語成分との共起制限、④助動詞およびその否定形と認められるもの、⑤語気副詞およびその否定形式と認められるもの、⑥語気助詞、⑦感嘆詞、のようなものがあると述べている。そして、中国語の語気は、この7つのものによって表され、「機能語気」「評価・判断語気」「感情語気」の3つの系統に分けられるとしている。

「機能語気」については、「言語コミュニケーションにおいて文が有する言語機能であり、話し手が文を用いて達成しようとするある種のコミュニケーションの目的を表す」と説明している。また、「評価・判断語気」を「文の内容に対する話し手の態度、評価或いは判断を表すものである」、「感情語気」を「客観的環境または文中の命題によって引き起こされた話し手の気持ちと感情を表すものである」と定義している。そして、この3種の語気は「互いに排斥しあうものではなく、同時共起できるものである」と指摘している。

さらに、「機能語気」「評価・判断語気」「感情語気」の下位分類についても細かく規定し、それぞれの形式標記を取り上げている。賀氏の語気の体系をまとめると、次頁の表9の通りである。

●斉 (2002)

斉 (2002) も、モダリティを「語気」と称し、次のように定義している。

　　语气是通过语法形式表达的说话人针对句子命题的一种主观意识。语气作为一种语法范畴，必须有对应的语法形式，也就是说决定一种语气范畴时，要同时考虑意义和形式。　　（斉2002：1）
　　語気は、文法形式を通して表した、話し手の文の命題に対する

表9　賀（1992）におけるモダリティの体系

語気分類			形式標記
機能語気	叙述語気		文末に句点「。」があって、しかも命令・願望語気を具えない文。
	疑問語気	質問語気	文末に疑問符「？」があって、しかも反語語気を含まない文。
		反語語気	文末に疑問符「？」があって、しかも文中に語気副詞「岂／どうして～か」、「难道／まさか～ではあるまい」、「何尝／～でないことがあるか」「不行／だめだ」「不成／だめだ」などと共起している文、あるいは文末に疑問符を伴う否定文。
	命令・願望語気		文末には句点「。」あるいは感嘆符「！」が付され、叙述語気や詠嘆語気を表さない文。
	詠嘆語気		文末に感嘆符「！」、文中に「太／あまりに」、「多么／なんと」、「多／なんと」「真／まことに」「特別／特に」などの程度副詞、および「这么／こんなに」「那么／あんなに」などの程度を表す指示代詞を伴っている文。
評価・判断語気	認知語気	確信語気	文末に疑問符「？」がなく、かつ語気助詞「吧」も伴っていない文。
		非確信語気	文末に疑問符「？」を伴い、反語語気を表さない文、或いは文末に疑問符はないが、語気助詞「吧」を伴っている文。
	推測判断語気	蓋然語気	助動詞「会／だろう」、「能／～だろう」「可能／～かもしれない」と語気助詞「也许／もしかしたら」「或许／多分」「大概／多分」などが蓋然語気を表す語気成分を担う。
		必然語気	語気副詞「一定／きっと」、「必然／必然的に」、「必定／間違いなく」などが必然語気を表す語気成分を担う。
	道理判断語気	許可語気	助動詞「能／～することができる」、「能够／～することができる」、「可以／～してもよい」が許可語気を表す語気成分を担う。
		必要語気	助動詞「应／べきだ」、「应该／べきだ」、「要／～なければならない」、「得／～なければならない」などと語気副詞「必须／必ず」、「一定／必ず」「务必／是非」が必要語気を表す語気成分を担う。
	能願語気	能力判断語気	助動詞「能／～できる」、「能够／～できる」、「可以／～できる」「会／～できる」および否定を表す「不能／～できない」「不会／～できない」が能力判断語気を表す語気成分を担う。
		意志・願望語気	助動詞「肯／進んで～する」、「愿意／～したい」、「情愿／～したい」、「乐意／喜んで～する」、「想／～したい」およびそれらの否定形と認められるものが意志・願望語気を表す語気成分を担う。
感情語気	意外語気		この語気は「竟／意外にも」、「竟然／意外にも」、「居然／意外にも」などによって表される。
	予想実現語気		この語気は「果然／やはり」、「果真／やはり」によって表される。
	納得語気		この語気は「难怪／なるほど」、「怪不得／なるほど」「原来／なるほど」、「敢情／なるほど」および感嘆詞「噢／そうか」などによって表される。
	幸運語気		この語気は語気副詞「幸亏／幸いなことに」、「幸好／運良く」、「幸而／幸い」などによって表される。
	情意語気		感嘆詞と語気副詞によって表される語気的意味のうち、機能語気、評価・判断語気、および感情語気の前4種類の以外のものをまとめて「情意語気」とする。

主観意識である。語気は文法カテゴリーとして、必ず対応する文法形式があり、つまり1つの語気カテゴリーを決める時に、意味と形式を同時に考えなければならない。　　　　（筆者訳）

そして、語気を分類する時に、"语气可以表示说话人使用句子要达到的交际目的（語気は話し手の文を使用するコミュニケーションの目的を表すこと（筆者訳））"と"语气可以表示说话人对说话内容的态度和情感（語気は話し手の話す内容に対する態度と感情を表すこと（筆者訳））"の2点を根拠とするべきである（P.18）と指摘している。前者をまとめて「機能語気」と呼び、形式の標識は語気詞であるとし、後者をまとめて「意志語気」と呼び、形式の標識は助動詞と語気副詞であるとしている。斉氏は、語気の分類を次頁の表10のように整理している。

表9と10を見ると、賀氏と斉氏の分類は類似していることが分かる。まず、賀氏の「機能語気」と斉氏の「機能語気」は、両方とも話し手のコミュニケーションの目的を表す点から定義され、観察すると、両者の下位分類もほぼ同じと言ってもよさそうなので、両者は同様のものであると言えよう。また、文は言語活動の中で伝達の機能を担うため、両氏の「機能語気」の下位分類が文の類型でもあることは容易に分かる。

一方、「機能語気」の他に、賀氏は「語気」に「評価・判断語気」「感情語気」、斉氏は「意志語気」があるとしているが、賀氏の「評価・判断語気」にある「認知語気」を除いて、両者の取り上げている形式を見ると、かなり重なっているように思われる。

●彭（2007）

彭（2007）は、モダリティのことを「情態」と呼び、次のように定義している。

　　所谓情态，就是说话人对句子表达的命题的真值或事件的现实性
　　状态所表现的主观态度。　　　　　　　　　　（彭2007：41）
　　情態は、命題の真偽及び事態の現実状態に対する話し手の主観
　　的な態度を表す。　　　　　　　　　　　　　　　　（筆者訳）

情態を表す手段として、情態意のある動詞、情態動詞、情態副詞、

表10　斉（2002：21）のモダリティの体系（筆者訳）

語気の分類			例文	形式標記
機能語気	叙述語気	肯定語気	他去看电影了。／他会来开会的。	語気詞"了"、"的"
		否定語気	他不去看电影。／他不会来开会的。	語気詞"了"、"的"と否定詞"不"、"没有"
	疑問語気	質問語気	你去北京吗？／你准备去哪儿呢？	語気詞"吗"、"呢"
		反問語気	这不是你的书吗？／难道就这样算了吗？／我何尝不想去呢？	語気詞"吗"、"呢"と語気副詞"难道""何尝"等
	命令・願望語気	願望語気	您先吃饭吧！／让我去吧！	語気詞"吧"
		命令語気	别说话！／把窗户关了！	
	詠嘆語気		太好了！／真美啊！	語気詞"了、啊"
意志語気	可能語気	蓋然語気	他可能去北京了。／他大概三十岁了。	助動詞"可能"、語気副詞"大概""也许"等
		必然語気	他一定去北京了。／见到你他必定会高兴的。	語気副詞"一定"、"必然"
	能願語気	能力語気	她能用左手写字。／他不会说汉语。	助動詞"能"、"会"等
		意願語気	他愿意来这儿。／他不想去北京。	助動詞"愿意"、"想"等
	許可語気	許可語気	你可以来这儿。／你能够考出来。	助動詞"可以"、"能够"
		必要語気	你应该来这儿。／务必要来这儿。	助動詞"应该"、"要"、語気副詞"必须"、"务必"
	予想実現・納得語気	予想実現語気	他果真要来这儿了。／他果然没去。	語気副詞"果然"、"果真"
		納得語気	打电话的原来是你。／下雪了，怪不得这么冷。	語気副詞"难怪"、"原来"、"怪不得"等

文末情態助詞および語調などがあるとし、中でも情態動詞が主たるものであると指摘している。彭氏は、ヨーロッパ言語のモダリティ研究とこれまでの中国語のモダリティ研究に基づき、情態動詞が表す情態を「認識情態」「道義情態」「動力情態」の3つに分類した。そして、3つの情態をさらに「語義」によって分類し、それをまとめると、次の表11のようになる。

表11　彭（2007：160）のモダリティの体系（筆者訳）

情態	語義	用法と形式	語義	用法と形式	語義	用法と形式
認識情態	［必然］	［推定］必然、肯定、一定、准、得、要	［蓋然］	［推断］会、応該（応当、応、該、当）	［可能］	［推測］可能、能（能够）
		［仮定］要				
道義情態	［必要］	［命令］必須、得	［義務］	［指令］応該、要	［許可］	［許可］能、可以、准、許
		［保証］肯定、一定、准		［承諾］会		［許可・承諾］可以
動力情態	［能力］（無障害）可以	［能力］（恒定）会		［能力］能		
	［意願］（強）要	［意願］（受け身）肯		［意願］（一般）想、愿意		
	［勇気］敢					

　表11を見ると、彭氏のモダリティ研究は、「情態動詞」を中心とするものであり、ヨーロッパ言語のモダリティ研究の成果をかなり中国語に反映させている。また、「情態動詞」には単義の情態動詞と多義の情態動詞があると指摘し、個々の情態動詞の意味用法についても詳細に考察している。

3. 先行研究における日本語のモダリティと中国語のモダリティの共通点と相違点

　現在、個別言語のモダリティ研究は活発に行われているが、モダリティの対照研究はまだ少ないようである。日本語と中国語のモダリティの対照研究において、両言語のモダリティの体系を論じるものとしては、管見のかぎり、玉地（2005）しかない。玉地氏はPalmer（2001）のモダリティの理論を採用し、ともにPalmer（2001）の理論に近い日本語の宮崎他（2002）と中国語の賀（1992）を総合的に分析し、言語類型論の観点から日本語と中国語のモダリティを比較対照した。その結果を次の4点にまとめている。

① 日本語と中国語においては形態の異なる複数のモーダルマーカーがモーダルシステムを構成していること。
② 中国語のモーダルマーカー（特に助動詞）は多義性を持つが、日本語のモーダルマーカーは形式と意味・機能が比較的分化していること。
③ モダリティの文法化の連続性は日本語においては類型論的に言われているような dynamic > deontic > epistemic ではなく、dynamic > deontic/epistemic であるということ、中国語においては助動詞は dynamic > deontic > epistemic であること、しかし、日本語の助動詞と中国語の副詞については epistemic > deontic であるかもしれないということ。
④ 日本語と中国語のモーダルシステムにおいて、モダリティの階層性が存在し、Epistemic は Dynamic や Deontic の上位概念*3 であること。

（玉地2005）

　玉地氏の研究結果から分かるように、日本語と中国語のモダリティは、階層性が存在する点において共通点を見せつつ、文法化の連続性では相違点も存在することが分かる。
　また、1節と2節で見た先行研究からも、日本語と中国語のモダリティの共通点と相違点を見出すことができる。以下では、大きく〈モダリティを表す手段〉と〈モダリティの下位分類〉の2点から

見ることとする。

〈モダリティを表す手段〉

　日本語において、モダリティを表す手段として、主に助動詞、複合形式、終助詞などの文末形式が挙げられているのに対し、中国語においては、助動詞、語気副詞、語気詞があるようである。

　日本語は、モダリティを表す文末の助動詞、複合形式が非常に発達しており、それがモダリティを表す主たる手段である。モダリティ副詞も取り上げられることはあるが、それは「付加的」であり、別格の存在であるとされているようである。それに対し、中国語において、助動詞と語気副詞は、語順が同じく動詞の前にあり、並列的に取り扱われ、ともにモダリティを表す主たる手段とされている。

　また、日本語の終助詞と中国語の語気詞は、両方とも文末に位置するが、その役割はまったく同じではないようである。日本語記述文法研究会（2003）の表8を見ると、「伝達態度のモダリティ」に挙げられているものは、2節で見た中国語の先行研究では取り扱われていない。このような終助詞は、「話し手が発話状況をどのように認識し、聞き手にどのように示そうとしているのか」（日本語記述文法研究会2003：239）という伝達態度のモダリティを表すものであり、聞き手に対する話し手の配慮を反映した表現形式であるとしている。一方、表8の「疑問のモダリティ」に挙げられているものは、斉（2002）の「疑問語気」に挙げられているものと対応していると思われる。たとえば、日本語の「か」と中国語の"吗"などである。

〈モダリティの下位分類〉

　まず、1節と2節で見た先行研究のモダリティの下位分類では、日本語と中国語の両方とも、文の類型に相当する類がある。たとえば、日本語の、益岡氏の「表現類型のモダリティ」、仁田氏の「発話・伝達のモダリティ」、宮崎他の「実行のモダリティ」「疑問のモダリティ」、日本語記述文法研究会の「表現類型のモダリティ」と、中国語の、賀氏の「機能語気」、斉氏の「機能語気」である。これ

らとその下位分類を整理してみると、表12のようになる。

表12　先行研究にみる文の類型に相当するモダリティとその下位分類

		上位のカテゴリー	下位のカテゴリー
日本語	益岡（1991）	表現類型のモダリティ	演述型、情意表出型、訴え型、疑問型、感嘆型
	仁田（1999）	発話・伝達のモダリティ	働きかけ、表出、問いかけ、述べ立て
	宮崎他（2002）	実行のモダリティ 疑問のモダリティ	意志・勧誘、命令・依頼 質問・疑い、確認要求
	日本語記述文法研究会（2003）	表現類型のモダリティ	叙述、疑問、意志、勧誘、行為要求
中国語	賀（1992）	機能語気	叙述語気、疑問語気、命令・願望語気、詠嘆語気
	斉（2002）	機能語気	叙述語気、疑問語気、命令・願望語気、詠嘆語気

　表12を観察すると、これらの下位分類も、かなり類似していることが分かる。つまり、日本語と中国語の文の分類も類似しているのである。

　次に、先行研究のモダリティの下位分類では、日本語と中国語の両方とも、事態に対する話し手の判断を表す類が見られる。たとえば、日本語においては、益岡氏の「判断のモダリティ」、仁田氏の「判断系のモダリティ」、宮崎他の「叙述のモダリティ」、日本語記述文法研究会の「事態に対するとらえ方を表すモダリティ」である。中国語においては、賀氏の「評価・判断語気」、斉氏の「意志語気」、彭氏の「情態」*4 である。さらに、それらの下位分類では、それぞれDeonticモダリティとEpistemicモダリティにあたるものが見られる*5。上位の事態に対する話し手の判断を表す類、すなわち判断のモダリティと、その下位分類を整理すると、次頁の表13の通りである。

　表13の「下位のカテゴリー」の欄で、下線'　　　'を引いたも

表13　先行研究にみる判断のモダリティとその下位分類

		上位のカテゴリー	下位のカテゴリー
日本語	益岡（2007）	判断のモダリティ	価値判断、真偽判断
	仁田（1999）	判断系のモダリティ	評価類、認識類
	宮崎他（2002）	叙述のモダリティ	評価、認識
	日本語記述文法研究会（2003）	事態に対するとらえ方を表すモダリティ	評価、認識
中国語	賀（1992）	評価・判断語気	道理判断語気、推測判断語気、認知語気、能願語気
	斉（2002）	意志語気	許可語気、可能語気、能願語気、予想実現・納得語気
	彭（2007）	情態	道義情態、認識情態、動力情態

のは、Deonticモダリティに相当し、波線'〰〰〰'を引いたものは、Epistemicモダリティに相当する。観察してみると、日本語のほうでは、判断のモダリティをDeonticモダリティとEpistemicモダリティの2類に二分し、中国語ではこの2類と並列的なものもある。しかし、そうは言っても、判断のモダリティの下位分類として、DeonticモダリティとEpistemicモダリティがあることは日本語と中国語において共通していると言える。

　つまり、これまでの日本語のモダリティ研究と中国語のモダリティ研究が一致して、判断のモダリティをモダリティの下位分類の1つであり、その下位分類にはDeonticモダリティとEpistemicモダリティがあるとしている*6。したがって、本書が「判断のモダリティ」を日本語と中国語の比較対照の枠組みとする点は、問題がなさそうである。

　また、日本語の独自の特徴として、丁寧さのモダリティが1つのカテゴリーとして取り扱われていることがある。中国語には、そのようなカテゴリーは存在しない。

　以上、1節と2節で見た先行研究に基づき、日本語と中国語のモダリティの共通点と相違点の要点をまとめた。

＊1 「発話・伝達のモダリティ」に挙げた例文は、仁田（1991：22）の図を参考にした。
＊2 賀（1992）は、中国語を原文とするものであるが、その訳文「中国語の書き言葉における語気の体系」（于康・成田静香訳）があり、本書は訳文のほうを引用している。
＊3 DynamicモダリティあるいはDeonticモダリティとEpistemicモダリティは共起することができ、そして、EpistemicモダリティがDynamicモダリティあるいはDeonticモダリティを包み込むという階層性を成している。Epistemicモダリティが外側にあることから、上位概念と名づけている。
＊4 厳密に言うと、彭氏の「情態」は、モダリティの下位分類ではなく、モダリティそのものである。「命題の真偽及び事態の現実状態に対する話し手の主観的な態度を表す」という彭氏の「情態」に対する定義を見ると、まさに「判断のモダリティ」であると思われる。
＊5 DeonticモダリティとEpistemicモダリティは英語の用語である。ここでは、黒滝（2005）の定義を紹介する。黒滝氏は、Deonticモダリティを「これからおこると目される潜在的な出来事に対する文の主語の意志・義務・許可・必要性や能力、または主語以外の意志に基づいて主語が行為することを表す。命題に示された行為の実現の性質を表し、主語志向的（subject-oriented）である」（P.12）と規定している。Epistemicモダリティを、「話者志向的（speaker-oriented）であり、話し手が命題内容についてどの程度確信を持っているかを表すものである」（P.10）と定義している。
＊6 厳密に言うと、彭氏の「情態」は、モダリティの下位分類ではない。注4を参照されたい。

第3章
本書の対象と構成

　この章では、まず1節で、モダリティ、および、本書が比較対照の枠組みとする判断のモダリティとその下位分類に対し、本書の規定を述べたうえで、具体的な比較対象とする対訳上対応関係にある日本語と中国語の形式を挙げる。次の2節では、本書の構成について述べる。

1. 本書の対象

　前述した通り、本書は、モダリティの中の、判断のモダリティという枠組みのもとで、日本語と中国語の対照研究を行うものである。そこで、まずモダリティ、そして判断のモダリティについて、本書では以下のように規定する。

　　モダリティとは、事態に対する話し手の心的態度である。そのうち、事態に対する話し手の判断を表すものを判断のモダリティとする。

　また、第2章の表13からも分かるように、日本語と中国語のこれまでのほとんどの先行研究は、事態に対する話し手の判断を表す判断のモダリティの下位分類として、Deonticモダリティに相当するものとEpistemicモダリティに相当するものを取り上げている。この点に関して、本書は諸先行研究にしたがい、それぞれを評価判断のモダリティと真偽判断のモダリティと称し、これらを判断のモダリティの下位分類とする。以下は、評価判断のモダリティと真偽判断のモダリティに対する本書の定義である。

　　評価判断のモダリティとは、事態に対する話し手の評価的な判断を表すものであり、真偽判断のモダリティとは、事態に対する話し手の真偽的な判断を表すものである。

ただし、表13を見ると、中国語のほうでは、評価判断のモダリティと真偽判断のモダリティと並列的なものもある。そのうち、賀氏と斉氏の「能願語気」、彭氏の「動力情態」は、意志を表すものであると思われる。また、賀氏の「認知語気」は「話し手が文の命題および他の評価・判断語気と感情語気を含む文の内容を確信すること、或いは確信できないことを表す」と定義されており、これにしたがうと、この「認知語気」は、本書が定義した「判断のモダリティ」を表す文の内容に対する話し手の確信を表すものであると考えられる。つまり、これらは本書の「判断のモダリティ」の定義範囲外にある。そして、斉氏の「予想実現・納得語気」は、日本語のモダリティの中では取り扱われていないものであるため、これも省く。

以上、本書では、「判断のモダリティ」の下位分類を「評価判断のモダリティ」と「真偽判断のモダリティ」に二分する。これを図1に示す。

判断のモダリティ ─┬─ 評価判断のモダリティ
　　　　　　　　　└─ 真偽判断のモダリティ

図1　本書の「判断のモダリティ」の下位分類

さて、比較対照する具体的な形式を見てみよう。まず、評価判断のモダリティでは、次の図2の形式を比較対照する。

日本語	中国語
なければならない	必須
べきだ	応該
てもいい	可以

図2　本書の考察対象（1）

また、真偽判断のモダリティでは、次頁の図3の形式を比較対照する。

それから、第2章の3節で挙げた玉地（2005）でも指摘されているように、中国語のモーダルマーカー（特に助動詞）は多義性を持つが、日本語のモーダルマーカーは形式と意味・機能が比較的分化している。上に挙げた形式を見ると、中国語の"応該"と日本語

日本語	中国語
だろう	吧
かもしれない	也许、可能
はずだ	应该
ようだ、らしい	好像

図3　本書の考察対象（2）

の「べきだ」と「はずだ」の関係が玉地氏の指摘にあてはまることが分かる。中国語の"应该"が評価判断のモダリティと真偽判断のモダリティの両方の用法を持つということは、評価判断のモダリティと真偽判断のモダリティの間にかかわりがあることを示しているようにも思われる。したがって、本書では評価判断のモダリティと真偽判断のモダリティのかかわりという問題についても取り上げ、図4の3形式を比較対照することによってそのことを確認してみたい。

日本語	中国語
べきだ、はずだ	应该

図4　本書の考察対象（3）

　さらに、比較対照を行わないが、中国語の助動詞の"会"は様々な日本語の真偽判断のモダリティ形式と対応し得るため、"会"も考察対象とする。

日本語	中国語
	会

図5　本書の考察対象（4）

　以上では、本書が比較対照する具体的な形式を挙げたが、これらの形式について、2点説明しなければならない。
　1つは、日本語の「なければならない」、「べきだ」、「てもいい」と中国語の"必须"、"应该"（「べきだ」に相当する）、"可以"は評価判断のモダリティを表す形式であり、日本語の「だろう」、「かもしれない」、「はずだ」、「ようだ」「らしい」と中国語の"吧"、"应

第3章　本書の対象と構成　　45

该"(「はずだ」に相当する)、"也许""可能""好像"は真偽判断のモダリティを表す形式である、ということである。これは、第2章の1節と2節の先行研究から確認できる。これらの形式の先行研究におけるとらえ方を表に整理すると、表1と表2のようになる。表1は日本語の形式に関するもの、表2は中国語の形式に関するものである。

表1　先行研究における本書の考察対象のとらえ方（日本語）

	なければならない べきだ てもいい	だろう かもしれない はずだ ようだ、らしい
益岡氏	価値判断	真偽判断
仁田氏	評価類	認識類
宮崎他	評価	認識
日本語記述文法研究会	評価	認識
	評価判断のモダリティ	真偽判断のモダリティ

表2　先行研究における本書の考察対象のとらえ方（中国語）

	必須、応該(「べきだ」に相当)、可以	吧	也许	可能	应该(「はずだ」に相当)	好像
賀氏	道理判断語気		推測判断語気	推測判断語気		
斉氏	許可語気		可能語気	可能語気		
彭氏	道義情態			認識情態	認識情態	
	評価判断のモダリティ	真偽判断のモダリティ				

　ただし、中国語の表2において、各研究者は、本書で扱うすべての形式を取り扱っているわけではない。"吧"と"好像"を取り上げた研究者はいないが、"吧"には真偽判断のモダリティを表す推量の用法があり、「だろう」と対応し、また"好像"にも真偽判断のモダリティを表すと思われる推定の用法があり、「ようだ」「らしい」と対応するので、本書は、この2つの形式を真偽判断のモダリティを表すものとする。

表3　辞書における本書の日本語の考察対象の記述

	『日中辞書』(講談社)	『日中辞典』(小学館)	『日本語文型辞典』
なければならない	――――	要，得，应当，应该；[必ず]必须.	必须、应该
べきだ	【可き】应该；必须；理应.	【可き】应该，应当，理应.	应该、按说…该
てもいい			1.〈許可〉可以、也行 2.〈可能性〉也可、也行、也成 3.〈提议〉也成、也好 4.〈让步〉也成、也行
だろう	1.[推量]会；可能；大概；…吧. 2.[疑問・反語・詠嘆]啊；呢. 3.[仮想]吧. 4.[同意を求めたり念を押す]不是…吗.	1.《推量》……吧；[だいたい]大概……(吧)；[ほとんど]差不多……(吧)；[かもしれない]可能……(吧)；[おそらく]恐怕……(吧). 2.《確認・質問・反問》きみだって男だろう／你也是个男子汉吧. ……	…吧
かもしれない	也许；可能；说不定.	也许，或许；可能；说不定；恐怕；也未可知.	也许、可能、没准儿
はずだ	【筈】会；应该；该.	【筈】1.《当然》应该，理应，会. 2.《予定》预计，应该.	应该、应当
ようだ	1.[比ゆ](好)像……一样(一般)；就(好)像……一样(一般)；…似的…. 2.[一例として例示]像(照)……那样；跟……一样. 3.[不確かな断定・えん曲表現]好像；觉得好像；似乎. ……	【助動詞】1.《近似・類比》(好)像……一般，一般；似；如同……，犹如……. 2.《内容の一致》像……那样. 3.《例示》像……那样[这样]. 4.《不確か》好像，似乎，仿佛."似乎""仿佛"はややかたい言い方. ……	好像…、就像
らしい	1.[推量] 好像…；似乎…；像是…；听说….像…样子；像…似的；有…风度；像样.	【助動詞】像是……，似乎……，好像……似的.彼は彼女が好きらしい／他好像喜欢她.	似乎、好像

表4　辞書における本書の中国語の考察対象の記述

	『中日辞書』(講談社)	『中日辞典』(小学館)	『中国語文法用例辞典』
必須	必ず…しなければならない，必ず…しなさい（命題の語気を強める）．	【副詞】1. 必ず…しなければならない． 2.《命令の口調を強める》必ず…せよ．	【副詞】必ず～しなければならない：事実や感情・道理の上から必要であることを表す。
应该	…すべきである，…であるべきだ，…のはずだ．	【助動詞】1. 道理・人情からいって）…でなければならない．…べきである． 2.（状況から判断して）…のはずだ．	【助動詞】1.「道理上…でなければならない」意味を表す。単独で問いの答えに用いてもよい。否定は'不应该'。遇事应该冷静。（思わぬことにぶつかっても冷静であるべきだ） 2. 状況が必ずそうだろうと推定する。他昨天动身的, 今天应该到了。（彼は昨日出発したから、今日は当然着くはずだ）
可以	【助動】1.（可能を表す）…できる。…られる。 2.（許可を表す）…してもよい。よろしい。 3.（示唆を表す）…する価値がある。…したらよい。	──	【助動詞】1. 可能を表す：質問の返答に単独で用いられる。 2. ある用途を持つ：質問の返答に単独で用いられる。 3. 許可を表す：質問の返答に単独で用いられる。 我可以进来吗？—可以（入ってもいいですか—いいです）……
吧	【助】1.（記憶が曖昧などの理由で）はっきり断定しない語気を表す。 2. 命令文に用い，命令の語気を和らげる。 3. 疑問文に用い，疑問の語気をやわらげる。	【助詞】1.《命令文の文末につけて相談・提案の意味を表す》 2.《文末につけて賛成または承知の意を表す》 3.《文末につけて推察への同意を求める気持ちを表す》这班火车不会晚点吧。この列車は遅れることはないだろうね。	【助詞】1. 命令文の末尾に用い，命令・要請・催促・提案などを表す。 2. 疑問文の末尾に用いる。（この家は新しく建てたものですね：たぶん新しく建てたのだろうと思っている）
也许	もしかしたら…だろう，…かもしれない。	【副詞】1.《推測を表す》もしかしたら…かもしれない。 2.《婉曲な言い回しにする》あるいは…かもしれない。	【副詞】1. 推測あるいは確実ではないことを表す。今天阴天, 也许会下雨。（今日は曇っているから、雨が降るかもしれない） 2. 婉曲な口調を表し，話し手に相談の意図がある。
可能	【副】おそらく，たぶん。今天可能要下雪。今日は雪が降るかもしれない。	1. 可能である。見込みがある。あり得る。 2.【副詞】…かもしれない。…らしい。 3. 可能性。見込み。	【副詞】推量を表す：…かもしれない，ひょっとすると。
好像	【副】ちょうど…のようである。まるで…ようである。…のような気がする。	──	【副詞】まるで，…のようだ：あまり確実でない推測的判断や感覚を表す。主語の前後どちらに置いても意味は変わらないこともある。'一样''似的'と組み合わせて用いることもできる。

上記の形式について、もう1つ説明しなければならないのは、それらは対訳上対応関係にある形式であるということである。第1章の目的①のところでも述べたが、この点は辞書から確認できる。表3は、3つの辞書における日本語の形式に対応する中国語の記述を調べたものであり、表4は、中国語の形式に対する日本語の記述を調べたものである*1。表3と表4から、本書が比較対照を行う形式は、対訳上対応関係にあることが分かる。

　以上のように、「なければならない」と"必须"、「べきだ」と"应该"(「べきだ」に相当する)、「てもいい」と"可以"は評価判断のモダリティを表すものであり、「だろう」と"吧"、「かもしれない」と"也许""可能"、「はずだ」と"应该"(「はずだ」に相当する)、「ようだ」「らしい」と"好像"は真偽判断を表すものであるということと、それぞれが対訳上対訳関係にあることとが確認できる。したがって、これからの各章では、この2点については再度強調して述べることはしない。

2. 本書の構成

　本書は、大きく第Ⅰ部「序」、第Ⅱ部「評価判断のモダリティ」、第Ⅲ部「真偽判断のモダリティ」、第Ⅳ部「評価判断のモダリティと真偽判断のモダリティのかかわり」、第Ⅴ部「様々な日本語表現と対応する中国語の"会"」の5部から構成される。

　第Ⅰ部の「序」では、まず、第1章において、先行研究における「対照研究」の定義、タイプなどを述べ、その後、本書が行う対照研究の目的と方法を述べてきた。第2章では、日本語と中国語のそれぞれにおいて、モダリティの体系を取り扱う先行研究を概観し、それに基づき、日本語のモダリティと中国語のモダリティの共通点と相違点をおおまかに把握した。それから、第3章では、モダリティ、そして、本書が比較対照を行う枠組みである「判断のモダリティ」およびその下位分類の「評価判断のモダリティ」と「真偽判断のモダリティ」について規定し、比較対照する具体的な形式を挙げた。また、本書の構成についても述べた。

第Ⅱ部〜第Ⅴ部は本書の本論にあたる。

●第Ⅱ部　評価判断のモダリティ

　第Ⅱ部では、評価判断のモダリティにおいて、日本語と中国語の対照研究を行う。具体的にまず、第4章では、日本語の「なければならない」と中国語の"必須"を比較対象とし、必然性を表す際の両形式の本質的な違いを明らかにする。そして、この本質的な違いによる両形式の使われ方の相違についても考察する。第5章では、日本語の「べきだ」と中国語の"応該"を比較対象とし、両形式の意味用法の共通点と相違点を明らかにし、相違点を生じさせる要因についても考察する。また、第6章では、日本語の「てもいい」と中国語の"可以"を比較対象とし、意味用法の共通点と相違点、および相違点を生じさせる要因を明らかにする。

●第Ⅲ部　真偽判断のモダリティ

　第Ⅲ部では、真偽判断のモダリティにおいて、日本語と中国語の対照研究を行う。第7章では、日本語の「だろう」と中国語の"吧"を比較対象とし、両形式が同じ推量用法と確認用法を持つに至る経緯を考察する。第8章では、日本語の「かもしれない」と中国語の"也許""可能"を比較対象とし、可能性判断を表す際の対応関係を明らかにする。第9章では、日本語の「はずだ」と中国語の"応該"を比較対象とし、論理的な判断を表す際の両形式の違いを明らかにする。第10章では、日本語の「ようだ」「らしい」と中国語の"好像"を比較対象とし、意味用法の共通点と相違点を考察することによって、その本質的な違いを明らかにする。

●第Ⅳ部　評価判断のモダリティと真偽判断のモダリティのかかわり

　第Ⅳ部では、評価判断のモダリティと真偽判断のモダリティのかかわりについて考察する。第11章では、評価判断のモダリティと真偽判断のモダリティのかかわりが日本語と中国語においてどのように現れているのかを考察する。また、第12章においては、日本語の「べきだ」「はずだ」と中国語の"応該"を比較対象とし、評

価判断と真偽判断において「べきだ」「はずだ」には多義性が見られず、"应该"には多義性が見られる原因を、共時的な視点から解明することを試みる。

●第Ⅴ部　様々な日本語表現と対応する中国語の"会"
　第13章において、中国語の"会"を考察対象とする。"会"にはⅠ類、Ⅱ類、Ⅲ類の3種類の用法があり、Ⅲ類の"会"を考察することに重点を置き、Ⅲ類の"会"の本質を明らかにする。そのうえで、Ⅰ類とⅢ類の"会"の関係についても明らかにする。

　第14章の「結論」において、本書の結果を総括し、それによって判断のモダリティから見る時の日本語と中国語の違いを提示する。また、本書の意義と今後の課題についても述べる。

---

*1　表3と表4では、本書で対訳上対応関係にあるとする形式を訳語として挙げていない場合、それに訳している例文を挙げた。また、表4の中国語の"好像"の訳として「らしい」が挙げられていないが、『中国語辞典』(白水社、2002)を調べたところ、「(推測・判断が確実でなくて)…の気がする、…のようである、…らしい」と書かれており、また表3の「らしい」の中国語訳として"好像"が挙げられているので、"好像"と「らしい」を対訳上対訳関係にある形式と見なしてよいと思われる。

II

評価判断のモダリティ

第4章
日本語の「なければならない」と中国語の"必须"

1. はじめに

　日本語の「なければならない」と中国語の"必须"は、当該事態Qの実現が必然的である、という必然性を表す点で共通している。しかし、以下の例文*1 のように、両形式が対応する場合と対応しない場合とが存在する。
(1) 明日は歯医者に行かなければならないから、早めに退社して行くつもりだ。
(1') 明天必须去医院，所以打算提前下班去。
(2) 明日は歯医者に行かなければならなかったけど、急に重要な仕事が入っちゃって、行けなくなった。
(2') ?明天必须去医院，但突然有了项很重要的工作要做，不能去了。*2
　(1)と(2)は両方とも、話し手は「明日は歯医者に行く」という事態Qの実現が必然的であると述べている。ただし、(2)の話し手は、Qの実現が必然的であると述べたうえで、事情があるのでQが実現しないことになることも述べている。日本語の「なければならない」は両例において使えるのに対し、中国語の"必须"は前者にしか使えない。つまり、両形式は、必然性を表す際に同質ではなく、違うところがあるということである。そこで、本章は、「なければならない」と"必须"を比較対照することによって、両形式の必然性を表す際の本質的な違いを明らかにすることを第一の目的とする。また、その本質的な違いによって、両形式の様々な使われ方においても相違が生じることを示したい。

2. 先行研究

まず、日本語の「なければならない」の意味記述に関する先行研究には、次のようなものがある。

丹羽（1991）は、「なければならない」の基本的意味を「当該事態の実現が要請される状況にある、ということを表す」としており、郷丸（1995）は、「行為主体の意志の有無に関わらず、状況的にあるいは話し手からの実現への強い要請」を表すとしている。また、森山（1997）は、「ナケレバナラナイは、文字通り当該事態以外に価値付与できないという意味である」と指摘している。そして、高梨（2010：26）は、評価のモダリティ形式を形から分類し、「なければならない」*3 は事態を受ける形式「なければ」と評価形式「ならない」の複合形式であると説明し、それを評価的複合形式の中に位置づけている。また、その基本的意味を「当該事態が実現しないことが許容されないことを表す」（P.81）と規定している*4。

一方、中国語学では、"必須"の意味記述については、辞書的な説明しか見あたらない。呂編（1999）は、「【副詞】必ず〜しなければならない：事実や感情・道理の上から必要であることを表す」としている*5。また、高橋他編（1995）は、「【能願動詞】必ず〜の必要がある。事理や情理の面での必要性を表す能願動詞であり、状況語になる」としている。

このように、「なければならない」と"必須"に関して、それぞれの言語内においての記述はあるものの、テーマとして取り上げて比較対照を行うものは、管見のかぎり、まだないようである。本章は、従来なされてこなかった両形式の比較対照を行うこととする。

3. 両形式の本質的な違い

本節では、「なければならない」と"必須"の用法を詳細に比較対照することによって、必然性を表す際の両形式の本質的な違いを明らかにすることを試みる。

さきに挙げた（1）（2）から分かるように、必然性を表す際に両

形式は同質ではなく、対応する場合と対応しない場合とがある。これは、必然性を両形式の共通点と考えるのがおおまかにすぎる、ということを意味していると考えられる。つまり、必然性という用法は意味範囲が広く、さらに分類することができ、その下位分類の用法において両形式がはじめて違いを見せる、ということである。したがって、以下では、必然性を下位分類した用法において、両形式を比較対照してみたい。

さて、必然性を分類するにあたっては、分類の基準が必要となる。その下位分類の用法において「なければならない」と"必须"の両形式を比較対照するため、本章では、必然性の分類基準をこの両形式の用法の分類基準から導きたいと考える。そのほうが効果的であろう。また、両形式のうち、「なければならない」の用法の分類基準をもとに考察することにする。その理由は2つある。1つは、「なければならない」は(1)(2)の両例において使えるため、"必须"より用法が広い可能性があるからである。もう1つは、日本語において「なければならない」の用法分類に関する先行研究は多数あるが、中国語において"必须"の用法分類に関する先行研究は見あたらないからである。

では、まず、「なければならない」の先行研究における用法の分類基準を見てみよう。

森田・松木 (1989) は、「なければならない」の用法を「義務・責任」を表す用法と「必然的帰結」を表す用法に分類している。当該事態に対して評価判断しているのか真偽判断しているのかが分類の基準であると思われる。

また、丹羽 (1991) は、「なければならない」の用法を「発話時の判断」を表す用法と「知識表明」を表す用法に、森山 (1997) は「主観的な判断」を表す用法と「客観的な規制内容」を表す用法に分類している。前者は当該事態について判断したのが発話時か否か、後者は当該事態が話し手個人の判断か否か、によって分類しているようである。

そして、田村 (1999) は、「なければならない」の各用法の成立において共起している命題要素の意味特徴がかかわっているとし、

「なければならない」の用法を「自己制御性が高いという条件下でベキダと置換できる用法が成立し、自己制御性が低いという条件下でザルヲエナイと置換できる用法が成立し、自己制御性がないという条件下でハズダと置換できる用法が成立する」という3つの用法に分けている。当該事態に対する自己制御性から、用法を分類しているようである。

さらに、高梨（2010：84）は、「なければならない」は「話し手の発話時の評価」と「客観的な必要性・許容性」の両方の用法が存在するが、常に明確に区別できるわけではないとしている。高梨（2010）も、当該事態について判断したのは発話時か否かを基準として分類していることがうかがえる。

以上のように、「なければならない」の用法分類には多種多様な基準があることが分かる。その中でも、a「話し手の評価判断か否か」（森山1997）とb「発話時に下した評価判断か否か」（丹羽1991、高梨2010）の2つの基準には関連がある。つまりbはaに包摂され、話し手の評価判断である場合にかぎり、さらにそれを話し手が発話時に下したか否かによって分類できるということである。

そこで、本章は必然性用法について、このaとbを同時に基準にして分類することとする。これを表として示すと、表1のようになる。なお、この分類は論理的な分類であり、bはaに包摂されるので、「a.×、b.○」の場合は存在しない。

表1　aとbによる必然性用法の分類

a.話し手の評価判断か否か	b.発話時に下した評価判断か否か	用　　法
○	○	Ⅰ：発話時における話し手の評価判断の用法
○	×	Ⅱ：発話時以前における話し手の評価判断の用法
×	○	用法なし
×	×	Ⅲ：発話時の話し手の評価判断でもなく発話時以前の話し手の評価判断でもない用法

以上では、「なければならない」の先行研究を踏まえ、aとbという2つの基準を見出し、それを同時に基準にして必然性用法をⅠⅡⅢに分けた。早速以下ではⅠⅡⅢにおいて両形式を比較対照してみたいが、後述のように、(1)(2)(=(5)(7))は両方ともⅡの用法に入るので、ⅠⅡⅢに分けても、両形式の違いはまだよく分からない。そこで、再度(1)(2)を観察すると、Ⅱの用法の中でも、事態Qが実現し得ない場合に両形式が対応しないことがうかがえる。確かに、必然的な事態は、現実に実現し得る場合はもちろんあるが、実現し得ない場合も存在する。では、ⅠⅡⅢを、さらに当該事態Qの実現を伴い得る場合と、実現を伴い得ない場合とに分けて両形式を比較対照すれば、違いを浮かび上がらせることができるのではないか、と予測できる。
　そこで、以下は、ⅠⅡⅢをさらに当該事態Qの実現を伴い得る場合と実現を伴い得ない場合に分け、両形式がそれぞれの場合において、より具体的にどのように対応しているのかを考察してみる。

　Ⅰ．[a.○、b.○]：発話時における話し手の評価判断の用法
　以下の例文の当該事態Qは、いずれも話し手が発話時に下した評価判断であると思われる。(3)の話し手は、発話時に、未来の時点に事態Qの実現が必然的であると評価判断したのであり、(4)の話し手は、発話時に、過去の時点に事態Qの実現が必然的であったと評価判断したのである。
　(3) A：今日は虫歯の痛みがひどいんだ。
　　　B：それは大変だね。すぐ歯医者に行かなければならないよ。
　(3') A：今天虫牙疼得很厉害。
　　　B：那可太糟糕了。必须马上去医院。
　(4) 今日になって虫歯がひどく痛くなった。やはり昨日のうちに歯医者に行かなければならなかった。
　(4') *今天虫牙疼得厉害了。昨天还是必须去医院。
　しかし(3)では、事態Qが未来に実現することになると思われるのに対し、(4)では、事態Qが過去に実現すべきことであり、現実ではすでに実現し得ないことになっている。

このようなⅠの用法では、「なければならない」は、事態Qの実現を伴い得る場合と実現を伴い得ない場合のどちらにも使えるのに対し、"必須"は後者の場合には使えない。

Ⅱ．[a.○、b.×]：発話時以前における話し手の評価判断の用法
　次の（5）〜（8）では、話し手は、事態Qの実現が必然的であるという過去の時点において評価判断したことを、発話時にそのまま述べていると思われる。つまり、ここの評価判断は、話し手によるものではあるが、発話時に下したものではなく、発話時以前に下したものである。
　発話時に下した評価判断ではない点で、Ⅰと区別される。また、発話時以前に下したものであるので、事態Qの実現が必然的であることは発話時において話し手にとってすでに分かっていることである。この点は、次のⅢとつながっている。
　（5）明日は歯医者に行か<u>なければならない</u>から、早めに退社して行くつもりだ。　　　　　　　　　　　　　　　　　　　((1)の再掲)
　（5'）明天<u>必須</u>去医院，所以打算提前下班去。
　（6）A：昨日はどうして早退したの？
　　　 B：昨日は歯医者に行か<u>なければならなかった</u>から、早めに退社したんだ。
　（6'）A：昨天怎么提前下班了呢？
　　　 B：昨天<u>必須</u>去医院，所以提前下了班。
　（7）明日は歯医者に行か<u>なければならなかった</u>けど、急に重要な仕事が入っちゃって、行けなくなった。　　((2)の再掲)
　（7'）?明天<u>必須</u>去医院，但突然有了項很重要的工作要做，不能去了。
　（8）昨日は歯医者に行か<u>なければならなかった</u>けど、仕事に追われていたので、行かなかった。
　（8'）?昨天<u>必須</u>去医院，但由于工作太忙，没能去上。
　（5）（6）を見ると、話し手は事態Qの実現が必然的であるという評価判断を理由として挙げているので、その評価判断は発話時に下したのではなく、発話時以前に下したものであることが分かる。

そして、そのような理由があるので、(5)の話し手は事態Qを未来の時点に実現する、(6)の話し手Bは事態Qを過去の時点に実現した、と述べている。

また、(7)(8)は逆接の文であり、話し手は事態Qの実現が必然的であると評価判断したのは、発話時ではなく、発話時以前である。そして、ある事情によって、(7)の話し手は事態Qをこれから実現しない、(8)の話し手は事態Qを過去に実現しなかった、と述べている。

つまり、(5)(6)では事態Qが実現する、あるいはしたということを伴う、すなわち事態Qの実現を伴い得るのに対し、(7)(8)では事態Qの実現を伴い得ない。

Ⅱの用法では、「なければならない」は(5)～(8)のすべての場合に使え、"必須"は(7')(8')のように事態Qの実現を伴い得ない場合では不自然である。

Ⅲ．[a.×、b.×]：発話時の話し手の評価判断でもなく発話時以前の話し手の評価判断でもない用法

続いて、(9)と(10)においては、事態Qの実現が必然的であると評価判断したのは話し手とは考えにくく、話し手は、事態Qの実現が必然的であることを規則としてそのまま引用して述べていると思われる。つまり、ここの事態Qの実現が必然的であることは、発話時の話し手の評価判断ではなく、発話時以前の話し手の評価判断でもなく、話し手の持っている既得知識なのである。既得知識は、言うまでもなく、発話時において話し手にとってすでに分かっていることであり、前述した通り、ⅢはⅡとつながっている。

(9) 転入者は一週間以内に届けを出さなければならない。
(9') 入住者必须在一周之内提交登记表。
(10) 規則では、転入者は一週間以内に届けを出さなければならないけど、今回特別に許可をもらって、二週間以内に出せばいいと言われた。
(10') 按规定，入住者必须在一周之内提交登记表。但这次得到特殊许可，说两周之内交出就行。

(9)では、話し手は規則である事態Qをそのまま述べているのに対し、(10)は逆接の文であり、話し手は、現実ではある事情で規則の事態Qが実現しないことになることを述べている。

このようなⅢの用法では、「なければならない」も"必須"も、事態Qの実現を伴い得る場合と実現を伴い得ない場合の両方において使える。

以上の結果をまとめると、表2の通りになる。

表2 「なければならない」と"必須"の対応関係

	事態Qの実現を伴い得る場合		事態Qの実現を伴い得ない場合	
	なければならない	必須	なければならない	必須
Ⅰ	○　　(3)	○　　(3')	○　　(4)	×　　(4')
Ⅱ	○ (5)(6)	○ (5')(6')	○ (7)(8)	△ (7')(8')
Ⅲ	○　　(9)	○　　(9')	○　　(10)	○　　(10')

○：適格　△：不自然　×：不適格

では、両形式の違いをまとめてみよう。まず、表2の左側の「事態Qの実現を伴い得る場合」を見ると、両形式ともⅠⅡⅢのすべてに使うことができる。しかし、表2の右側の「事態Qの実現を伴い得ない場合」では、「なければならない」は問題なく使えるのに対し、"必須"は使えない用法があり、Ⅲ→Ⅱ→Ⅰの順に、適格→不自然→不適格となる。すなわち、「なければならない」は事態Qの実現を伴い得る場合でも伴い得ない場合でも使えるのに対し、"必須"は、事態Qの実現を伴い得る場合は使えるが、伴い得ない場合は使えない用法があるということである。

このように、筆者の予測通り、ⅠⅡⅢをさらに、事態Qの実現を伴い得るか否かに分けて両形式を比較することで、両形式の違いをより明確にとらえることができた。

さて、この違いはどういうことを意味しているのだろうか。

「なければならない」が事態Qの実現を伴い得る場合と伴い得ない場合の両方に使えるのは、「なければならない」が事態Qの実現を問わず、Qの在り方を重視する表現であるからと考えられる。事態Qの在り方が必然的であれば、実際に事態Qが実現できても

きなくても関係なく使うことができる。

　それに対して、"必須"は事態Qの実現を伴い得ない場合に使えないことがあり、事態Qの実現が必然的であると評価判断したのが話し手であるⅠⅡの場合には使えず、話し手ではないⅢの場合は使える。これは、"必須"がより事態Qの実質的内容を重視する表現であるからではないか。つまり、"必須"は、事態Qの実質的内容を重視するため、話し手が事態Qの実現が必然的であると評価判断した以上、必ずQの実現を要求し、Qの表す実質的な内容に反するQの実現を伴い得ない場合には使えない。

　このことから、両形式の必然性を表す際の本質的な違いを以下のように規定できる。

〈本質的な違い〉

「なければならない」：事態Qの実現を問わず、Qを実現まで要求しない。⇒ Qの在り方を重視する表現。

"必須"：話し手の評価判断を表す場合、事態Qの実現を要求する。⇒ Qの実質的な内容を重視する表現。

　また、これによって、"必須"の、事態Qの実現を伴い得ない場合での「×→△→○」という許容度の差についても解釈できる。

　まず、Ⅰの（4'）では、事態Qの実現が必然的であったことは、話し手が発話時に評価判断したことである。しかし、その事態Qは過去に実現されるべきことであり、発話時においてすでに実現し得ないことになっている。Qの実質的な内容を重視する"必須"は、話し手の評価判断を表す時に事態Qの実現を要求するため、発話時においてすでに実現し得ない事態はもはや評価判断の対象外であり、Ⅰの（4'）は完全に不適格な文となる。

　次のⅡの（7'）（8'）では、事態Qは話し手の発話時以前の評価判断であり、発話時においてすでに実現し得なくなっている。これは、事態Qの実現が必然的であると評価判断した時から発話時までの間に、それを覆す状況が起こったため、事態Qが実現し得なくなった、あるいは実現しなかったのであると考えられる。確かにこのような場合は存在し、日本語の「なければならない」は使える。しかし、Qの実質的な内容を重視する"必須"は、話し手の評価判

断を表す時にQの実現を要求するので、発話時においてQの実現を覆す状況になっていれば、使うことができない。ただし（7'）（8'）は、Qの実現が必然的であると評価判断した時点では、まだQの実現の可能性を伴っていたので、判断する時点においてすでにQの実現を伴い得ない（4'）より、"必須"の許容度は少し上がる。

そして、Ⅲの（10'）では、事態Qの実現が必然的であることは、話し手の評価判断ではなく規則そのものであり、話し手の持っている既得知識と考えられる。"必須"はQの実質的な内容を重視し、Qの実現を要求するが、この場合は話し手の評価判断ではないので、実現を伴い得ない場合においても問題なく使えるようになる。（10'）は完全に適格な文となる。

では、ここで、本節の内容をまとめよう。

本節では、「なければならない」と"必須"の比較対照にあたって、共通している意味範囲が広い必然性用法を下位分類した用法において両形式を比較対照する方法を用いた。

まず、「なければならない」の先行研究を考察することによって、a「話し手の評価判断か否か」とb「発話時に下した評価判断か否か」という2つの基準を見出し、必然性用法をⅠⅡⅢに分類した。次に、ⅠⅡⅢの用法をさらに当該事態Qの実現を伴い得る場合と実現を伴い得ない場合に分けて、それぞれの場合において両形式を比較した。その結果、「なければならない」はすべての場合に使えるのに対し、"必須"は事態Qの実現を伴い得ない場合に使えないことがあり、Ⅲ→Ⅱ→Ⅰの順に、適格→不自然→不適格になることが分かった。そして、このことから、「なければならない」は事態Qの在り方を重視する表現であるのに対し、"必須"は事態Qの実質的な内容を重視する表現であるという、必然性を表す際の両形式の本質的な違いを導いた。

4. 両形式の本質的な違いによる使われ方の相違

前節では、両形式のⅠⅡⅢにおける違いから、必然性を表す際の本質的な違いを明らかにした。この本質的な違いは、他にも両形式

の様々な使われ方において反映されると思われるので、本節では、『中日対訳コーパス』を利用し、両形式の実際の使用状況を考察する。具体的には、「疑問文の場合」「事物発展の成り行きを表す場合」「真偽判断を表す場合」という3つの場合における使われ方において、両形式の本質的な違いが反映されていることを確認する。

　議論に入る前に、本節の両形式の「使われ方」と前節の両形式の「ⅠⅡⅢ」という用法との区別について、筆者の考え方を述べておく。

　まず、ⅠⅡⅢというのは、両形式に共通する必然性用法をa「話し手の評価判断か否か」とb「発話時に下した評価判断か否か」の2点を基準にして分類した用法である。aとbは基準として有効であったため、両形式の必然性を表す際の本質的な違いが導かれた。

　また、「使われ方」というのも、ある基準で必然性を分けた用法であると考えられる。たとえば、4.1節の「疑問文の場合」を例とすると、それと並行する用法には「述べたて文の場合」「働きかけ文の場合」などがあり、簡単に言えば「疑問文ではない文の場合」が考えられる。すなわち、「疑問文の場合」と「疑問文ではない文の場合」を、「疑問文か否か」という基準で必然性を分けた用法であると見ることができる*6。ただし、この「疑問文か否か」という基準で必然性を分けた用法において、両形式を比較対照して必然性を表す際の本質的な違いが導かれないとすると、この基準は有効ではないと言える*7。しかしながら、このような有効ではない基準で分けた用法においても、両形式の本質的な違いが反映され、それによって、両形式が相違を見せる場合がある。本章では、このような用法を「使われ方」と称し、ⅠⅡⅢと区別する。

　要するに、ⅠⅡⅢも「使われ方」も同じある基準によって必然性用法を分けた用法であるが、違うところは、両形式の本質的な違いを導くのにⅠⅡⅢの基準は有効であるのに対し、「使われ方」の基準は有効ではないという点である。そういう点で対照研究においては、ある共通した意味用法を持つ両言語の形式の本質的な違いを明らかにするために、その共通した意味用法を有効に機能させる分類基準を探すのが肝心であろう。

以下では、本質的な違いの反映が確認された3つの使われ方において、両形式が見せた相違は本質的な違いに基づくことを示す。

なお、各々の使われ方とⅠⅡⅢは、異なる分類基準によって必然性を分類した用法であるので、交錯していると思われる。各々の使われ方においてⅠⅡⅢの用法を明白に区別できない時があり、以下は、この3つの使われ方を分析することに重点を置き、それぞれにおいてⅠⅡⅢの検討はしないこととする。

4.1 疑問文の場合

この節では、両形式が疑問文に使われる例について、『中日対訳コーパス』の全体を調査した。その結果、「なければならない」は50件あったが、"必須"はわずか5件であった。

「なければならない」の調査結果を詳しく見てみよう。その中には、また2種類の用いられ方が確認された。

(11) 私はなんにもしないし、なんにも言わなかったつもりよ。悪いことなんかしなかったつもりよ。どうして私と別れな<u>くてはならない</u>の？　　　　　　　　　　　（青春の蹉跌）
"我什么话也没说，什么坏事也没做，你为什么<u>非要</u>同我分手<u>不可</u>？　　　　　　　　　　　　　　　（青春的蹉跌）

(12) 私は一つの草の葉の尖端の鋭角について永いあいだ考えていたこともある。……なぜこの草の葉の尖端が、これほど鋭い鋭角で<u>なければならない</u>のか。もし鈍角であったら、草の種別は失われ、自然はその一角から崩壊してしまわねばならないのか。　　　　　　　　　　　　（金閣寺）
我有时疑视着草尖的锐角，长时间地思考。……为什么草尖<u>必定</u>是锐角？如果是钝角便不再是草吗？整个大自然会从这小小的反常的一角崩溃吗？！　　　　　　　　（金阁寺）

(13) ひとりっ子は特別な子どもではなくなっています。普通児です。ひとりっ子は問題が多いから、どうしつけ、教育していか<u>なければならない</u>か、などと論じたり、解説したりしている時代ではありません。　　（ひとりっ子の上手な育て方）
独生子女已经不再是特殊的孩子而是极普通的孩子了。再争

66　Ⅱ　評価判断のモダリティ

论和说明独生子女如何特殊，<u>应该如何教育如何培养</u>则已经过时。

（独生子女优育法）

（11）では、「悪いことなんかしなかった」などの文脈から、話し手は「私と別れる」ことはないと思っていたことが分かる。つまり、話し手は事態¬Qだと考えていたので、話し手の考えは現実と食い違う。

それに対し（12）は、「草の葉の尖端は鋭角であること」は話し手が以前から知っていることであり、話し手は単純にその原因について疑問を持っているのである。また、（13）もただ「どうしつけ、教育するか」という「しつけ、教育」の仕方を論じる疑問詞疑問文である。つまり、（12）（13）は、話し手は事態¬Qだと考えていたことがなく、（11）とは対照的で、話し手の考えは現実とは食い違わない。

この2種類の「なければならない」の中国語訳の調査結果を示すと、表3と4の通りになる。

表3　話し手の考えに現実と食い違いがある場合

「非…不可」などの二重否定形式	一定要／要	φ	必須／必須要	得	应该	合計
17	9	4	2	1	1	34

表4　話し手の考えに現実と食い違いがない場合

应该	要	会	φ	必須	必定	合計
5	3	3	2	2	1	16

まず、表3の「話し手の考えに現実と食い違いがある場合」の中国語訳を見ると、"非…不可"などの二重否定形式の対訳率が一番高く、半分（17/34）を占める。それは先行研究で述べたように、「なければならない」は「なければ」と「ならない」の二重否定の複合形式であることによると思われる。

また、表3と4を比べてみると、「なければならない」は「話し手の考えに現実と食い違いがある場合」によく使われ、「現実と食い違いがない場合」の使用数の2倍以上（34/16）である。現実と

食い違いがある場合に疑問の形で発話することは、まさに話し手はその事態の在り方について疑問を持っているのであると考えられる。したがって、事態 Q の在り方を重視する「なければならない」は現実と食い違いがない場合より、現実と食い違いがある場合に頻繁に使われるのである。

　一方、"必須"が使われる疑問文は、中国語原文の調査では5件しかなく、表3と4の「なければならない」の訳を合わせても9件しかなかった。『中日対訳コーパス』を見るかぎりでは、"必須"は疑問文に使うことが非常に少なく、「なければならない」との対訳率が低いのもその点と関連していると思われる。

4.2　事物発展の成り行きを表す場合

　以下の (14) 〜 (16) のように、「なければならない」は事物発展の成り行きを表す場合に使えるが、(14') 〜 (16') の "必須" は使えない。

(14) 問題になった米は、食糧管理法に基づき、生産から末端の販売にいたるまで、食糧庁によってきびしく管理されていた。その結果日本人は国際価格の8倍という高い米を食べなくてはならない。　　　　　（日本経済の飛躍的な発展）
大米曽是一个热点问题，日本粮食厅根据《粮食管理法》，从生产到最终零售，对大米加以严格管理。其结果使日本人不得不食用相当于国际价格8倍的高价大米。　（日本经济的腾飞）

(14') ……*其结果使日本人必须食用相当于国际价格8倍的高价大米。　　　　　　　　　　　　　　　　　　　　　（筆者訳）

(15) さてこうした非キリスト教の哲学者たちは、カトリックの立場からすれば、信仰がないのだから地獄に堕ちなければならない。しかし心優しい人ならば、こうした知恵を愛した人々を入坑地獄インフェルノの底に落とすにはしのびないだろう。　　　　　　　　　　　（マッテオ・リッチ伝）
基于天主教的立场，这些非基督教的哲学家们由于不信仰上帝，则要堕入地狱。不过如果是心地善良的人，则不忍让这些热爱智慧的人们落入火坑地狱。　　　（利玛窦传）

(15') *基于天主教的立场，这些非基督教的哲学家们由于不信仰上帝，则必须堕入地狱。……　　　　　　　　　　（筆者訳）

(16) 私は無駄を出さないため、剣で丁寧に根を切り取り、水で洗い、皮を剥いた。火がなく、何でも生で食べねばならぬのが、私の楽園の唯一の欠点であったが、それはよく咀嚼すれば、補えると思われた。　　　　　　　　　（野火）

为了避免浪费，我用剌刀把木薯的根仔细切下，用水洗净再剥皮吃。由于没有火，所以什么都得生吃，这是我的乐园的唯一缺陷。不过细嚼慢咽还可以弥补这一不足。　　　　　　　　　　　　　　　　　　　　　　　　　（野火）

(16') ……*由于没有火，所以什么都必须生吃，……　　（筆者訳）

(14) は食糧管理法に基づいた結果、必然的に、「日本人は国際価格の8倍という高い米を食べる」ことになることを述べている。また、(15) は「信仰がない」ことから、必然的に、「地獄に堕ちる」ことになることを述べている。そして、(16) も「火がない」ことから、必然的に、「生で食べる」ことになることを説明している。つまりここの事態Qは、ある原因のもとでの必然的な結果であり、事物発展の必然的な成り行きである。それを説明するのがこれらの例文の趣旨であり、すなわち、ただ事態Qの在り方が必然的であると述べているだけであり、Qの実現を問題にしていない。そのため、文脈上 (14) (16) のようにQが実現しても、(15) のように実現しなくてもいいのである。

したがって、事態Qの在り方を重視する「なければならない」は使えるのに対し、事態Qの実質的な内容を重視し、実現までを要求する"必須"は、このような場合には使いにくい。

4.3　真偽判断を表す場合

以下の (17) (18) のように、「なければならない」は、真偽判断を表す場合があるが、"必須"は (17') (18') のように、真偽判断を表せない。

(17)「兼徳」の集金はすぐに済むはずだし、その足で、姉小路室町から向島へゆき、叔母を訪ねたとしても、ひと晩泊りぐらいで帰って来なければならない。　　　　　　（越前竹人形）

上"兼德"去收款，理该马上可以解决的。即使玉枝顺便从姉小路的室町往向岛看看姑母，留下住一宿的话，现在也应该回来了。*8 　　　　　　　　　　　　　　（越前竹偶）

(17')……*现在也必须回来了。　　　　　　　　　（筆者訳）

(17")……ひと晩泊りぐらいで帰って来るはずだ。　（筆者訳）

(18) 金や威力や理屈で人間の心が買えるものなら、高利貸でも巡査でも大学教授でも一番人に好かれなくてはならない。
　　　　　　　　　　　　　　　　　　　　　　（坊ちゃん）

如果用金钱、权势、理论能收买人心的话，那么，高利贷、警察、大学教授都应该是最招人喜爱的了！　　　　（哥儿）

(18')……*高利贷、警察、大学教授都必须是最招人喜爱的了！
　　　　　　　　　　　　　　　　　　　　　　（筆者訳）

(18")金や威力や理屈で人間の心が買えるものなら、高利貸でも巡査でも大学教授でも一番人に好かれるはずだ。　（筆者訳）

　まず、(17)の話し手は、「集金はすぐに済むはず」「その足で」などから考えると、「帰って来る」ことが必然的に真になると考えている。また(18)の話し手も、「金や威力や理屈で人間の心が買えるもの」と考えるなら、「高利貸でも巡査でも大学教授でも一番人に好かれる」ことが必然的に真になると思っている。つまり、話し手は、事態Qの在り方が必然的であると思っているのである。しかし、(17)と(18)の両方とも、現実では事態Qは真になっておらず、現実と食い違っている。その食い違いに気付き、Qの在り方が必然的であると思っている話し手は、現実ではQが偽になっているが、論理上Qが真であると判断している。

　事態Qの在り方を重視する「なければならない」は、事態Qの在り方が必然的であることから、事態Qが論理上真であるという真偽判断の用法まで拡張して、そこから(17)(18)に使えるようになったと考えられる。それゆえ、(17")(18")のように真偽判断を表す「はずだ」に置き換えることもできる*9。

　それに対し、"必须"は事態Qの実現を要求し、事態の内容を重視しているので、事態Qの在り方が必然的であるという話し手の考えと食い違いがある場合には使えないのである。つまり、"必须"

は「なければならない」のように真偽判断の用法まで拡張できない。

　以上のように、本節では『中日対訳コーパス』を利用し、例文を観察することによって、「なければならない」と"必須"が3つの使われ方において、本質的な違いに基づいた相違を見せていることを考察した。

5. まとめと今後の課題

　本章は、必然性を表すという点で共通する日本語の「なければならない」と中国語の"必須"を比較対照した。

　前半では、まず、「なければならない」の先行研究を考察することによって、必然性を表す用法をa「話し手の評価判断か否か」とb「発話時に下した評価判断か否か」という2つの基準でⅠⅡⅢの3つの用法に分け、またⅠⅡⅢをさらに当該事態Qの実現を伴い得る場合と実現を伴い得ない場合に分け、それぞれにおいて両形式を比較した。その結果、「なければならない」はすべての場合に使えるのに対し、"必須"は事態Qの実現を伴い得ない場合に使えないことがあり、Ⅲ→Ⅱ→Ⅰの順で次第に不適格になることが分かった。このことから、「なければならない」は事態Qの在り方を重視する表現であるのに対し、"必須"は事態Qの実質的な内容を重視する表現である、という必然性を表す際の両形式の本質的な違いを導いた。また、この本質的な違いは両形式の様々な使われ方に反映されると考え、後半では、「疑問文の場合」「事物発展の成り行きを表す場合」「真偽判断を表す場合」を取り上げ、それぞれの場合における両形式の相違が本質的な違いによるものであることを示した。

　最後に、改めて両形式を規定すると、以下の通りとなる。
「なければならない」：当該事態Qの実現が必然的であるという意
　　　　　　　　　　味を表すが、事態Qの実現を問わない。意味の重点の
　　　　　　　　　　置き所はQの在り方である。
　　　　　　　　　⇒「なければならない」は事態Qの在り方を重視する
　　　　　　　　　　表現である。
"必須"：当該事態Qの実現が必然的であるという意味を表し、そ

れが話し手の評価判断であれば、事態Qの実現を要求する。意味の重点の置き所はQの実質的な内容である。
⇒"必須"は事態Qの実質的な内容を重視する表現である。

　本章は、「なければならない」と"必須"を対象として比較したが、中国語の"要""得""応該"も「なければならない」の対訳とすることができ、これらの形式の比較対照も必要である。また、「なければならない」と"必須"が相違を見せる使われ方は、本章で挙げた3つの場合の他にも存在する可能性がある。これらをすべて今後の課題とする。

＊1　本章の例文の出処は次の通りである。(1)～(8)は、高梨(2010)の例文を変更したものである。(9)は、森山(1997)の例文を引用したものである。(10)は、森山(1997)の例文を変更したものである。以上の訳文は筆者によるものである。また、(11)～(18)は北京日本学研究センターが2003年に作成した『中日対訳コーパス』から収集したものである。『中日対訳コーパス』には日本語原文の文章と中国語原文の文章とがあり、また、それぞれの訳文もある。ちなみに、本書の例文のほとんどが『中日対訳コーパス』から収集したものである。

＊2　(2')、および、後述の(4')(7')(8')において、"必須"を"応該"に置き換えれば、文は成立する。また、(13)のように、『中日対訳コーパス』の中でも「なければならない」を"応該"に訳している例文がある。しかし、その場合の"応該"は、意味合い的には日本語の「べきだ」と対応しているのであり、厳密に言うと、「なければならない」と対応していないと筆者は考える。

＊3　高梨(2010)は、「なくてはいけない」を評価の複合形式の代表形式として論述している。「なくてはいけない」の「なくては」の部分は、「なければ」「なけりゃ」「なきゃ」「なくちゃ」「ねば」などの形があり、また「いけない」の部分は、「なりません」「ならぬ」「ならん」「ならない」「いけません」「いかん」などの形があると思われるが、本章では、これらを「なければならない」で代表させることにする。ただし、コーパスの例文は原文のまま引用する。なお、高梨(2010)を含め、ほとんどの先行研究は、これらの形式を1つのグループとしてとらえ、代表形式を使って論述している。

＊4　これは代表形式の「なくてはいけない」に対する規定であるが、「なければならない」も同様に考えられる。

＊5　第3章の表4の内容の再掲。
＊6　4.2節の「事物発展の成り行きを表す場合」は、「事物発展の成り行きを表さない場合」と並行して、「事物発展の成り行きを表すか否か」という基準によって必然性を分類した用法であると考えられる。また、4.3節の「真偽判断を表す場合」も同様に考えられる。
＊7　本章は、「疑問文の場合か否か」を基準として必然性を分類した用法において、両形式を比較対照しても本質的な違いが得られないと考える。また、「事物発展の成り行きを表す場合か否か」「真偽判断を表す場合か否か」を基準とする時も同様であると考える。詳しい考察は省く。
＊8　ここの"応該"と（18）の"応該"は、日本語の「はずだ」と対応し、注2で述べた「べきだ」と対応する"応該"とは異なるものである。
＊9　この場合、「なければならない」と「はずだ」は置き換えることができるが、表す意味が違うと思われる。ここではその違いを検討しない。

第 5 章
日本語の「べきだ」と中国語の"応該"

1. はじめに

　日本語の「べきだ」と「はずだ」は、以下の例文のように、どちらも中国語の"応該"と対応している。
（1）A：海外研修に行くかどうか迷っているんだ。*1
　　　A₁：我正在犹豫去不去海外研修呢。
　　　B：そりゃ、行くべきだよ。いいチャンスじゃないか。
　　　B₁：那应该去呀。多好的机会啊。
（2）A：明日の展覧会、花子は行くかな？　　　　　　　（作例）
　　　A₁：明天的展览会，花子去不去呢？　　　　　　（筆者訳）
　　　B：行くはずだよ。昨日電話があったから。
　　　B₁：应该去。昨天她打来电话了。
　（1）の話し手 B・B₁ は、「（相手が）海外研修に行く」という事態を当為的に評価しており、「べきだ」と"応該"は評価判断のモダリティを表す形式であると思われる。一方、（2）では、「花子は行く」という事態の真偽について、話し手 B・B₁ が真だと判断しており、「はずだ」と"応該"は真偽判断のモダリティを表す形式であると思われる。
　このように、日本語では、「べきだ」と「はずだ」という 2 形式が、それぞれ評価判断のモダリティと真偽判断のモダリティという異なるモダリティを表しているのに対し、中国語では、これらが"応該"という 1 つのモダリティ形式で表されている。
　従来、言語類型論的モダリティ研究において、法助動詞*2 が Deontic モダリティと Epistemic モダリティの間で多義性を示すことは一般的であるとされてきたが、この現象は日本語には見られず、中国語には見られるという指摘がある*3。上の（1）（2）で見たよ

75

うに、日本語の「べきだ」「はずだ」と中国語の"応該"との関係は、確かにこの指摘にあてはまる。また、「べきだ」と「はずだ」の意味を持つ古語「べし」は、"応該"と同様、評価判断のモダリティと真偽判断のモダリティの双方が備わっていたことが分かっている。したがって、「べきだ」「はずだ」と多義性を持つ"応該"を比較対照することによって、現代日本語の法助動詞にはなぜ多義性が見られないのか、という問題を共時的に解明し得ることが期待できる。

以上のような問題意識から、本書は、まずこの章で、評価判断のモダリティを表す「べきだ」と"応該"を比較対照し、第9章で、真偽判断のモダリティを表す「はずだ」と"応該"を比較対照する。そして第12章で、「べきだ」「はずだ」と"応該"の3形式を比較対照していく。

2. 先行研究と本章の目的

「べきだ」と"応該"を扱っている先行研究には、次のようなものが挙げられる。

まず、蒋（千苓）（2005）は、"応該"（「べきだ」に相当）との比較対照を通して、「べき」の人称現象と視点を明らかにしようとしている。両形式の人称詞における考察結果は次の表1のようにまとめられている。

表1　人称詞における「べき」と"応該"の違い（蒋2005）

人称詞別	「べき」の人称現象	"応該"の人称現象
1人称	対話の中での出現率が低い 森山（1992a）*4 の研究とほぼ一致している	対話の中での出現率が高い 〔事態の統制者＝判断されるもの〕が多い*5
2人称	2人称の場合、あまり使われない	2人称の場合、使用率がとても高く、1人称より多いことが分かった
3人称	地の文の中でよく使われているが、対話の中であまり使われていない	対話の中で使われている頻度は「べき」より多い

76　II 評価判断のモダリティ

また、玉地（2006）は、言語類型論から出発し、中国人日本語学習者のモダリティ形式の習得について考察を行っている。初級学習者が「はずだ」より「べきだ」を多用する現象は、「根源的（Deontic）」用法から「認識的（Epistemic）」用法が派生するという"应该"の文法化経路の影響だけでなく、「根源的」用法の過剰一般化（overgeneralization）をストラテジーとして利用しているという面も考えられると指摘している。

　それから、程（2009a）は、"应该"をまず"应该₁"（「べきだ」に相当）と"应该₂"（「はずだ」に相当）に分け、そのうえで"应该₁"の判断対象となる事態の実現状態をさらに「未実現」「既実現」「非実現」に分けている。この分類にしたがって、『中日対訳コーパス』を使い、それぞれの場合に対応する日本語訳を数量的に調べて、"应该"の日本語訳の全体像を考察している。また、程（2009b）では、「べきだ」と"应该₁"の対訳実態についてより詳細な考察を行っている。「べきだ」については、終止形の場合と連体形の場合に分け、"应该₁"との対応関係を考察し、一方、"应该₁"に関しては、当該事態の実現状態を未実現の場合と既実現の場合に分け、「べきだ」との対応関係を考察している。

　このように、「べきだ」も「はずだ」も"应该"と対応するため、玉地（2006）のような言語習得に関する考察や、程（2009a）のような対訳実態に関する考察など、3形式を対象とする研究が注目される。だが、3形式を一度に扱うのではなく、まずは対応する2形式の比較対照をしてみる必要もあるだろう。ただ、蒋（2005）は「べき」と"应该"との2形式に限定しているが、人称問題しか取り上げていない。また、程（2009b）も、「べきだ」と"应该"の対応関係について一定の成果を見せているが、充分とは言えず、なぜそのように対応するかも考察されていない。そこで、本章は、「べきだ」と"应该"[*6]の2形式を考察対象とし、次の2点を目的とする。

　① 両形式の意味用法の相違点を明らかにする。
　② 相違点が生じる要因の解明を試みる。

3. 両形式の用法分類

本節では、例文の分析に基づき、両形式の用法分類を行う。私見では、"应该"は「べきだ」より意味用法が広いので、まず3.1節で"应该"の用法分類を考察することにし、次の3.2節で「べきだ」の用法分類を考察する。最後の3.3節で、両形式が持っている用法の間の意味関係を分析する。

なお、例文は主に『中日対訳コーパス』と『CCLコーパス』*7 から収集したものを引用する。また、作例も適宜加えることとする。

3.1 中国語の"应该"について

コーパスの例文と作例に基づき、"应该"の意味用法は以下のⅠⅡⅢの3つに分けることができる。

用法Ⅰ．Ｑがルール上のことであると提示する用法
(3) A：明天是谁夜班？　　　　　　　　　　　　　（作例）
　　A₁：明日は誰が夜勤ですか？　　　　　　　　（筆者訳）
　　B：［看着夜班表］嗯，明天<u>应该</u>是花子。
　　B₁：［夜勤表を見ながら］えっと、明日は<u>花子さんです</u>。
(3') B₁：*えっと、明日は花子さんである<u>べきです</u>。（筆者訳）
(4) 按原来的计划，代表团现在<u>应该</u>回旅馆，六点半钟，与一位老太太共进晚餐。这位老太太年轻时与一位思想激进的中国留学生结婚，……。晚饭以后，八点半钟，他们将去剧院欣赏一台古典歌剧的演出。而次日，活动排得就更紧。
　　　　　　　　　　　　　　　　　　　　　　（活动变人形）
　　スケジュールでは、この後一行は<u>ホテルに帰り</u>、六時半に、ある老婦人と晩餐となっている。その老婦人は若い頃、急進的な中国留学生と結婚して……。夕食の後は、八時半からオペラ観賞と、過密スケジュールだ。　（応報）
(4') ……*この後一行はホテルに帰る<u>べきであり</u>、……（筆者訳）
(5) 这时觉新已经落了毽子，<u>应该</u>由淑英接着踢。淑英显出来是一个踢毽子的能手，她一开始便吸住了众人的目光。　　（家）

このとき覚新が羽子を落したので、淑英がつづいて蹴った。
　　淑英は羽子蹴りがお得意と見えて、彼女が蹴りはじめると、
　　衆目が彼女に集まった。　　　　　　　　　　　　（家）
（5'）……*淑英がつづいて蹴るべきだ。……　　　（筆者訳）

（3）は、B・B₁が夜勤表を見ながら答えている場面である。そのため、B・B₁はA・A₁の質問に対して、明日の担当は花子さんになっていることを、ただ夜勤表上のこととして提示しているだけであり、そのことについて、妥当であるとか、当為であるとか、のような個人的な評価判断はしていないと思われる。また、（4）（5）は小説の叙述であるが、（4）の話し手*8は、代表団一行がこの後ホテルに帰ることになっていることを、ただスケジュール上のこととして提示しているだけであり、そして（5）の話し手も、羽子蹴りの遊びルールに乗っ取って、覚新が蹴った後、淑英の順番になる場面を描写しているだけである。（4）と（5）も同様に、当該事態Qが妥当である、あるいは当為であるというような話し手の評価判断は一切ない。ここの夜勤表やスケジュール、遊びのルールを、ある種の決まっていること、すなわち広い意味での「ルール」に統一して考えることができるので、ここの"応該"は、「Qがルール上のことであると提示する用法」であると言えよう。Qについては、話し手の個人的な評価判断はない*9。

用法Ⅱ．Qが妥当であると主張する用法
（6）振环，我们的旧关系彻底结束了。从今以后，我们又是同学和朋友了。我们本来就应该是这种关系。　　（人啊，人）
　　振環、私たちの以前の関係は完全に終わりました。これからはまたクラスメート、友人です。私たちは本来そうあるべきだったのです。　　　　　　　　（ああ、人間よ）
（7）她是一个典型的贤妻良母，至少母亲对于我们解释贤妻良母的时候，她以为贤妻良母，应该是丈夫和子女的匡护者。
　　　　　　　　　　　　　　　　　　　　　　　（关于女人）
　　彼女は典型的な良妻賢母だった。少なくとも良妻賢母とはどんなものか、私たちにわからせようとするときには、夫

と子どもの保護者である<u>べき</u>だと考えていた。

(女の人について)

(8) 一个人遇到这样的景况，<u>应该</u>说是正常的。我为老何感到欣慰。我祝愿这一对有情人终成眷属。　　(人啊，人)

こういうめぐりあわせは正常と言う<u>べき</u>だ。おれは何君のためにうれしく思う。そしてこのカップルが最後にはいっしょになれるよう祈る。　　(ああ、人間よ)

(9) 她们的尿盆都是陶器罐子，更准确点说，<u>应该</u>叫尿罐。

(活动変人形)

家で使っている虎子はみな陶器の壺で、正確には尿壺ということになる。　　(応報)

(9') ……正確には尿壺という<u>べき</u>だ。　　(筆者訳)

　まず、(6) の話し手は、「私たちはそうある」ことをルール上のこととして提示しているのではなく、それが妥当であると評価しており、(7) の「彼女」も、「良妻賢母は夫と子どもの保護者である」ことが正しく、妥当であるととらえていると思われる。ただ、ここでは、話し手*10 は当該事態Qの妥当性を主張しているだけであり、Qの実現が切実に要請され、Qの当為性を主張しているわけではない。そもそも (6)(7) の述語動詞は、動作性が弱い判定詞の"是"であり、"是"が述べる事態は、ほとんど当為性を持たない状態的なものであるため、(6)(7) の"应该"は「Qが妥当であると主張する用法」であると思われる。

　一方、(8)(9) の述語動詞"说""叫"は、認識動詞であり、動作性も弱いのである。話し手は「そのように考えるのが妥当である」、つまりQが妥当であると主張している。ここも、Qが妥当であると主張するにとどまっており、Qの実現が要請され、Qが当為であることには言及していないと思われるので、(8)(9) の"应该"も「Qが妥当であると主張する用法」であると考えられる。

　このように、"应该"の用法Ⅱは、Qがルール上のこととして提示するのではなく、また、Qの実現が要請され、Qが当為であることにも言及せず、ただQが妥当であると評価しているだけであり、またそう主張するにとどまっているのである。

用法Ⅲ．Qが当為であると主張する用法

(10)"梅表姐，虽然环境的关系很大，但环境也是人造的。我们又何尝不可以改变环境？人无论如何应该跟环境奋斗。能够征服环境，就可以把幸福给自己争回来。" （家）

「梅お姉さん、環境の影響は大きいけれど、環境だって人の造ったものです。改めることができないわけじゃない。いや人間はどうしても環境とは争うべきなんです。そして環境を征服してはじめて、自分の幸福をかちとることができるのです」 （家）

(11)"哟，对爸爸还真有感情！看来，你妈妈什么事也没告诉你。你也不小了，你妈妈应该把家里的事对你说说。要不，你们母女俩会产生隔阂。" （人啊，人）

「ほう、お父さんが好きなんだね！お母さんは君になんにも話してないらしいな。君ももう子どもじゃないんだから、家のことは話しておくべきなのに。そうでないと、母子の断絶を招くよ」 （ああ、人間よ）

(12)"四十多岁了，还是光棍一条。我们这些老同学应该帮助他建立一个家庭。"姓许的说。 （人啊，人）

「四十過きなのに、まだチョンガーだ。ぼくら同級生で、彼が家庭を持てるように、なんとかしてやらなくちゃ」

（ああ、人間よ）

(12')……なんとかしてやるべきだ。 （筆者訳）

(10)では、「環境だって人の造ったもの」「改めることができないわけじゃない」といった文脈によると、話し手は「人間は環境と争う」ことをただ妥当であると評価しているだけでなく、実際に実現が要請され、当為であると主張していると思われる。また、(11)の話し手も「お母さんは家のことを話しておく」ことが実現されることが要請され、当為であると考えている。これは「君ももう子どもじゃないんだから」「そうでないと、母子の断絶を招く」のくだりから分かる。さらに(12)も、原文の訳では「やらなくちゃ」になっているところから、話し手は現実では「なんとかしてやる」ことの実現が要請されていると考えていることが分かる。

したがって、これらの例文の話し手は、Qが妥当であると評価するだけではなく、さらにQの実現が要請されているととらえ、Qが当為であると主張していると思われる。よって、ここの"应该"は、「Qが当為であると主張する用法」であると言えよう。

3.2 日本語の「べきだ」について

では、日本語の「べきだ」の用法について見てみよう。前節で考察した"应该"の訳文を見ると、用法Ⅰの"应该"は「べきだ」に訳すことができないのに対して、用法ⅡとⅢの"应该"は、場合によって多少ニュアンスが変わるが、「べきだ」に訳すことができる。また、日本語を原文とする作品を調査したところ、以下のように、「べきだ」には確かにⅡとⅢの用法があった。

用法Ⅱ．Qが妥当であると主張する用法
(13) 私はその規則あり気な、繰り返す運動を眺め続けた。一人になってから、こういう繰り返しが、いつも私の関心の中心であったのを思い出した。それは自然の中にあるように、人生の中にもあるべきであった。　　　　　　（野火）
我一直望着这反复的规则运动。我想起从我独处以来，这种反复一直是我关注的中心问题。正如自然界中有这种反复一样，人生中也应该有。　　　　　　　　　　　　（野火）
(14) 新二十五万都市は、そのような""人間サバク""であってはならない。新二十五万都市は、人びとがそこで気持よく暮し、働きがいがあり、ともに人生を楽しみ、親しくつき合い、地域社会の発展や国の将来を語り合えるニューコミュニティーであるべきである。　　（日本列島改造論）
新的二十五万人口的城市，不能再象这样的"人间沙漠"，而应该成为一个新的城市社会，人们在那里能够心情舒畅地生活，有意义地劳动，共同享受人间之乐，互相亲密地接触，谈论着地区社会的发展和国家的未来。　（日本列島改造論）
(15) 八千代は川辺夫人との電話を切ると、よし、夏の洋服を作ってやろうと思った。この際洋服一着ぐらい作っても当然

である。このくらいの出費ですめば安いものと言うべきである。　　　　　　　　　　　　　　　　　（あした来る人）
给川边夫人打完电话，八千代心想，也罢，就做一件夏令衣服好了！现在也该做一件了，只花这一笔钱应该说还算是便宜他的。　　　　　　　　　　　　　　　　　（情系明天）

(16) 信州の景色は「パノラマ」として見るべきで、大自然が描いた多くの絵画の中では恐らく平凡という側に貶される程のものであろう……　　　　　　　　　　　　　　（破戒）
他曾经这样认为：信州的景色好比一幅全景画，在大自然描绘出的众多画面中，它只能处在很平凡的地位。　（破戒）

(16') ……信州的景色应该看作是一幅全景画，……　（筆者訳）

(13) の話し手は、「それは人生の中にもある」ことが妥当であると評価し、(14) の話し手も、「新二十五万都市は……ニューコミュニティーである」ことが妥当であると評価していると思われる。Qの実現については、言及されていない。これは、"应该"の (6) (7) と同様に、述語動詞の性質から分かる。(13) の述語動詞は、存在詞の「ある」であり、(14) の述語動詞は、判定詞の「である」である。いずれも状態を表すものであり、Qが当為であると考えることはそもそも難しい。

また、(15) (16) は、"应该"の (8) (9) と同様であり、(15) の「言う」と (16) の「見る」も動作性の弱い認識動詞である。ここの話し手も、「そのように考えるのが妥当である」、すなわちQが妥当であると主張するにとどまっており、Qの当為性に言及していない。

したがって、ここの「べきだ」は"应该"の用法Ⅱと同じ、「Qが妥当であると主張する用法」である。

用法Ⅲ．Qが当為であると主張する用法
(17)「こうなったらもう、通信隊の野津大尉に紹介状を書いてもらって、宇部炭鉱へ直接交渉に行くべきです。石炭統制会社が無くなった以上、統制令にしたがっているわけには行かんでしょう」　　　　　　　　　　　　　　　　（黒い雨）

第5章　日本語の「べきだ」と中国語の"应该"　　83

"如果要去，那就应该找通讯队的野津上尉，请他给开一个介绍信，直接到宇部煤矿去办交涉。既然煤炭专卖公司已经没有了，那就用不着再按管理条例办事喽！"　　　　　　（黑雨）

(18)「あなたは誰かとまた恋を<u>するべき</u>ですよ。こんなに素晴らしいのにもったいないという気がしますね」（ノルウェイの森）
"你<u>应该</u>重新恋爱。要不然真觉得有点可惜，这么好的感受性。"　　　　　　　　　　　　　　　　　　　　（挪威的森林）

(19)「とにかく、僕は賛成しませんよ。貴方と奥さんはもう一度一緒に<u>生活すべき</u>だと思うんです」　　　（あした来る人）
"反正我不赞成。您和太太<u>应该</u>继续一起生活。"　　（情系明天）

　(17)の話し手は、「宇部炭鉱へ直接交渉に行く」ことがただ妥当であると評価しているのではなく、その実現が切実に要請され、つまりQが当為であると主張している。また、(18)(19)の話し手も、「あなたは誰かとまた恋をする」こと、「貴方と奥さんはもう一度一緒に生活する」ことが妥当であると評価しているだけではなく、その実現が要請されており、Qが実際に当為であるととらえている。つまり、ここの話し手はQの妥当性を認めたうえで、Qの当為性を主張しているのであると思われる。

　したがって、ここの「べきだ」は、用法Ⅲの"应该"と同様であり、「Qが当為であると主張する用法」である。

　ここまでをまとめると、"应该"にはⅠⅡⅢの3つの用法があるのに対し、「べきだ」はⅠ～Ⅲのうち、ⅡとⅢの2つの用法しか持たないことが分かった。

3.3　ⅠⅡⅢの関係

　では、ⅠⅡⅢの3つの用法はどのような意味関係にあるのだろうか。それらは、次のような論理的な因果関係でつながっていると考えられるのではないか。

　事態Qがある<u>ルール上</u>のことなので、<u>妥当性を帯びる</u>ことがあり得る。さらに、<u>Qが妥当性を帯びる</u>ので、実現へと要請されることもあり、<u>当為性を帯びる</u>ことがあり得る。
　つまり、用法ⅠⅡⅢの間には、前者は後者の原因であり、後者は

前者の結果であるという因果関係を有していると考えられる。これを図1のように示すことができる。

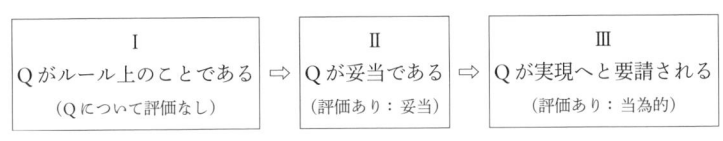

| I
Qがルール上のことである
（Qについて評価なし） | ⇒ | II
Qが妥当である
（評価あり：妥当） | ⇒ | III
Qが実現へと要請される
（評価あり：当為的） |

⇒：因果関係

図1　I II IIIの関係

　用法Iでは、話し手はただQがルール上のことであると提示しているだけである。Qがルール上のことだから妥当である、さらにQが妥当だから実現へと要請される、などのような評価は一切していない。

　しかし、Qがルール上のことなので妥当性を帯びることがあり得、話し手はQが妥当であると主張することができる。この場合は、用法IIである。話し手はQが妥当であると評価し、用法IのQがルール上のことであることが根拠になっている。

　さらに、Qが妥当なので実現へと要請されることがあり、当為性を帯びることがあり得、話し手はQが当為であることを主張することができる。この場合は、用法IIIである。話し手はQが当為的であると評価し、用法IIのQが妥当であることが根拠になっている。

　このように、3つの用法が因果関係になっており、後者が常に前者の意味を含意している。つまり、I II IIIの内実を以下のように規定できる。

　　I：Qがルール上のことであると提示する。
　　II：Qがルール上のことだから妥当であると主張する。
　　III：Qがルール上のことだから妥当であり、さらに、妥当だから
　　　　当為であると主張する。

　つまり、I II IIIを区別するには、話し手が、Qがルール上のことであるか、Qが妥当であるか、Qが当為であるか、のどこまで判断しているかを、明確に識別しなければならない。

　ここでは、識別の仕方について、少し考えてみたい。

第5章　日本語の「べきだ」と中国語の"応該"

ⅠとⅡについては、Ⅱは常にⅠを含意しているが、話し手の評価のありなしによって違いを比較的判断しやすい。
　しかし、ⅡとⅢは、両方ともＱについての評価があり、その区別はⅠとⅡの区別より難しい。Ⅲは、Ⅱの妥当性を認めたうえで、さらにＱが実現へと要請されていることを述べているのに対し、ⅡはＱの実現には言及しない。つまり、Ｑの実現に言及するかどうかで分かれるのである。これは、もちろんまず一番に文脈に基づかなければならない。
　文脈を分析する他に、上記の"応该"と「べきだ」の用法ⅡとⅢの説明の際にも述べたように、述語動詞の性質も、ⅡとⅢを識別する重要な手掛かりの１つになっていると言えそうである。まず、"应该"のほうを見ると、用法Ⅱの例文の述語動詞は、判定詞の"是（である）"、認識動詞の"说（言う）"、"叫（言う、呼ぶ）"などといった動作性の弱いものであるのに対し、用法Ⅲの例文の述語動詞は、"奋斗（争う）"、"说（話す）"、"帮助（手伝う、助ける）"のような動作性の強い動作動詞である。また、「べきだ」も同様である。用法Ⅱの存在詞の「ある」や判定詞の「である」、また認識動詞の「言う」「見る」は動作性の弱いものであり、用法Ⅲの「行く」「する」「生活する」は動作性の強い動作動詞である。
　述語動詞の動作性の強弱は、話し手のＱに対しての主張にかかわる。たとえば、(11)の"说（話す）"は、実際に声を出して言葉を発するという具体的な動作を伴っており、話し手はＱの当為性を主張していると思われるが、(8)の"说（言う）"は「……と思う、……と考えて（そのことを）表明する」という意味を表し、具体的な動作がなく、動作性が弱まっているので、話し手はＱの当為性を主張しているとは考えにくい。つまり、動作性の弱い動詞を述語とするＱは、具体的な動作がなく、当為であると主張することが難しいので、妥当であると評価するところにとどまることが多くなるのである*11。したがって、実際のコーパス例文調査においては、動作性の弱い動詞を述語とする例文の"应该"と「べきだ」の用法を、比較的容易にⅡと判断できた*12。

4. 仮説の提示　両形式における各用法の位置づけに関して

3節の考察では、用法ⅠⅡⅢは、論理的な因果関係になっていることが分かったが、この3用法の両形式における位置づけはどうなっているのだろうか。本節では、用法Ⅱに属する以下の2つの場合において両形式を比較対照し、それによって、両形式における各用法の位置づけに関する仮説を提示する。

Ⅱ−ⅰ．Ｑが既実現の場合

Ｑの述語が動作性の弱い動詞である場合は、話し手の主張するところがＱの当為性とは考えにくく、Ｑが妥当であると主張する用法Ⅱと考える点において、"应该"も「べきだ」も同じであった。しかし、Ｑの述語動詞が動作性の強い動作動詞である場合はどうだろうか。その述語動詞の動作性が強いにもかかわらず、Ｑの当為性ではなく、Ｑの妥当性を話し手が主張する場合はあるのだろうか。以下のＱが既実現である場合の"应该"の例文は、これにあたると思われる。

(20) 回家的路上，她跑到燕宁的学校，把这件可怕的事情告诉了她，燕宁立即就批评她立场不坚定。燕宁说，校长一贯用资产阶级教育路线培养学生，<u>应该</u>批判。　　　（轮椅上的梦）

帰り道、維娜は中学に駆けこんで、見てきたことを燕寧に訴えた。燕寧は、すぐに維娜を優柔不断だと決めつけ「校長は批判されて<u>当然</u>だ。今までずっと資産階級の教育方針に沿って生徒を教えてきたのだから」と言った。

（車椅子の上の夢）

(20') ……#校長は批判される<u>べきだ</u>。……　　　（筆者訳）

(21) 倪吾诚在一些年以后才听到姜赵氏喝洗脚水的故事。当时还戴着历史反革命帽子的倪吾诚说，对待姜赵氏这样的地主分子，就<u>应该</u>这样。他完全赞成小将们的革命行动。

（活动变人形）

倪吾誠が老母の汚水事件を知ったのはそれから数年たってからである。当時まだ歴史反革命分子のレッテルを貼られ

第5章　日本語の「べきだ」と中国語の"应该"　　87

ていた彼は、あんな地主分子には当然の報いだ、小勇将の革命的行動を支持すると表明した。　　　　　　　（応報）
(21')……#あんな地主分子にはそのような報いを与えるべきだ。
　　　　……　　　　　　　　　　　　　　　　　　　　（筆者訳）
(22) 演出結束后,"王子"和"天鹅"搀着阿隆索上台谢幕,台下掌声如潮。阿隆索应该得到这样的尊敬。　　（CCLコーパス）
公演が終わると、アロンソさんは、王子と白鳥に支えられながら登場し、カーテンコールに応えた。拍手は、さざ波のようである。アロンソさんが、このように尊敬されるのは当然である。　　　　　　　　　　　　　　（筆者訳）
(22')……#アロンソさんは、このように尊敬されるべきだ。
　　　　　　　　　　　　　　　　　　　　　　　　　　（筆者訳）

　(20) の「校長が批判される」ことは、発話時においてすでに起こったのであり、話し手は、校長が批判されたのは妥当であると評価している。また (21) の「倪吾誠」も、地主分子にそのような報いが与えられたという既実現の事態は、妥当であると評価している。そして (22) の話し手も、アロンソさんがこのように尊敬されたのは当然であり、妥当であると評価している。つまり、ここの話し手は、既実現のQがルール上のことであるため、それが実現したことについて、妥当であると評価していると思われる。

　既実現のQはすでに現実世界に存在しているので、それが妥当であると判断した以上、その実現がもはや問題にならないため、ここの"应该"は、Qの妥当性を主張するにとどまり、Ⅱの用法であると考えられる。

　このように、"应该"は、Qが既実現の場合において、述語動詞が動作性の強い動作動詞であるにもかかわらず、Qの妥当性を主張する、というようなⅡの用法が存在している。それに対し、「べきだ」は、Qが既実現の例文は見つからない。また (20') ～ (22')を見ると、"应该"を「べきだ」に訳そうとしても訳せない。(20')～ (22') は文として成立する場合もあるが、その場合はQが発話時より未来に発生するという意味合いになり、原文の意味とは異なってしまう。

Ⅱ−ⅱ．Qの行為主体が一人称である場合

　Qの行為主体が一人称である場合は、さらに話し手がQを統制できるかどうかによって2類に分けられる。この点について、まず、森山（1992a）の分析を見てみよう。

(23) 私は担当者として今度の会議に出席する<u>べき</u>です。（出席を許可してください）　　　　　（森山1992a、下線は筆者による）

(23') 我作为负责人，<u>应该</u>出席这次会议。　　　（筆者訳）

(24) 私はもっとよい待遇を受ける<u>べき</u>だ。
　　　　　　　　　　　　（森山1992a、下線は筆者による）

(24') 我<u>应该</u>受到更好的待遇。　　　　　　　　（筆者訳）

(25) #私は今度の会議に出席する<u>べき</u>です。
　　　　　　　（森山1992a、#は原文の記号、下線は筆者による）

(25') 我<u>应该</u>出席这次会议。　　　　　　　　　（筆者訳）

　森山氏は、(23)(24)を自然の文、(25)を不自然の文としている。(23)(24)については、「事態を統制する者が他に存在する」「一人称「私」にとって事態を選択する最終的な権利はない」「客観的な在り方を言っているに過ぎない」と説明している。(25)については、「話し手はそれだけの権利があり、事態を選択できる―つまり自分の意志で会議に出席することもしないこともできる―ような状況である」と説明している。

　要するに、(23)(24)のQは、話し手の自分の意志で実現するあるいは実現させることができないのに対し、(25)のQは、自分の意志で統制できるということである。自分の意志で統制できるQについて、それがルール上のことだから妥当である、というような判断はするが、それが妥当だから実現へ要請される、とまでは判断しないと思われる。なぜなら、この場合、話し手は自分の意志でQを実現しようとしており、すなわちQの実現の要請をしているので、Qが妥当であることからさらにQが実現へと要請されると判断すると、自分のことが統制者の自分に要請される、という意味になってしまうからである。そのため、(25)は、Qが妥当であると主張するにとどまっている用法Ⅱであると考えられる。それに対し、(23)(24)は、Qの統制者は他にいるため、話し手はQが妥当で

あるから実現へ要請されると判断していると考えられ、用法Ⅲであると思われる。

このように、「べきだ」は、(25)のような話し手自身の意志で統制可能の場合には使えないが、(23')〜(25')を見ると、"应该"にはそのような制限がなく、両方の場合に使える。つまり、"应该"は述語動詞が動作性の強い動作動詞であるにもかかわらず、Qの行為主体が一人称で、かつ自分の意志でQを統制できる場合、Qの妥当性を主張するにとどまる、というⅡの用法が存在している。これは以下の表2のようにまとめることができる。

表2 行為主体が一人称である場合の「べきだ」と"应该"

Qの行為主体が一人称である場合	べきだ	应该
用法Ⅱ（自己の意志で統制可能）	×　　(25)	○　　(25')
用法Ⅲ（自己の意志で統制不能）	○ (23)(24)	○ (23')(24')

また、実際のコーパス例文では、"应该"を日本語の意志表現に訳している例も存在している。

(26) 大家说应该为徐悦悦干一杯，为她将来的好运，为她将来的好运，也为她不再像插队时那样是个极左分子了。

（插队的故事）

みんなは徐悦悦のために乾杯しようと言った。彼女の将来の幸運のために、彼女の将来の幸運のために、また彼女が二度と農村にいた時のように極左分子にならないためにと。

（遥かなる大地）

(27) 至于跟高大泉见面之后，应该先说什么，怎么说，他没考虑。

（金光大道）

高大泉に会ったらまず何を言おうか、どう言おうかなどということは念頭になかった。

（輝ける道）

以上から、Qの述語動詞の動作性が強いにもかかわらず、話し手はQの当為性ではなく、妥当性を主張するにとどまるⅡの用法として、Ⅱ—ⅰ「Qが既実現の場合」とⅡ—ⅱ「Qの行為主体が一人称である場合（自己の意志で統制可能）」があることが分かった。"应该"はその両方に使えるのに対し、「べきだ」はどちらにも使え

ない。

　では、このような両形式の違いに基づき、ⅠⅡⅢの両形式の位置づけについて、どのように考えられるのだろうか。

　「べきだ」が、述語動詞の動作性が強いQの妥当性を主張するⅡ―ⅰ（既実現）とⅡ―ⅱ（自己の意志で統制可能）に使えないのは、「べきだ」の基本用法がⅢであるからではないか。Ⅲの用法は、Qの述語が動作性の強い動詞であり、Qの当為性まで主張する。この性質が派生用法Ⅱまで影響し、Qの述語が動作性の強い動詞であれば、Qの妥当性を主張するにとどまることができない。つまり、「べきだ」のⅡの用法は、Qの述語が動作性の弱い動詞である場合にかぎられ、Qの述語が動作性の強い動詞であれば、「べきだ」は、必ずQの当為性まで主張するⅢの用法になる。

　それに対し、"応該"がⅡ―ⅰとⅡ―ⅱに使えるのは、ⅡがⅠからの派生用法であり、Ⅲからの派生用法ではないからではないか。そのため、「べきだ」のようにⅢからの影響を受けることがなく、Qの述語が動作性の強い動詞でも、Qが妥当であると主張するにとどまることができる。

　ここの「基本」というのは、「派生」の一番のもとであり、基本用法が派生用法に影響し、派生用法は基本用法に影響される。したがって、ⅠⅡⅢの両形式における位置づけについて、以下のような仮説が立てられる。

〈仮説〉
"応　該"：Ⅰが基本用法、ⅡがⅠの派生用法、ⅢがⅡの派生用法
「べきだ」：Ⅲが基本用法、Ⅱが派生用法

　つまり、両形式の派生方向は逆である。"応該"は、Ⅰ→Ⅱ→Ⅲの順に、原因から結果へと派生するのであるが、「べきだ」は、Ⅲ→Ⅱの順に、結果から原因を派生するのである。Ⅰ→Ⅱ→Ⅲのように、原因から結果へと派生できるということは、すでに3.3節の図1が示した通りである。また、結果が原因を含意しているので、Ⅲ→Ⅱのように、その逆の方向でも派生が可能である。

　この仮説は、次の表3のようにも示すことができる。

表3　Ⅰ Ⅱ Ⅲの両形式における位置づけ

用法	Ⅰ		Ⅱ		Ⅲ
応该	○	⇨	○	⇨	○
べきだ	×		○	⇦	○

⇨：因果関係　　■：基本用法　　⇨：派生方向

5. 仮説の検証　用法Ⅲにおける両形式の違いから

　では、仮説の通り、"応该"はⅠ→Ⅱ→Ⅲの順に用法を派生し、「べきだ」はⅢ→Ⅱのように用法を派生しているのだろうか。本節では、両形式の用法Ⅲにおける違いから、仮説を検証する。表3から分かるように、Ⅲは共通用法であるが、両形式にとって基本用法であるか派生用法であるかの位置づけが異なるため、細かい部分で違いが出てくると予想される。そこで、以下では、用法Ⅲにおける両形式の違いについて詳しく考察し、各用法の位置づけが間違っていないことを検証する。

Ⅲ—ⅰ．程度副詞と共起する場合
　"応该"は「很（とても）」「太（たいへん）」などの程度副詞と共起できるのに対して、「べきだ」はできない。たとえば、次のような例文である。
　（28）対刊物編輯来说，倒是很应该把这当作一种改进工作的动力。
　　　　　　　　　　　　　　　　　　　　　　　　（CCLコーパス）
　（28'）*出版物の編集者にとって、これはとても仕事を改良する
　　　　動力とするべきだ。　　　　　　　　　　　　（筆者訳）
　（29）"你太应该去酒馆了，去那儿跳舞，把人们都跳狂！"
　　　　　　　　　　　　　　　　　　　　　　　　（CCLコーパス）
　（29'）*「あなたはたいへん酒屋に行くべきだ。踊りに行って、人
　　　　を狂わせて！」　　　　　　　　　　　　　　（筆者訳）
　（30）我想，太应该让孩子知道我们苦难的过去，我们辉煌的奋斗
　　　　史……　　　　　　　　　　　　　　　　　（CCLコーパス）
　（30'）*私たちの苦難の過去、輝かしい奮闘史……をたいへん子

供に伝えるべきだ、と思う。　　　　　　　　　　（筆者訳）

　(28)～(30)の話し手はQの実現が要請されることに言及していると思われ、"应该"はⅢの「Qが当為であると主張する用法」である。これらの場合は、Qが実現へと要請されるかどうかの二者択一の判断であり、普通程度副詞とは共起しないはずである。したがって、(28')～(30')のように、日本語の「べきだ」は程度副詞と共起しては言えないことが分かる。それに対して、この場合に"应该"が言えるのは、"应该"のⅢがⅡから派生した用法であり、Ⅱの影響を受けているからであろう。Ⅱの用法は、「Qが妥当であると主張する」ため、妥当性なら、程度副詞で修飾できる。これが派生用法のⅢに受け継がれ、Ⅲでも程度副詞と共起できるのである。

Ⅲ—ⅱ．二人称における命令の強弱

　先行研究に挙げた蒋（2005）は、"应该"は「2人称の場合、使用率がとても高く、1人称より多いことが分かった」、「べき」は「2人称の場合、あまり使われない」と指摘している。それは、本章の考察結果から予想できるのではないか。"应该"はⅢが派生用法であり、表す当為性が弱いため、「勧め」として二人称の場合によく使われるのに対し、「べきだ」はⅢが基本用法であり、表す当為性が強いので、あまり使われないからではないか。以下、日本語の「～する（した）ほうがいい」「～するといい」「～して」に訳されている"应该"の例文を示しておく。

(31) 他拿起《牛虻》，擦了擦封面对我说，"方丹，你应该看看这本书，这里面描写了一个忠于自己的理想，……。"

　　　　　　　　　　　　　　　　　　　　　　　（轮椅上的梦）

　　彼は『ウシアブ』を取り上げ、表紙をこすりながら続ける。「方丹、これは読んだ方がいいぜ。これには自分の理想に忠実で……。」

　　　　　　　　　　　　　　　　　　　　　　（車椅子の上の夢）

(31')……方丹、これは読むべきだぜ。……　　　　（筆者訳）

(32) "你脸上没有血色，人也瘦多了。你身体素来弱，应该好好保养才是，"觉新同情地安慰剑云道。　　　　　　　　　　（家）

　　「顔色が悪いし、それにずいぶん痩せたね。生れつき丈夫な

方じゃないんだから、十分養生した方がいいですよ」覚新は同情して剣雲を慰めた。　　　　　　　　　　　（家）

(32')……十分養生するべきですよ……　　　　　　（筆者訳）

(33)"应该把这个酒缸修饰得漂亮一些。"他对掌柜的说，"地应该铲一铲，刷一刷。桌椅至少应该再油漆一下，活了的椅子腿应该钉死。　　　　　　　　　　　　　　　　（活动変人形）

「店内を少し奇麗にすると良いね」と主人にいう。「床もこびりついた泥を掻き取って壁を塗換えるといい。テーブルと椅子も塗装し、ガタピシきしむ椅子は修理して。　（応報）

(33')「店内を少し奇麗にするべきだね」と主人にいう。「床もこびりついた泥を掻き取って壁を塗換えるべきだ。テーブルと椅子も塗装し、ガタピシきしむ椅子は修理するべきだ。

（筆者訳）

(31')〜(33')を見ると、「べきだ」でも言えるが、原文の訳文と比べると、相手にアドバイスをするというより、相手に命令しているように感じられる。つまり、同じⅢの用法であっても、「べきだ」のⅢは基本用法なので、実現へ要請するという当為の意味が強く、相手への命令の強度は、Ⅲが派生用法の"应该"より強いと思われる。

Ⅲ—ⅲ. 非実現のQの場合における不満や後悔の強弱

以下の例文のように、すでに実現し得ない非実現のQの場合において、「べきだ」は、"应该"より、不満や後悔のニュアンスが強く感じられる。

(34)両親は俺が幼児のときに、矯正手術をしてくれるべきだったのだ。今となってはもう遅い。　　　　　（金閣寺）
小时候父母本应及时给我做矫正手术……现在一切都无可挽回了。　　　　　　　　　　　　　　　　　　（金阁寺）

(34')小时候父母本应该及时给我做矫正手术……　（筆者訳）

(35)司法試験はあきらめました。もっと早くあきらめるべきだったかも知れない。　　　　　　　　　（青春の蹉跌）
司法考试，我总算死了这条心了，也许早该死心了。

(青春的蹉跌)
(35')……也许早应该死心了。　　　　　　　　　(筆者訳)
(36) 葉書一本出しておくべきだったかな。少なくともそうしておく方が賢明であった。小さい反省が克平の胸を走った。

(あした来る人)

寄一张明信片回来就好了！至少这样做是明智的。一股淡淡的反省之情掠过克平的心头。　　　　　　　　(情系明天)
(36') 应该寄一张明信片回来。至少这样做是明智的。……

(筆者訳)

　ここの話し手は、すでに実現し得ないQがルール上のことであるので妥当であり、そして過去に実現へと要請されていたので、当為だったと判断している。これらのQは、過去に実現すべきことであり、発話時点においてすでに実現し得ないことである。そのため、Qの行為主体が二人称であれば不満、一人称であれば後悔、のニュアンスが生じると思われる。

　「べきだ」はⅢが基本用法であるので、実現へと要請する当為性が、Ⅲが派生用法の"应该"より強く、その分、不満や後悔のニュアンスも強く感じられるようになる。それに対し、Ⅲが派生用法の"应该"は、不満と後悔のニュアンスが「べきだ」ほど表すことができず、(34)では"本(本来)"、(35)では"早(とっくに)"の副詞の補助が必要である。また(36)は、後悔を表すモーダルな表現"……就好了(……すればよかった)"に訳されている。

　以上のように、共通用法のⅢにおける両形式の違いは、4節で提示した両形式のⅠⅡⅢの位置づけに関する仮説によって説明できる。よって、仮説は正しいと言えよう。

6. まとめと今後の課題

　本章では、日本語の「べきだ」と中国語の"应该"の具体的な用法を細かく比較対照した。まず、コーパスの例文や作例などの考察から、"应该"は、Ⅰ「Qがルール上のことであると提示する用法」、Ⅱ「Qが妥当であると主張する用法」、Ⅲ「Qが当為であると主張

する用法」の3つの用法があり、「べきだ」はⅡとⅢしかないことが分かった。次に、用法ⅠⅡⅢの関係を考察し、ⅠⅡⅢの用法間の意味関係は論理的な因果関係であることが分かった。そのうえで、両形式の共通用法であるⅡにおける相違点を考察し、それによって、「"応該"はⅠが基本用法、ⅡがⅠの派生用法、ⅢがⅡの派生用法であるのに対し、「べきだ」はⅢが基本用法、Ⅱが派生用法である」という両形式の各用法の位置づけに関する仮説を立てた。最後に、両形式の共通用法であるⅢにおける相違点を考察し、仮説を検証した。

まとめると、2節に掲げた本章の目的は、以下のように明らかになったと思われる。

① a. 「べきだ」と"応該"の基本的な相違点は、用法Ⅰが「べきだ」にないのに対し、"応該"にある点である。
b. 両形式の共通用法であるⅡとⅢの中の相違点については、以下の表4のようにまとめられる。

表4　ⅡⅢにおける両形式の相違点

用　　法		応該	べきだ
Ⅱ―ⅰ	Qが既実現の場合	○	×
Ⅱ―ⅱ	Qの行為主体が一人称である場合（意志）	○	×
Ⅲ―ⅰ	程度副詞と共起する場合	○	×
Ⅲ―ⅱ	二人称における命令の強弱	弱	強
Ⅲ―ⅲ	非実現のQの場合における不満や後悔の強弱	弱	強

② 両形式の相違点が生じる要因について、①のaは、もともと形式が持っている用法かどうかの問題である。bは、ⅠⅡⅢが両形式にとって基本用法か派生用法かという位置づけが違うことによるものであると考えられる。

本章では、両形式がその共通用法であるⅡⅢにおける相違点を表4のように考察したが、この他にも相違点は存在する可能性があり、さらなる考察が必要であると思われる。また、「べきだ」にⅠの用法がない理由についても考察しなければならない。これらを今後の課題とする。

＊1 （1）は『日本語文型辞典』(中国語簡体字版：665) の【べき】の例文を変更したものである。
＊2 本書は「べきだ」「はずだ」と"应该"を法助動詞として扱う。
＊3 玉地（2006）を参照。モダリティ形式の多義性は、主に英語のモダリティ研究で論じられているが、また言語間に一般的に見られる現象としても多く論じられている。
＊4 筆者注。蒋（2005）の原文では森山（1992）と表記。また、本章の4節でも述べるように、森山（1992a）では、「べきだ」は、話し手が事態の統制者である場合に話し手主語が不自然であると指摘している。
＊5 筆者注。蒋（2005）では、「「应该」は対話での出現率が高く、事態の統制者と判断される対象が同一人物の例文が多く見られる」と説明しており、次の例文を挙げている。
　（1）　我这把年纪应该考虑结婚了。
　　　　私はこの年になって、そろそろ結婚のことを考えるべきです。
　（2）　我应该多关心关心你的。
　　　　私はあなたのことに対し、もっと関心を持つべきです。
＊6 1節で述べたように、本章の考察対象は、評価判断のモダリティを表す「べきだ」と"应该"である。しかし、後述の3.1節から分かるように、本章で扱う"应该"にはⅠⅡⅢの3つの用法があり、用法Ⅰは話し手の個人的な評価判断ではないので、厳密に言えば、評価判断のモダリティを表すものではない。しかし、また後述のように、"应该"の用法Ⅰは、"应该"と「べきだ」の比較対照において重要な役割を果たすので、本章は、用法Ⅰの"应该"を一応評価判断のモダリティと考えて、議論を進めていく。
＊7 『CCLコーパス』は北京大学漢語言語学研究センターがネット上で公開しているものである。中国語原文の文章しかないので、その訳文は筆者によるものである。
＊8 小説の叙述なので本当は書き手であるが、ここでは「話し手」に統一する。以降も同様。
＊9 ここの"应该"は、注5で述べたように、評価判断のモダリティを表すものではない。また、真偽判断のモダリティを表すものでもない。話し手は、その場で、Qが妥当であるあるいは当為であると評価しているのではなく、またQが真であると判断しているのでもなく、ただルールにしたがって、ルール上はこうなっているということを提示しているのである。従来言われていない用法である。
＊10 （7）の「彼女」は、当該事態を評価する動作主であるので、ここでは、一括して「話し手」と考える。また（21）の「倪吾誠」も同様に考えられる。
＊11 本章のⅡとⅢの分け方は、川村（1998）の「べし」の用法分類を参考にしたものである。川村氏は、まず、「べし」が「《適当》、すなわち妥当性の主張を帯びることをもって一類とし得る」としている。次に、「一般に妥当性を帯びた事態、すなわち現実世界に実現・存在することがふさわしく、また妥当な事態は、現実世界への実現を要請されることがあり得る」という考えのもとで、さらに当該事態の実現の要請のあり方の表現性に《必要》《許容》がある

と述べている。本章のⅡとⅢの関係は、川村氏の《適当》と《必要》の関係にあたると考えられる。川村氏は、述語動詞の分析には言及していないが、挙げている例文を見るかぎり、述語動詞も、動作性の弱い動詞であることが分かる。以下は川村（1998）が≪適当≫としている例文を挙げておく。

(3)「……。また、ともはやむごとなき筋なれど、世に経るたづき少なく、時世にうつろひて、おぼえ衰へぬれば、心は心として事足らず、わろびたることども出でくるわざなめれば、とりどりにことわりて、［ソウイウ女人ハ］中の品にぞ<u>おくべき</u>。……」（左馬頭―人々）

（帚木　一・一三五）

(4)　恋しとは誰が名づけけむ事ならん死ぬとぞただに<u>言ふべかりける</u>

（古六九八）

(5)　ちると見て<u>あるべき</u>物を梅花うたてにほひの袖にとまれる　　（古四七）

＊12　動詞の性質は、あくまでもⅡとⅢを識別する手掛かりであり、絶対条件ではない。述語動詞が動作性の弱い判定詞、存在詞の場合はほとんど用法Ⅱであると思われるが、認識動詞の場合はそうとはかぎらない。たとえば、次の例文では、話し手は「考える」の動作主である「若い人」、つまり相手にＱの実現を要請しているのであると考えられるので、Ⅲとも考えられる。

(6)　異なる文化を前にして、そんなに簡単にことは運ばないし、はじめての国であったら、自分のカルチュア・ショックを克服するのがせいいっぱいというところである。「相手のためにやってやるのだ」などということを考える前に、まず、自分が楽しく生活できる道を<u>考えるべき</u>である。本人が楽しくなければ、相手はもちろん楽しめないのである。

（適応の条件）

处在异文化海洋的包围之中，做任何事情都不会那么简单顺利；如果是初次去某个国家，还需要首先克服自身受到的文化冲击。这些年青人在考虑如何为对方尽力之前，<u>应该首先想好自己如何能够在当地愉快地生活下去</u>。自己感觉不到乐趣，自然就不会给对方以和颜悦色。

（适应的条件）

98　　Ⅱ　評価判断のモダリティ

第6章

日本語の「てもいい」と中国語の"可以"

1. はじめに

　許可を表すモダリティ形式として、日本語では益岡（2002）、日本語記述文法研究会（2003）、高梨（2010）などが「てもいい」を挙げており、中国語では賀（1992）、斉（2002）、彭（2007）などが"可以"を挙げている。確かに、次の（1）のように、当該事態に対して制御可能な話し手が、その実行許可を動作の行為者に与える場面では、両形式が対応すると思われる。

（1）［終電の時間が近づいた部下へ］
　　　山田君、終電の時間があるだろう。もう帰ってもいいよ。
　　　　　　　　　　　　　　　　　　　　　　　　　　　　　（作例）
　　　山田，末班车的时间快到了吧。你可以走了。　　（筆者訳）

　高梨（2010：70）は、「てもいい」の基本的意味を「当該事態が許容されることを表す」としている。これに対して"可以"は、中国語学では"会""能"と一緒に可能表現として扱われ、「状況が許して可能である、または、客観的な条件が備わって可能である」（『日中辞書』講談社）という意味を表す。許容されることを実行することが可能であり、「許容」と「可能」は意味的につながっている。また、許容されることと生起可能なことは、両方とも許可される場合があるので、「許容」と「可能」から「許可」の意味が生じることは容易に考えられる。そのため、「てもいい」と"可以"が（1）のように対応しているのである。しかし、（2）のように両形式が対応しない場合もあり、両言語の学習者にとっては難しい存在である。

（2）［喧嘩している相手へ］
　　　你可以走了。我再也不想看到你。　　　　　　　　　　（作例）

もう帰ってください／?てもいい。二度と君の顔を見たくない。
(筆者訳)

中国の日本語教育でも日本の中国語教育でも「許可」の項目が設けられているが、どちらも単に「てもいい」と"可以"が対応することを指摘するだけにとどまっている。「許可」と紛らわしい(2)のような場合もあるので、両形式がどの場合に対応するのか、どの場合に対応しないのかを詳しく考察する必要がある。そこで本章は、「てもいい」と"可以"の意味用法を比較対照し、両形式の共通点と相違点を明らにすることを第一の目的とする。また、相違点を生じさせる要因についても考えてみたい。

2. 先行研究と本章の立場

まず、「てもいい」の代表的な先行研究として、高梨(2010)がある。高梨(2010：48-50)では、評価のモダリティ形式の基本的意味を「当該事態に対する何らかの評価である」とし、そこから派生する二次的意味を決定するファクターには、①当該事態の制御可能性、②当該事態の実現性、③当該事態の行為者の人称、の3つがあるとしている。そして、①と②は互いに独立の関係にあり、③が問題になるのは制御可能な場合であると指摘している。「てもいい」については、前述したように、「当該事態が許容されることを表す」を基本的意味とし、また、その意味派生を次頁の表1のように規定している。

次に、中国語の"可以"は、その意味用法が可能表現の"会""能"と比較される中で多く論じられている。相原(1997：41)は、"可以"には①可能を表す：「～できる」、②許可を表す：「～してよい」、③勧めを表す：「～してみたら」の3つの用法があるとしている。そして、「許可」には、A「誰か許可する者がいたり、人為的に定められたルール・規則・法律などの存在を意識している」用法と、B「ある行為が差し支えない、許容のうちにあることを言う」用法の2種類があると指摘している。また、魯(2004：65)は、"可以"には「広義な可能を表す」"可以1"と「許可を表す」"可

表1 「てもいい」の意味派生（高梨2010：70）

		①当該事態の制御可能性	
		制御可能→〈当為判断〉	制御不可能
②当該事態の実現性	未実現	③行為者の人称 ├─ 聞き手→行為要求 │　　　　　→〈許可〉 ├─ 聞き手以外 　　話し手→〈意向〉	〈許容〉
	非実現 ↓ 〈反事実〉	③行為者の人称 ├─ 話し手→〈後悔〉 ├─ 話し手以外→〈不満〉	〈不満〉

以2"があるとしている。「NP＋可以1＋VP」という構造については、「NPがVPの実現を妨げない条件を持つ」と分析し、その条件には「内在能力条件」「内在意願条件」「外在条件」の3つがあると述べている。それに対し、"可以2"には「情理の許可」と「話し手の許可」があるとしている。

　そして、「てもいい」と"可以"の対照研究には、李（琚寧）（2007）がある。李（2007）は、両形式には以下のa～eの相違点があると指摘している。

a. 「してもいい」は消極的許可、消極的承諾を表すことができるのに対し、"可以"は「消極」を表すことが難しい。
b. 「してもいい」には「制御できない事態の実現に対する容認」という用法があるが、"可以"にはない。
c. "可以"には「提案」の用法があるが、「してもいい」にはない。
d. 中国語では"你可以……吗？"は承諾要求を表すが、日本語では「*あなたは……してもいいか」は不自然であり、「私はあなたに……してもらってもいいか」で表現する。
e. 過去に実現するべき事態が現実では実現されていない場合、「してもいい」は強い「後悔」「不満」を伴うが、"可以"は客観的な「遺憾」の気持ちを表す。

（李2007、筆者訳、原文は中国語）

abにおける「てもいい」と"可以"の違いは「「してもいい」には「しても＋いい」という複文の性格が残っている」ことに、cdでの両形式の違いは「「してもいい」の聞き手指向性が強い」こと、eでの両形式の違いは「「してもいい」の主観性が強い」ことによるとしている。

　上記の先行研究を見ると、1節に挙げた両形式が対応する（1）において、「てもいい」は高梨（2010）が言う「許可」の用法であり、"可以"は相原（1997）が言う「許可」のA用法、魯（2004）が言う「話し手の許可」の用法であることが分かる。つまり、高梨（2010）が定めた「許可」を表すファクターと合致する場合の"可以"が「てもいい」と対応するということである。よって、両形式の対応関係を知るために、このファクターを用いて"可以"についても分析しなればらならない。李（2007）の両形式の比較結果には、高梨（2010）が定めたファクター「制御」（b）、「人称」（d）、「実現性」（e）が見られるので、このファクターは両形式の比較にも有効であろう。したがって、本章は、この高梨（2010）の「評価のモダリティ形式の二次的な意味を決定するファクター」を援用して両形式の比較対照を行うこととする。

　本章は、あらかじめ高梨（2010）のファクターを両形式の比較基準に取り、また、次節の記述の通り、形式が持つ基本的意味と派生的意味のかかわりに注目して両形式を比較する。この点において、李（2007）とは異なる視点の考察になると言える*1。また、「てもいい」については、"可以"と比較対照することで高梨（2010）より詳しい考察になり、そして、"可以"についても、上記のファクターを用いて考察することで、中国語学では今までに行われてこなかった考察になる。

　なお、上記のファクターとかかわりのない以下の「人間・ものが持つ能力・属性」を表す"可以"の用法を、考察対象から外すこととする。

　　（3）　他一分钟可以游20米。　　　　　　　　　　　（作例）
　　　　　　彼は一分間で20メートル泳げる。　　　　　（筆者訳）
　　（4）　新干线一个小时可以跑300公里。　　　　　　（作例）

新幹線は一時間で 300 キロ走れる。　　　　　　（筆者訳）

3. 両形式の比較対照

両形式の比較対照に先立ち、あらためて両形式の基本的意味を見てみよう。

まず、「てもいい」の基本的意味については、高梨（2010）が「当該事態が許容されることを表す」としているが、当該事態が通常肯定評価の対象ではなく、「許容」といった消極的な認め方にとどまっていることも指摘している*2。つまり、「てもいい」の「当該事態が許容されることを表す」という基本的意味の背後に、「当該事態が通常肯定評価の対象ではない」という意味合いも存在しているということである。本章では、「てもいい」については、これにしたがって考察を行う。

また、"可以"は中国語学では可能表現とされている。相原（1997）と魯（2004）は「可能」以外に、「許可」「勧め」の用法もあるとしている。しかし、それらは「可能」からの派生的意味と考えられるため、本章では、"可以"の基本的意味を「当該事態の生起が可能であることを表す」とする*3。

さて、以下では、『中日対訳コーパス』や『CCL コーパス』の例文を利用し、両形式の比較対照を進めていく。①「当該事態の制御可能性」と②「当該事態の実現性」は、互いに独立の関係にあるため、まず、当該事態を表2のように①と②によってⅠⅡⅢⅣの4つの場合に分け、そのうえで③「当該事態の行為者の人称」がⅠⅡⅢⅣのそれぞれの中において、どう両形式の意味派生を左右するかを比較する。

表2　①と②による当該事態の分類

		①当該事態の制御可能性	
		制御可能	制御不可能
②当該事態の実現性	未実現	Ⅰ	Ⅱ
	非実現	Ⅲ	Ⅳ

「てもいい」の基本的意味「許容」と"可以"の基本的意味「可能」は、どちらもⅡに位置するため、以下では、まず、Ⅱの場合において両形式を比較し、その次に、ⅠⅢⅣの順に考察を行う。

　なお、高梨（2010：48）では、「当該事態の制御可能性」について、「評価の対象となる事態が人の意志によって制御できるものとして捉えられているかどうかを指す」と説明している。本章も、基本的にこれにしたがい、たとえば、話し手が事態の制御権を握っており、話し手が許可を下さないかぎり、当該事態の実現ができないととらえられる場合を、「話し手が当該事態に対して制御可能である」と認定する。

　　Ⅱ：[当該事態の実現性：未実現、話し手の当該事態に対する制御可能性：なし]

　まず、"可以"の例文から見てみよう。
(5) "多谢啦，大雁，我已经知道了我想知道的一切，现在我可以死得瞑目啦。"　　　　　　　　　　　（CCLコーパス）
　　ありがとう。大雁、知りたいことがすべてわかったから、今は安心して死ねる。　　　　　　　　　　　（筆者訳）
(6) 他爱他的小家庭，自然也爱我，爱孩子。为了这个家，他可以付出自己的一切。　　　　　　　　　　　（人啊，人）
　　彼は自分の家庭を愛し、もちろん私と子どもを愛している。家庭のためには、彼は自分のすべてを投げ出すことができる。　　　　　　　　　　　（ああ、人間よ）

　(5)の「安心して死ぬ」という事態は、行為者が一人称の話し手本人であり、現実ではまだ生起していないことである。そして、「死ぬ」ことは普通、死刑や自殺ではないかぎり、誰かの命令や本人の意志によっての制御はできない。(5)の話し手は、「安心して死ぬ」ことが可能であると述べていると思われる。一方、(6)の「彼は自分のすべてを投げ出す」ことも未実現の事態であり、行為者は三人称である。話し手にとって制御できないため、(6)の話し手[*4]も、当該事態の実現が可能であると述べていると思われる。よって、ここの"可以"は、日本語の可能表現の「れる・られる」

「ことができる」に訳されているのである。つまり、Ⅱにおいて、"可以"は当該事態の行為者が一人称・三人称である場合、そのまま「当該事態の生起が可能である」という基本的意味を表す。

しかし、行為者が二人称である場合、"可以"は以下のように、基本的意味「可能」から派生の意味が生じる。

(7) "我想你可以再到其他文艺宣传队去试试，凭你的天赋，你会找到希望的……"郝队长避开正面的回答，亲切而委婉地劝说着谭静。　　　　　　　　　　　　　　　（轮椅上的梦）

「他の文芸工作隊に当たってみたらどうだろう？君の才能があればたぶん……」隊長は正面から答えるのを避け、なぐさめ顔で譚静に勧めた。　　　　　　　　　　　　　　　（車椅子の上の夢）

(8) "我也这样想。"侯瑞说，"不过，是什么刺激她没有说，你可以和她谈谈。"　　　　　　　　　　　　　　　　　（青春之歌）

「ぼくもそう思うんだが」侯瑞がいった。「けど、どんな刺激を受けたのか、かの女はいわないんだ。あんたもかの女と、話してくれるといいんだが」　　　　　　　　　　（青春の歌）

(7)の「他の文芸工作隊に当たる」ことは、聞き手の行為であるが、話し手が制御できないため、話し手から聞き手への「提案」であると考えられる。また、(8)も同様に考えられる。そして、訳文を見ると、"可以"が「～してみたら」「～といい」といった「提案」を表す表現に訳されている。つまり、当該事態の行為者が二人称である場合、"可以"は「可能」という基本的意味から「提案」の意味が派生していると思われる。

一方、日本語の「てもいい」も当該事態の行為者が一人称・三人称である場合、「当該事態が許容される」という基本的意味を表すと思われる。

(9) 私は、世間を信用していないんです。札つきの不良だけが、私の味方なんです。札つきの不良。私はその十字架にだけは、かかって死んでもいいと思っています。　　　（斜陽）

我不相信这个社会。只有那些明码实价的坏蛋才是我的朋友。明码实价的坏蛋。我即使被钉死在这个十字架上面也心甘情愿。　　　　　　　　　　　　　　　　　　（斜阳）

第6章　日本語の「てもいい」と中国語の"可以"　　105

(10)［雨天中止になるかもしれないという状況で］
　　選手のコンディションも悪いことだし、今日の試合は、中止になってもいいや。　　　　　　　（日本語記述文法研究会2003）
　　选手的状态也不好，今天的比赛中止也可以。　　　　　（筆者訳）

　まず、(9)の「死ぬ」ことは、行為者が一人称であるが、前述した通り、本人の意志で制御できないことである。また、(10)の「試合が中止になる」ことは、三人称*5の事態であり、同様に話し手にとって制御できないことである。(9)の話し手は、「死ぬ」ことが許容される、(10)の話し手は、「試合が中止になる」ことが許容される、と述べているのであると思われる。しかし、「死ぬ」ことと「試合が中止になる」ことは、高梨（2010）でも指摘されているように、通常望ましくないので、肯定評価できない事態Qである。未実現で肯定評価できないQが許容されると判断する時に、現実では「死なない」「試合が中止しない」という¬Qの可能性が残っており、そして¬Qが望ましいため、話し手にはそれをためらう気持ちがあると思われる。

　要するに、「てもいい」はⅡにおいて、当該事態の行為者が一人称・三人称である場合に「当該事態が許容される」という基本的意味を表すが、その背後に「Qは肯定評価の対象ではなく、¬Qの可能性が残っている」という意味合いも存在しているということである。

　それに対して、行為者が二人称である場合、「てもいい」は以下のような派生的意味が生じることがある。

(11)「植物園の内部へは自動車ははいりませんわ。静かないいところですから少しぐらいお歩きになってもいいでしょう。散歩ですもの」　　　　　　　　　　　　　　　（あした来る人）
　　"植物园里车是不能进的。那地方很静，走几步也好吧？您不是说散步嘛！"　　　　　　　　　　　　　　　（情系明天）

(12)「私は、曾根さんが出版してもいいと思う。しかし、曾根さんは、学者的良心から―」　　　　　　　　（あした来る人）
　　"我认为付诸出版也并无不可，可是你出于学者的良心……"
　　　　　　　　　　　　　　　　　　　　　　　　（情系明天）

（13）直治の案内でおいでになってもいいけれども、でも、なるべくならおひとりで、そうして直治が東京に出張した留守においでになって下さい。　　　　　　　　　　（斜陽）
　　　由直治陪来也可以，不过最好还是您一个人来，而且趁直治上东京不在家的时候来。　　　　　　　　　　（斜阳）

　まず、(11) の「歩く」ことと (12) の「出版する」ことは、聞き手の行為であるが、聞き手がそれを実現しようとしておらず、聞き手にとっても肯定評価の対象ではないようである。そのため、話し手はそれを考慮して、Qの実現を積極的に聞き手に提案するまではせず、Qが許容されることを自分の意見として表明しただけにとどまっている。(11) (12) の「てもいい」は、話し手の「意見表示」を表すと考えられる。これは高梨 (2010) には載っていない用法である。

　他方、(13) の「直治の案内でおいでになる」ことは、許容されることであるが、逆接の文脈から分かるように、「直治の案内でおいでにならない」こと、つまり¬Qの実現が話し手の本音である。したがって、(11) (12) と違って、(13) のQは話し手の意見ではない。逆接の文脈は、まさに「Qは肯定評価の対象ではなく、¬Qの可能性が残っている」という意味合いの反映である。よって、(13) の「てもいい」は、基本的意味「許容」を表していると考えられる。

　このように、行為者が二人称である場合、「てもいい」は「許容」から「意見表示」の意味が派生したり、あるいは「許容」という基本的意味を表すままであったりする。

　また、ここの「てもいい」の中国語訳を見ると、"也＋可以／心甘情愿／好／并无不可……" に訳されている。これらは述語の役割を担っており、形容詞として機能するため、まさに「てもいい」の「評価」という意味に応えているのであろう。

　以上から、Ⅱにおいては、「てもいい」と"可以"には接点がないことが分かる。これは、両形式の基本的意味がそもそも異なる他、基本的意味と派生的意味のかかわりが異なることも関係していると思われる。「てもいい」は、当該事態の実現が許容されると評価す

る形式であるのに対し、"可以"は当該事態の実現が可能であると判断する形式である。そして、「てもいい」の基本的意味の背後には「Qは肯定評価の対象ではなく、¬Qの可能性が残っている」という意味合いが存在し、それが意味派生に影響する。たとえば、上述の行為者が二人称である場合、この意味合いが派生的意味にも受け継がれ、「てもいい」は「許容」から「提案」の意味まで派生できず、「意見表示」の意味にとどまり、または「許容」の意味を表すままである。それに対し、"可以"にはそのような意味派生の制約がなく、「可能」から「提案」の意味を派生する。

　Ⅰ：［当該事態の実現性：未実現、話し手の当該事態に対する制御可能性：あり］
　話し手が当該事態に対して制御可能になると、両形式は、どちらも行為者の人称によって基本的意味から派生的意味が生じる。まず、当該事態の行為者が一人称である場合、「てもいい」には以下のような例文がある。
　（14）「そんなに一銭五厘が気になるなら取ってもいいが、なぜ思い出した様に、今時分返すんだ」　　　　　　　　　（坊ちゃん）
　　　　"一分五厘钱也让你这么操心，我可以收下。不过，你怎么现在想起来还呢？"　　　　　　　　　　　　　　　（哥儿）
　（15）「ねえ、あんた素直な人ね。素直な人なら、私の日記をすっかり送ってあげてもいいわ。あんた私を笑わないわね。あんた素直な人だと思うけれど」　　　　　　　　　（雪国）
　　　　"啊，你是个老实人。要真是老实人的话，我可以把日记全都给你。你不会笑话我吧。我认为你是个老实人。"　（雪国）
　（14）の「一銭五厘を取る」ことと（15）の「日記を送ってあげる」ことは、話し手の行為であり、かつ話し手にとって制御可能な事態である。しかし、（14）には「気になるなら」、（15）には「素直な人なら」といった文脈があることから、これらのことは条件付きの譲歩であり、話し手が進んで自分の意志で行うことではないことがうかがえる。これは、「てもいい」の基本的意味の背後にある「Qは肯定評価の対象ではなく、¬Qの可能性が残っている」とい

う意味合いが影響しているのであろう。したがって、ここの「てもいい」は背後の意味合いが残る「意向」を表すと考えられる。

次に、"可以"の一人称の例文を見ると、(16)(17)では"可以"が「てもいい」に訳されるのに対し、(18)(19)では「てもいい」に訳されない。

(16) "你的看法不改变，我的话就没个完。今个可以先说到这儿。"　　　　　　　　　　　　　　　　　　　　　　（金光大道）

「あんたの考え方が変わんなけりゃ、おれの話も終わんねえよ。まあ、きょうは、これで打ち切ってもいいが」
　　　　　　　　　　　　　　　　　　　　　　　　　（輝ける道）

(17) "这件事我不管！你请总编辑直接去抓吧！我可以退出编辑小组。"　　　　　　　　　　　　　　　　　　　　（人啊，人）

「こんな馬鹿なことができるか！編集局長に直接やってもらうんだな。おれは編集グループから下りても構わん」
　　　　　　　　　　　　　　　　　　　　　　　　　（ああ、人間よ）

(17') 「……おれは編集グループから下りてもいい」　（筆者訳）

(18) "别哭，别哭，"父亲止住了他的哭泣，"让我们玩一玩吧。现在我没有事，……，要不……要不弹球？弹球我可不会，可是我可以跟你学，你做我的小先生……"　　（活动变人形）

「泣くのはお止め」パパは倪藻をあやした。「一緒に遊ぼうじゃないか。今なら暇だから遊んであげられるよ。……それとも……ビー玉がいいかな。パパはできないが、教えてもらおう、お前がパパの先生だ……」　　　　（応報）

(19) "你和我们一块儿走吧，有什么困难，我可以设法帮助你……"　　　　　　　　　　　　　　　　　　　　　（青春之歌）

「もしも、きみがいく決心をするなら、どんな困難でも、ぼくはかならずなんとか方法を講じて、援助してあげるよ……」
　　　　　　　　　　　　　　　　　　　　　　　　　（青春の歌）

まず、(16)の「これで打ち切る」ことと(17)の「編集グループから下りる」ことは、話し手の行為であり、かつ制御可能なことであるが、話し手にとって不本意な行動であり、一歩譲っての妥協であると思われる。したがって、(16)(17)の"可以"は、(14)

(15)の「てもいい」と同様に、「Qは肯定評価の対象ではなく、¬Qの可能性が残っている」という意味合いが残る「意向」を表すと考えられる。よって、「てもいい」に訳されているのである。

それに対し、(18)の「あなたに学ぶ（"我跟你学"）」ことと(19)の「援助する」ことも話し手の行為であり、かつ制御可能な事態であるが、(16)(17)と違って話し手が自分の意志で進んでそれを実現しようとしている。したがって、ここの"可以"は話し手の「意志」を表すと考えられる。そのため、日本語の「てもいい」には訳されず、「～してもらおう」「～してあげる」に訳されているのである。

つまり、当該事態の行為者が一人称である場合、「てもいい」は「意向」の用法しかなく、"可以"は「意向」「意志」の両方の用法を持っている。「てもいい」は、「許容」から「意向」の用法を派生した時に「Qは肯定評価の対象ではなく、¬Qの可能性が残っている」という意味合いが消えていないため、不本意な行動を表す「意向」の用法にとどまり、進んで当該事態を実現する「意志」の用法まで派生できない。それに対し、"可以"の基本的意味は「可能」であり、当該事態の実現が可能であるという意味が読み取れれば、"可以"を使うことができる。そのため、不本意な「意向」を表す用法でも進んで実行する「意志」を表す用法でも派生できる。

では、当該事態の行為者が二人称である場合を見てみよう。「てもいい」と"可以"がどちらも「許可」を表す例文がある。

(20) 挨拶が一通り済んだら、校長が今日はもう引き取って<u>もいい</u>、尤も授業上の事は数学の主任と打ち合せをして置いて、明後日から課業を始めてくれと云った。　　　　　（坊ちゃん）
寒暄完了之后，校长说："今天你<u>可以</u>回去了，不过关于上课的事，再和数学课主任协商一下，从后天起，开始上课吧。"
　　　　　　　　　　　　　　　　　　　　　　（哥儿）

(21)「そりゃ御尤―君の云うところは一々御尤だが、わたしの云う方も少しは察して下さい。君が是非辞職すると云うなら辞職され<u>てもいい</u>から、代りのあるまでどうかやって貰いたい。」　　　　　　　　　　　　　　　　　　　（坊ちゃん）

"高见有道理——你所说的没有一样不合乎道理。但是我所说的，也请你体谅一下。如果你非要辞职不可，那你也可以辞职，但希望在接替的人到来之前，请你继续干下去。"　　　（哥儿）

(22)　"当然是真的。你看我什么时候说过谎话？"觉民正经地说，又回头看一眼站在旁边的觉慧，加了一句："你不相信，可以问三弟。"　　　（家）

　　「もちろんほんとさ。僕がいつうそいった？」覚民はまじめにそういって、そばに立っている覚慧をかえりみると「うそだと思うんなら三弟にきいてもいいよ」とつけ加えた。
　　　　　　　　　　　　　　　　　　　　　　（家）

(23)　"给你一件美差，到Ｄ地去采访一次。山明水秀的地方啊，可以散散心。而且Ｄ地离Ｃ城很近，高兴的话，你可以去Ｃ城看看自己的母校。路费，我给你报销！"　　　（人啊，人）

　　「君にいい仕事をやろう。Ｄ地の取材だ。山紫水明の景勝地だからね、気晴らしになる。それにＤ地はＣ市に近いし、良かったら母校に寄ってきてもいいんだ。旅費は公費扱いにしてやるよ！」
　　　　　　　　　　　　　　　　　　　　　　（ああ、人間よ）

　(20) (21)は校長から教員へ、(22)は兄から妹へ、(23)は上司から部下への発話であるため、話し手は当該事態に対して制御可能であると考えられる。これらの例文において、「てもいい」と"可以"は互いに対応している。しかし、以下の"可以"の(24) (25)の例文も、話し手は当該事態に対して制御可能であるが、"可以"は「てもいい」には訳されない。

(24)　他说着，立刻又抖擞一下精神，改变了话题，"好哇，好哇，今个你们的表现都不错，象革命青年的样子。大功告成了，你们可以回家睡觉去了，养足精神，准备着明天再干。"
　　　　　　　　　　　　　　　　　　　　　　（金光大道）

　　かれはすぐに気をとりなおして話題をかえた。「よし、よし、きょうはみんな革命的青年らしくてなかなかよかった。お手柄じゃった、もう家に帰って休みなさい。英気をやしなって、また明日にそなえるんだ」
　　　　　　　　　　　　　　　　　　　　　　（輝ける道）

(25)　"天不早了，你可以走了。见憨憨的事，我和憨憨商量一下。"

我终于这样对他说。　　　　　　　　　（人啊，人）
　「時間が時間だから、そろそろ帰って。憾憾に会うことは、本人と相談しておきます」私はやっとそう言った。
　　　　　　　　　　　　　　　　　　　（ああ、人間よ）

　では、(20)～(23)と(24)(25)はどう違うのだろうか。(20)には「尤も授業上の事は……」、(21)には「君が是非辞職すると云うなら」、(22)には「うそだと思うんなら」、(23)には「良かったら」という条件がある。つまり、話し手は当該事態の実現に許可を下すが、「そのような条件のもとなら許可を下す」という意味合いがあると思われる。それに対して(24)(25)は、そのような意味合いがなく、「許可」というより、話し手は相手に当該事態の実現を命令していると思われる。したがって、ここの"可以"は日本語の命令表現「～なさい」「～て（ください）」に訳されているのであり、「命令」を表すと考えられる。

　なぜ「命令」の用法が「てもいい」にはなく、"可以"にはあるのだろうか。これも両形式の基本的意味と派生的意味のかかわりが異なることによると考えられる。「てもいい」は、「許容」という基本的意味から「許可」の用法を派生した時に「Qは肯定評価の対象ではなく、¬Qの可能性が残っている」という意味合いが存在するため、「許可」からさらに「命令」の用法まで派生できない。それに対し"可以"の基本的意味は「可能」であり、当該事態の実現が可能であるという意味が読み取れればいいのであり、「許可」にも「命令」にも派生できる。

　なお、Ⅰにおいて、「てもいい」と"可以"はどちらも、当該事態の行為者が三人称である実例が極めて少ないようである。当該事態が未実現で、かつ話し手にとって制御可能な場合、ほとんど二人称の聞き手に向かっての発話であるからであろう。

Ⅲ：［当該事態の実現性：非実現、話し手の当該事態に対する制
　　御可能性：あり］
　以上、当該事態が未実現であるⅠⅡの場合では、「てもいい」は「当該事態が許容される」という基本的意味の背後に「Qは肯定評

価の対象ではなく、¬Qの可能性が残っている」という意味合いがあることを見てきた。現実ではまだ十分実現する可能性のある未実現のQに対して、それが許容されると評価するのは、Qが肯定評価の対象ではないからであろう。

では、当該事態が非実現である場合はどうなっているのだろうか。現実ではすでに実現し得ないQに対して、許容されることだったと評価するのは、Qが肯定評価の対象だったからではないかと考えられる。たとえば、以下の例文がある。

(26) 講演でもそうだ。はじめは厭だ厭だと思う。檀上にあがっても、しばらくは震えている。ところが、終わって拍手があって控室にもどってくると、あと十五分ぐらい話していて<u>もよかった</u>なと思ったりする。　　(高梨2010)
讲演也是这样。开始的时候觉得很讨厌，上了讲台之后，还要发抖一会儿。但是结束之后，在掌声中回到休息室时，又觉得再说十五分钟<u>就好了</u>。　　(筆者訳)

(27)「それにしても、お前さん冷たかったぜ。一緒にメシを食いに行っ<u>てもよかった</u>んじゃないか。待ってましたとばかりに帰してさ」　　(高梨2010)
不管怎样，你太冷漠了。一起去吃个饭不是<u>也可以</u>吗？　　(筆者訳)

(26)では、話し手は自分が「あと十五分ぐらい話す」ことをしなかったことを後悔しており、(27)では、話し手は聞き手が「一緒にメシを食いに行く」ことをしなかったことに不満を示している。このように、非実現の事態に対して、話し手はそれがあえて許容されることだったと評価するのは、現実ではQであるべき、すなわちQが肯定評価の対象であると話し手は考えていると思われる。

要するに、「てもいい」は当該事態が未実現である場合では、Qが肯定評価の対象ではないのに対して、非実現の場合では、Qが肯定評価の対象であるということである。それと対応して、非実現の場合の「てもいい」は、「当該事態が許容される」という基本的意味の背後において「現実では¬Qになっているが、Qは肯定評価の対象である」という未実現の場合と逆転する意味合いが存在する

と思われる。したがって、(26)のような行為者が一人称である場合の「てもいい」には「後悔」、(27)のような行為者が二人称である場合の「てもいい」には「不満」という派生的意味が生じる。その訳文を見ると、中国語の"…就好了／也可以"に訳されており、助動詞の"可以"には訳されない。

　また、Ⅰでも述べたように、当該事態が話し手にとって制御可能な場合、ほとんど二人称の聞き手に向かっての発話であるため、Ⅲにおける行為者が三人称である場合の実例もほとんど見られない。

　一方、"可以"は事態の実現が可能かどうかについての判断であるため、背後に「てもいい」のような意味合いがないので、"可以"は、「可能」の意味から「不満」や「後悔」の意味を派生できない。話し手にとって当該事態が制御可能である場合、行為者が一人称である用例のみが見られる。

(28) 但他想：我本来是可以杀死这个大名鼎鼎的花脖子土匪的，我故意不杀死他。　　　　　　　　　　　　　　（红高粱）
　　　ただ、俺はこの有名な泥棒を殺すことができた、俺はわざとやつを見逃してやるのだ。　　　　　　　　（赤い高粱）

(29) "你为什么不告诉我她要来，我本来可以早点走的。"
　　　　　　　　　　　　　　　　　　　　　　　（CCLコーパス）
　　　「どうして彼女が来るのを教えてくれなかったの？私は早く帰ることもできたが」　　　　　　　　　　（筆者訳）

(28)は、行為者である話し手が「有名な泥棒を殺すこと」を実行可能だったと述べているだけであり、話し手が後悔しているという意味合いは存在しない。他方、(29)の文全体の意味を、話し手が早く帰らなかったことを後悔していると解釈できるが、その「後悔」の意味合いは前半の疑問文と"本来"によるものであり、"可以"によって表わされているのではない。この場合の"可以"は、基本的意味「当該事態の生起が可能である」ことを表すだけである。そのため、日本語の可能表現と対応する。

　なお、当該事態が非実現で、話し手にとって制御可能である場合、その行為者が一人称でなければ、普通「不満」の意味合いが生じるため、「不満」の意味を派生できない"可以"は使われない。よっ

て、Ⅲにおいて"可以"に行為者が二・三人称である用例が見あたらない。

　Ⅳ：［当該事態の実現性：非実現、話し手の当該事態に対する制御可能性：なし］

当該事態が非実現でかつ話し手にとって制御できない場合、行為者が一人称である「てもいい」と"可以"の用例はほとんどないようである。そもそもそのような発話場面が少ないからであろう。

当該事態の行為者が二・三人称である「てもいい」の例としては、次の（30）（31）のようなものがある*6。

(30)「あら、そうじゃないわよ、ほんとに真面目で頼むんだから、そのくらいな親切があってもいいでしょ？尤もヒステリーを起されて、怪我でもさせられちゃ大変だけれど」

(痴人の愛)

"哎哟，不是这个意思。我是真心实意地求你，这点助人之心总该有吧？不过歇斯底里发起来，把我弄伤可就糟了。"

(痴人之爱)

(31) 比嘉裕君のスライダー、直球の切れについていけなかった。継投はもう少し早くてもよかった。雰囲気にのまれて選手が普通の心理状態ではなかった。　　　　(高梨2010)

跟不上比嘉裕的水平外曲球，直球的回转，交换选手再早一点就好了。选手们被周围的气势压倒，不是正常的心理状态。

(筆者訳)

（30）の「そのくらいな親切がある」ことと（31）の「継投はもう少し早い」ことは、本来であれば肯定評価のことであるが、現実では¬Qになっているので、話し手はそれに対して不満の気持を表している。ここからも、当該事態が非実現の「てもいい」は「当該事態が許容される」という基本的意味の背後には「現実では¬Qになっているが、Qが肯定評価の対象である」という意味合いが存在することが分かる。

一方、"可以"にも以下の二・三人称の例文がある。

(32) 我想错了。我以为你可以多玩些日子呢。可是你应该上学了。

(CCL コーパス)

私の考えは間違っていた。あなたはさらに数日遊<u>べる</u>と思っていたけど、もうすぐ学校だね。　　　　　　　　　（筆者訳）

(33) 雨水把奶奶的衣服也打湿了，她本来<u>可以</u>挂上轿帘遮挡雨水，她没有挂，她不想挂，奶奶通过敞亮的轿门，看到了纷乱不安的宏大世界。　　　　　　　　　　　　　　　　　　（红高粱）

雨は祖母の服もぐしょ濡れにした。輿の垂れ幕を掛けることも<u>できた</u>のだが、彼女はそうしなかったし、したいとも思わなかった。明るい輿の入口をとおして、彼女は乱れにみだれる広大な世界を見た。　　　　　　　　　　　（赤い高粱）

（32）（33）では、話し手は「さらに数日遊ぶ」「輿の垂れ幕を掛ける」ことを制御することは不可能で、それが生起可能のことだったと判断している。そのため、この場合の"可以"は日本語の可能表現と対応し、基本的意味「当該事態の生起が可能である」を表すままである。

以上をまとめると、表3のようになる。

表3　「てもいい」と"可以"の意味用法

		「てもいい」の意味	"可以"の意味
Ⅰ	一人称	意向	意向
			意志
	二人称	許可	許可
			命令
Ⅱ	一・三人称	許容	可能
	二人称	許容	提案
		意見表示	
Ⅲ	一人称	後悔	可能
	二人称	不満	―
Ⅳ	二・三人称	不満	可能

全体的に見ると、「てもいい」と"可以"は「意向」と「許可」しか対応しておらず、共通用法は実に少ない。

当該事態が未実現であるⅠⅡの場合、"可以"の意味派生のバリ

エーションが「てもいい」より豊富である。「てもいい」の基本的意味は「許容」であり、その背後にある「通常Qは肯定評価の対象ではなく、¬Qの可能性が残っている」という意味合いが意味派生を制約する。したがって、Ⅰにおいては「意向」「許可」の用法しか存在しない。それに対し、"可以"の基本的意味は「可能」であり、「てもいい」のような意味制約がなく、当該事態の実現が可能であるという意味が読み取れれば使うことができる。そのため、「意向」「許可」の他に「意志」「命令」の用法も存在する。

一方、当該事態が非実現であるⅢⅣの場合、「てもいい」は「現実では¬Qになっているが、Qは肯定評価の対象である」という意味合いが基本的意味の背後にあるため、「許容」から「後悔」「不満」の意味が派生する。それに対し、"可以"は派生的意味がなく、基本的意味を表すままである。

4. まとめと今後の課題

本章は、形式が持つ基本的意味と派生的意味のかかわりに注目しながら「てもいい」と"可以"を比較対照してきた。「許容」されることを実現することが「可能」であるため、「許容」を表す「てもいい」と「可能」を表す"可以"は、重なる部分が広いと思われがちである。確かに、両形式は共通用法を持っている。しかし、「てもいい」の基本的意味「許容」は事態に対する評価を表すのに対し、"可以"の基本的意味「可能」は事態の実現が可能かどうかについての判断を表すため、両形式の基本的意味は異なっている。そして、「てもいい」の基本的意味の背後に、当該事態が未実現である場合は「Qは肯定評価の対象ではなく、¬Qの可能性が残っている」、非実現である場合は「現実では¬Qになっているが、Qは肯定評価の対象である」という意味合いが存在する。これが用法の派生に影響するため、両形式が完全に対応する用法は「意向」「許可」にかぎられているのである。

本章は、「てもいい」と"可以"を対象として比較対照を行ったが、日本語には「てもいい」の意味用法と類似する「ていい」とい

う形式があり、また、中国語には述語を担う"也可以"という形式もある。この4形式の対応関係を明らかにすることを今後の課題とする。

＊1　李（2007）は、髙梨（2010）のファクターを基準にして両形式の用法を考察し比較しているのではなく、また形式の基本的意味と派生的意味のかかわりから両形式の相違を説明しているものでもない。
＊2　髙梨（2010：69）では、条件接続形式「ても」の用法には並列条件と逆条件があり、「てもいい」の実例では逆条件がはるかに多いと指摘している。逆条件的とは「通常肯定評価の対象にならないような事態をあえて「いい」と述べることであり、そこから文字通りの「肯定」ではない消極的なニュアンスが生じるものと思われる」と述べている。「明日は日曜だから、昼まで寝ていてもいい」という例文の「昼まで寝ている」ことが肯定評価の対象にならないと説明している。
＊3　本章の目的は両形式の比較対照にあるため、両形式の基本的意味については独自な考察を行わずに先行研究にしたがう。
＊4　本当なら、ここは「書き手」であるが、統一して「話し手」とする。以降も同様。
＊5　本章では話し手を一人称、聞き手を二人称、それ以外を三人称とする。(10)には「責任者が試合を中止にする」ことが考えられ、行為者を三人称と考える。
＊6　(30)では、「(聞き手に)親切がある」ことは状態であるが、その背後には「親切なことをする」ことが考えられるので、ここでは(30)を行為者が二人称である用例と見なす。また、(31)の「継投はもう少し早い」ことを「監督が早く継投を決める」ことと置き換えて考えられるので、(31)を行為者が三人称である用例と見なす。

III

真偽判断のモダリティ

第7章
日本語の「だろう」と中国語の"吧"

1. はじめに

　日本語の「だろう」に推量用法と確認用法があることは、従来、多くの先行研究で指摘されている。たとえば、次の（1）～（3）である。
　a.　推量用法
（1）明日、たぶん雨が降るだろう。*1
　b.　確認用法*2
（2）あなたも疲れただろう。
（3）このケーキ、美味しいだろう。
　一方、（4）～（6）のように、中国語の"吧"も「だろう」と同様に、推量用法と確認用法を持っている*3。
　a.　推量用法
（4）明天也許下雨吧。
　　　明日、たぶん雨が降るだろう。
　b.　確認用法
（5）你也累了吧。
　　　あなたも疲れただろう。
（6）这块蛋糕好吃吧。
　　　このケーキ、美味しいだろう。
　推量用法と確認用法は、違う意味用法ではあるが、その間にはつながりがあると思われる。しかし、異なる言語の形式は、複数の共通用法を持っていても、その用法間のつながりまで同じであるとはかぎらない。すなわち、同じ用法を持つようになった経緯が必ずしも同じではないということである。そこで、本章は、同じく推量用法と確認用法を持つ日本語の「だろう」と中国語の"吧"の多義性

の在り方が同じかどうかを問題意識とし、両形式が同じ用法を持つに至った経緯*4 を明らかにするとともに、そこから両形式の相違点*5 についても考察してみたい。

2. 先行研究

「だろう」と"吧"は、同じ推量用法と確認用法を持っており、また、両形式とも文末に位置するモダリティ形式であることなどの特徴から、これまでの多くの先行研究は、両形式を比較対象とし、主にその用法の対応関係について論じてきた。以下、簡単に紹介する。

まず、李（幸禧）（1991）では、日本語と中国語の蓋然性判断形式を機能的階層構造*6 という側面から考察している。その結果を以下の表1のようにまとめている。

表1　機能的階層構造における日中語の蓋然性判断形式（李1991）

	日本語	中国語
伝達的	「ダロウ2」	M3「吧」
	私は君に言う	我告诉你
認識的	蓋然性陳述副詞 蓋然性判断助動詞（ダロウ1など）	M1「大概、也许など」
	私は判断する	我判断；我想
命題的		M2「会」
	命題	命題

　　　　　　　　　　　ダロウ1：推量用法　　ダロウ2：確認用法
　　　　　M1：文副詞　　M2：法助動　　M3：終助詞

次に、木村・森山（1992）は、聞き手情報配慮と文末形式の関係を分析し、中国語の"吧"が推量にも、また同意・確認の要求にも用いられる現象について、以下のように述べている。

> それぞれの意味は、聞き手情報依存か非依存かといった語用論的環境の差によって決定される性格のものであって、ba それ自身の文法的意味としては、真偽判定の保留もしくは断定の回避、といったようなものと考えておくのが妥当かと思われる。

すなわち、聞き手の情報に依存しない性格の確定内容の場合は、それが ba によって断定を避けたかたちで表現されることによって、話し手個人の「推量」の表現と理解され、一方、聞き手の情報に依存する性格の確定内容の場合は、それが ba によって判定を半ば保留するかたちで聞き手にもち掛けることによって、聞き手をもコトの認定に巻き込む効果が生じ、そのことが「同意の促し」もしくは「確認の要求」といった読みに繋がる、ということだろう（こうした機構は日本語のダロウと共通するところがある）。　　　　　　　　　　　　　　（木村・森山 1992）

　また、確定情報における聞き手情報依存について、日本語と中国語では、形式とその意味・機能に違いがあるとし、以下の表 2 のようにまとめている。

表 2　聞き手情報配慮と文末形式の関係（木村・森山 1992）

情報内容に対するとらえ方	日本語	中国語
話し手情報を優先（聞き手を誘導）	ジャナイカ 押し付け型の確認のダロウ	ma（嘛）
同一情報を志向	ネ	ba
聞き手情報を優先（話し手自身を誘導）	伺い型の確認のダロウ	

　それから、曹（2000）では、『中日対訳コーパス』を利用して、「だろう」と"吧"の対訳状況と、判定文や疑問文における対訳条件などについて考察を行っている。曹（2000）によれば、「だろう」の"吧"との対訳率は 36％であり、"吧"の「だろう」との対訳率は 6％である。また、判定文では、たとえば（7）のように、事態内容に未確定な部分があるという前提未確定の場合において"吧"が「だろう」と対訳されない。それは、「対立事態配慮」[*7] という"吧"の意味が明確な前提という成立条件が必要であるということによると説明している。

（7）あいつ、今ごろ、何をしているだろう？
　　　家里的"那一位"，现在正干什么呢？

(8)"两位先生要冰淇淋吧？"
「お二人さまは、アイスクリームになさいますか」

(曹2000、下線は筆者による)

　そして、疑問文の(8)について、「相手に自明な事態内容を前提にして聞くという"吧"の用法は、その対極にある事態への認識も暗示することにより、質問の焦点を分散させ、軽い問い掛けとなるもの」であると指摘している。また、「だろう」に対訳できない理由は、「自分に未確定でも、相手に自明な事態内容となれば、相手に再認識させない限り、「だろう」で問い掛ける必要も無かろう」と説明している。さらに、「だろう」と"吧"を認識的モダリティの中に位置づけ、それぞれ「命題認識の成立性と対極性にかかわるもので、認識の証拠性には直接かかわらない」と結論づけている。
　また、呉(2002)では、確認用法において、「だろう」がどのような場合に"吧"と対応するか、あるいはどのような場合に対応しないかを考察している。両形式の共通点は、「聞き手が認識していることを前提に、それに依存して共通認識を図ろうとする」ところにあると説明している。

3.　考察

　前節に挙げた通り、これまで、「だろう」と"吧"について、数多くの研究がなされてきた。しかし、これらの先行研究は、まず「だろう」と"吧"がどのように対応しているのかを分析し、そこから両形式の相違点を探るものがほとんどであった。また、これまでの"吧"の分析においては、日本語の「だろう」の枠組みの中でしかとらえられていない点でも、不充分であると言わざるを得ない。そこで、本章では、「だろう」と"吧"の多義性の在り方が同じかどうかに着目し、各言語内で、両形式がそれぞれどのような経緯で推量用法と確認用法を持つようになったのかを考察する。また、それによって、両形式の相違点を説明したい。
　分析に先立ち、本章で使う用語について説明しておく。2章で述

べた通り、文が命題とモダリティから成ることは、すでに周知のことである。これまでモダリティを対象とした研究は多くあり、研究の立場・観点にしたがって様々に下位分類されてきた。本章では、モダリティを「事態に対する話し手のとらえ方を表すもの」と「聞き手に対する話し手の態度を表すもの」に区分し、それぞれを「対事的モダリティ」「対人的モダリティ」*8 と呼び、考察を進めていくこととする*9。

3.1　日本語の「だろう」について

「だろう」の意味用法を記述したものとしては、「だろう」の推量用法を基本とし、そこから確認用法への展開を説明している寺村（1984）、奥田（1984）（1985）、益岡（1991）と、推量用法と確認用法を対等に扱っている森山（1989）（1992b）、金水（1992）などがある。本章では、「だろう」については、基本的意味が「不確かな判断」であり、推量用法が基本用法で、確認用法が推量用法から派生した用法であると考えたい。まず、以下では、推量用法と確認用法のそれぞれにおいて、話し手が何回判断をするかと、その判断が確かな判断かどうかの2つの視点から分析に入りたい。

(9) 明日、雨が降るだろう。　　　　　　　　　((1) の再掲)
(10) あなたも疲れただろう。　　　　　　　　　((2) の再掲)
(11) このケーキ、おいしいだろう。　　　　　　((3) の再掲)

(9) では、話し手は、命題の「明日、雨が降る」ことについて充分な根拠がないため、確かな判断ができず、断言することができない。一般に、判断は、まず根拠のありなしによって左右され、また根拠のある場合はそれに基づき確かな判断ができるかどうかによって影響される。確かな場合は断言であり、不確かな場合は推量である。すなわち、ここの話し手の判断は「不確かな判断」であり、ここの「だろう」は推量用法であると思われる。

一方、(10)(11) では、まず聞き手が存在していることから、話し手の命題についての判断と聞き手の命題についての判断の2つの判断が客観的に存在していることが分かる。そして、話し手はさらに、聞き手が自分と同じ考え方を持っていると判断し、それが正

しいかどうかを聞き手に確認している。これが確認用法である。ここに関与している判断の数を整理すると、以下の3つになると思われる。

　①話し手の、命題についての判断
　②聞き手の、命題についての判断
　③話し手の、「①と②が一致する」という命題についての判断

　①と②の命題は、同じく文中に現れている命題であるが、③の命題は、文中には現れておらず、話し手が新たに組み立てたものである。つまり、確認用法の場合では、話し手は①と③の2回の判断をしていることになる。

　以上、推量用法と確認用法における話し手の判断を表3のようにまとめることができる。

表3　推量用法と確認用法における話し手の判断

用法（例文番号）	① （1回目の判断）	③ （2回目の判断）
推量用法（9）	△	－
確認用法（10）	△	△
確認用法（11）	○	△

○：確かな判断　△：不確かな判断　－：判断なし

　表3を見ると、まず、推量用法と確認用法は「不確かな判断」（表中△印）によってつながっており、「不確かな判断」は、全用法に共通する意味であり、「だろう」の基本的意味であることがうかがえよう。

　また、(9) と (10) を比べてみると、次のことが言えるだろう。
　推量用法の (9) では、話し手の判断が1回だけで、文中の命題についての不確かな判断である。確認用法の (10) では、話し手の判断は2回であり、1回目の判断は文中の命題についての不確かな判断であるため、(9) と同じである。(9) と違うところは、聞き手が存在し、話し手が聞き手という要素を考慮するところと、「あなたも疲れた」という命題が聞き手に関することであるため、話し手の判断が正しいかどうかが聞き手に分かるところである。そ

のため、(10) の話し手は、自分の1回目の判断が正しい、すなわち、聞き手も自分（聞き手）が疲れたと思っているという文中に直接現れていない命題「①と②が一致している」について、2回目の不確かな判断を行い、それを聞き手に確認している。つまり、文中の命題についての不確かな判断を表す (9) の推量用法は「だろう」の基本用法で、聞き手という要素が入り、話し手が2回目の判断を行ったことで、「だろう」は (10) のような文中に直接現れていない命題についても不確かな判断を表すことができるようになり、確認用法が派生したと考えられる。

そして、(10) と (11) を見ると、(10) の1回目の判断は、話し手が「あなたも疲れた」ことについて断言できないので、不確かな判断であるのに対し、(11) の1回目の判断は、話し手が「このケーキ、おいしい」ことについて断言できるので、確かな判断である。しかしながら、(10)(11) の両方とも、話し手が2回判断を行い、そして、2回目の判断は不確かな判断である。確認という行為を起こしたのは、2回目の判断が不確かな判断であるからである。つまり、確認用法では、2回目の不確かな判断が要点であり、2回目の判断が不確かな判断であればよいため、「だろう」は (10) のような確認用法から、次第に、1回目の判断が確かな判断である (11) のような確認用法に推移したと考えられる。

ここまでをまとめると、「だろう」の基本的意味は「不確かな判断」であり、推量用法が基本用法で、確認用法は派生用法であると言えよう。

さらに、モダリティ階層から考えるならば、推量用法の「だろう」は、話し手の命題についての不確かな判断を表し、聞き手とかかわらないことから、対人性がなく、対事的モダリティ形式であることが明らかである。それに対して、確認用法の「だろう」は話し手の③についての不確かな判断を表し、聞き手とのかかわりを持ち、対人性が生じるため、対人的モダリティにずれ込むと思われる。「だろう」の推量用法と確認用法のモダリティ階層の位置づけを示すと、図1のようになる。

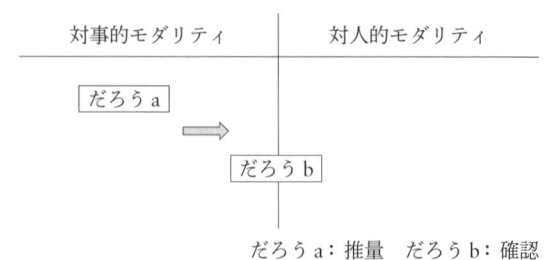

```
            対事的モダリティ        対人的モダリティ
                    │
            ┌─────┐  │
            │だろうa│  │
            └─────┘──┼──▶
                    │  ┌─────┐
                    │  │だろうb│
                    │  └─────┘
```

だろうa：推量　　だろうb：確認

図1　モダリティ階層における「だろう」の用法の位置づけ

3.2　中国語の"吧"について

　中国語の"吧"は語気詞であり、日本語の品詞分類で言えば、終助詞にあたると思われる。"吧"のモダリティ階層に関して、2節に挙げた呉（2002）では、推量の"吧"は対事的モダリティ形式であり、確認の"吧"は対人的モダリティ形式である*10 と指摘しているが、その内実については詳しく分析されていない。また、李（1991）（1993）では、"吧"は対人的モダリティ形式である*11 と指摘しているが、推量の"吧"しか考察していない。李（1991）によれば、推量の"吧"は完全に対人的モダリティ階層の中に位置するという。しかし後述する通り、本章では、推量の"吧"は完全に対人的モダリティ階層に位置するのではなく、対事的モダリティ階層にずれ込んでおり、対事的モダリティと対人的モダリティの両階層にまたがっていると考える。

　また、"吧"の有する機能についても多くの研究がある。たとえば、高（2000）では、"吧"の機能は「述べ立て文の中でその断言性を下げ、疑問文の中でその疑問性を下げ、働きかけ文の中でその強制性を下げ、一言で言えば、文の語気を和らげる」*12 と述べている。"吧"は文末における語気詞であるため、高（2000）のように、文タイプにおける分布状況から"吧"を論じることが有効であると思われる。したがって、以下では、"吧"の機能が「語気を和らげる」ことであることを確認しながら、述べ立て文、疑問文、働きかけ文のそれぞれにおいて"吧"を検討してみたい。

　まず、"吧"が一番使われている働きかけ文の場合から見てみよう。次の（12）〜（14）はそれぞれ命令、勧誘、依頼を表すもの

である。
　（12）你要是决定去了，就快点走吧。
　　　　行くと決めたなら、早く行け。
　（13）明天你和我一起去吧。
　　　　明日、私と一緒に行こう。
　（14）你明天去学校的话，把这个带给他吧。
　　　　明日学校へ行くのなら、これを彼に渡してちょうだい。
　（12）（13）（14）は、"吧"を削除しても、それぞれが命令、勧誘、依頼を表すことは変わらない。"吧"を付けることによって、聞き手への強制性が下げられ、丁寧に聞こえるようになる。つまり、働きかけ文に使われる"吧"は、単純に命令、勧誘、依頼などの語気を和らげているだけで、もとの文の語気（＝意味）を変えていない。したがって、働きかけ文の"吧"は、対事性のまったくない完全な対人的表現であり、対人的モダリティ階層内だけで機能している。よって、ここの"吧"は働きかけ用法であると思われる。
　次に、"吧"が疑問文に使われる場合を見たい。
　（15）他明天来（吗）？
　　　　彼は明日来る（か）？
　（16）他明天来吧？
　　　　彼は明日来るだろう？
　疑問文の（15）に"吧"を付けた（16）は、疑問性が下げられ、確認文になっていると考えられる。疑問性を下げ得るということ、すなわち"吧"を付けられるのは、話し手が「彼は明日来る」という命題について何らかの根拠を入手し、命題の真偽について判断できるようになっているからであると考えられる。しかし、断言するに至るまでの根拠がなく、命題が真であると断言できないため、聞き手に確認している。よって、（16）の"吧"は確認用法であると思われる。
　（15）では、話し手は根拠がないため、命題が真であることについての確信度がゼロであるのに対し、（16）では、話し手に根拠があり、命題が真であることについての確信度が少し上がったと考えられる。つまり、疑問文に"吧"を付けると、疑問の語気が和らげ

第7章　日本語の「だろう」と中国語の"吧"　　129

られるが、この場合、話し手の命題についての確信度に変化があり、それと呼応するよう文の語気が確認になるまで和らげられている。すなわち、"吧"が文の語気を変えてしまったのである。

また、この場合、話し手は根拠があり、命題が真であることについて判断を行うため、"吧"には対事性があり、完全な対人的モダリティ形式であるというわけではなく、対事的モダリティにずれ込んでいると思われる。

最後に、"吧"が述べ立て文に使われる場合、述べ立ての断定文と述べ立ての推量文に分けて考察したい。

(17) A：他明天来吗？ 彼は明日来るか？
　　　B：来。　来る。
(18) A：他明天来吗？ 彼は明日来るか？
　　　B：来吧。　来るだろう。

まず、(18B)は、断定文の(17B)に"吧"を付けて、その断言性を和らげて下げ、推量文になったものであると考えられる。断言性を下げるのは、話し手の命題が真であることについての確信度が百パーセントではなくなったためである。つまり、話し手の確信度が下がったのである。(17B)では、話し手は充分な根拠があり、命題が真であると断言できるのに対し、(18B)では、話し手は命題が真であることについて、断言するまでの根拠がなく、推量していると思われる。要するに、断定文に"吧"を付けると、断定の語気が和らげられるが、話し手の確信度の変化と呼応し、文の語気が断定から推量にまで和らげられている。つまり、和らげられすぎたため、文の語気を変えてしまったのである。よって、(18B)の"吧"は推量用法であると思われよう。

(19) A：他明天来吗？ 彼は明日来るか？
　　　B：也许来。　たぶん来る。
(20) A：他明天来吗？ 彼は明日来るか？
　　　B：也许来吧。　たぶん来るだろう。

また(20B)は、"吧"を付けても、(19B)と同様、推量の意味は変わらない。したがって、"吧"は推量の絶対要素ではないと言える。他に推量を表す副詞があるからである。しかし、(19B)に

比べて、(20B)のほうは話し手の「彼は明日来る」という命題についての確信度が低く感じられ、丁寧に聞こえる。つまり、"吧"は、"也许来"という推量の語気をさらに和らげ、話し手の確信度が(19B)に比べて下がったのである。

(18)と(20)を併せて見ると、いずれにしても、述べ立て文に"吧"を付けるのは、話し手の確信度が変化したからであると考えられる。話し手の確信度の変化した分に相応して、"吧"が文の語気を和らげているのである。また、ここの"吧"も対事性があり、モダリティ階層の位置づけを考えると、対人的モダリティと対事的モダリティにまたがっていると思われる。

以上、働きかけ文、疑問文、述べ立て文において、"吧"の「語気を和らげる」機能を確認し、それぞれの文に付ける時の、話し手の命題についての確信度の変化と文の語気の変化、文の丁寧さの変化、および"吧"の表す用法を見てきた。どの場合においても、"吧"が「語気を和らげる」機能を果たしており、「語気を和らげる」ことが"吧"の基本的機能であると言えよう。以上を整理すると、表4のようになる。

表4 文タイプに付く時の"吧"の用法

"吧"が付く文	話し手の確信度の変化	文の語気の変化	文の丁寧さの変化	"吧"の用法
働きかけ文 (12)(13)(14)	—	—	上がる	働きかけ用法
疑問文 (16)	上がる	疑問→確認	—	確認用法
述べ立て文(断定文) (18B)	下がる	断定→推量	—	推量用法
述べ立て文(推量文) (20B)	下がる	—	上がる	推量用法

表4を見ると、まず、働きかけ文に"吧"を付ける場合、話し手の命題についての確信度には変化がなく、"吧"は、単純に文の語気を和らげているだけであり、文の語気を変えていない。それに対し、疑問文と述べ立ての断定文に"吧"を付ける場合、話し手の命

題についての確信度に変化があり、"吧"は、文の語気を確認と推量まで和らげていなければならず、文の語気を変えてしまうのである。機能を単純に果たすほうが、基本用法であると考えられるため、単純に「語気を和らげる」機能を果たす働きかけ文においての働きかけ用法が"吧"の基本用法で、和らげの度合いが強まったために語気を変えてしまった疑問文においての確認用法と述べ立ての断定文においての推量用法は、"吧"の派生用法であると思われる。

　文の語気が変わるまで和らげなければならないのは、話し手の命題についての確信度に変化があり、それと呼応するためである。言い換えれば、話し手の命題についての確信度が変化することによって、"吧"に確認用法と推量用法が派生したのである。述べ立ての推量文に"吧"を付けた（20B）においても、話し手の命題についての確信度が変化して下がったため、ここの"吧"の推量用法も派生用法であると考えられよう。

　以上をまとめると、"吧"は、働きかけ用法が基本用法で、確認用法と推量用法はそこから派生した用法であると言えよう。また、"吧"の実際の文タイプにおける使用実態に関する調査でも同じ結果が出ている。徐（2003）は、"吧"の働きかけ文の使用率が56％と一番高く、その次は疑問文であるとしている。曹（2000）の調査では、"吧"がよく意志行為文に使われ、全体の69％を占めるという調査結果が出ている。張（小峰）（2003：38）では、"吧"の働きかけ文の使用率が63.3％で、その次に疑問文の使用率が20.5％であると指摘している。使用率が一番高い用法が基本用法であるとは言い切れないが、この点もこの働きかけ用法が"吧"の基本用法であることの1つの現れであろう。

　さて、"吧"の各用法をモダリティ階層に位置づけると、次頁の図2のようになる。

　また、図1と図2を併せてみると、図3になる[13]。

　図3を見れば、「だろう」と"吧"の用法の派生方向はモダリティ階層の中で逆であることが分かる。つまり、「だろう」と"吧"が同じ推量用法と確認用法を持つことになった経緯は異なるということである。「だろう」のほうは、推量用法が基本用法で、「不確か

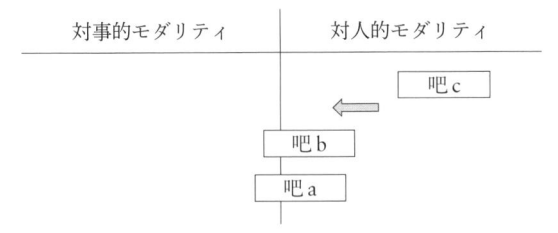

```
対事的モダリティ │ 対人的モダリティ
                 │  ⇐  [吧c]
           [吧b] │
           [吧a] │
```

　　　　　　　吧a：推量　吧b：確認　吧c：働きかけ
　　　図2　モダリティ階層における"吧"の用法の位置づけ

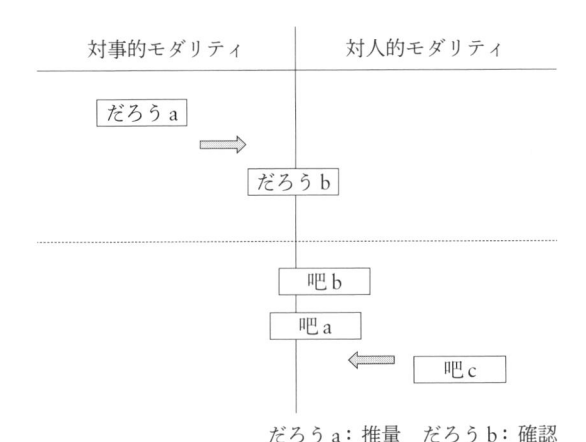

```
対事的モダリティ │ 対人的モダリティ
 [だろうa] ⇒     │
           [だろうb]
- - - - - - - - - - - - - - - - - - -
           [吧b] │
           [吧a] │
                 │  ⇐  [吧c]
```

　　　だろうa：推量　だろうb：確認
　　　吧a：推量　吧b：確認　吧c：働きかけ
　　図3　モダリティ階層における「だろう」と"吧"の用法
　　　　の位置づけ

な判断」という基本的意味を仲立ちとしてそこから確認用法が派生している。それに対して、"吧"のほうは、働きかけ用法が基本用法で、「語気を和らげる」という基本的機能を仲立ちとして確認用法と推量用法が派生している。また、モダリティ階層から見ると、推量の「だろう」は対事的モダリティに位置し、働きかけの"吧"は対人的モダリティに位置している。そして、確認の「だろう」と推量の"吧"と確認の"吧"は対事的モダリティと対人的モダリティの両階層にまたがっている。

3.3　「だろう」と"吧"の相違点

　この節では、以上の考察の結果を用いて、「だろう」と"吧"の相違点を説明したい。

3.3.1　独り言の場合

　日本語の「だろう」は、よく独り言として自分に問いかける時に使われる。聞き手が存在しないため、この場合の「だろう」は推量用法であると思われる。たとえば、(21)(22)である。それに対して、中国語の"吧"はこのような場合には使えない。

(21) なんでだろう？
　　 为什么呢？
　　 *为什么吧？
(22) 明日彼は来るだろう（か）？
　　 明天他来吗？／明天他来不来呢？
　　 *明天他来吧？／*明天他来不来吧？

　独り言は普通、対人性がないと思われる。図3から見れば、推量用法の"吧"は対事的モダリティと対人的モダリティの両階層にまたがっており、対人性を有するため、対人性がない独り言の場合には使えない。一方、日本語の「だろう」は、推量用法を表す場合、完全に対事的モダリティの領域に入っており、対人性がないため、独り言に使えるのである。

3.3.2　軽い問いかけの場合

　中国語の"吧"は、以下のように、軽い問いかけを表す用法があるが、日本語の「だろう」にはない。

(23) 最近怎么样，还好吧？
　　 最近はどうですか、順調ですか？
　　 ?最近はどうですか、順調だろう？

　(23)は、久しぶりに会う相手に対しての発話であると思われる。話し手は、"还好（相手が最近順調である）"という命題について根拠がなく、まったく判断できない場合でも、中国語の"吧"は使える。「語気を和らげる」という基本的機能を有する"吧"は、この場合、ただ相手に問いかける語気を和らげているだけで、一般疑問文の"还好（吗）？"より、疑問性が弱くなり、丁寧に聞こえると思われる。これは、前述の(8)と同じ場合である。曹（2000）では、この場合の"吧"について、「質問の焦点を分散させ」ると説

明しており、それはまさに本章が言う「語気を和らげる」という"吧"の基本的機能の1つの現れであると考えられるのではないか。

しかし、日本語の「だろう」は、基本的意味は「不確かな判断」であるため、話し手が命題についての根拠がなく、判断のしようがない時には使えない。

4. まとめと今後の課題

本章では、同じ推量用法と確認用法を持つ「だろう」と"吧"の多義性の在り方が同じかどうかという問題意識から出発し、それぞれがどのような経緯で推量用法と確認用法を持つようになったのかを考察した。その結果、その経緯はまったく違うことが分かった。「だろう」は、基本的意味が「不確かな判断」であり、推量用法が基本用法で、確認用法は基本的意味を仲立ちとして、話し手が聞き手という要素を考慮する時に派生した用法である。それに対して、"吧"は、基本的機能が「語気を和らげる」ことであり、働きかけ用法が基本用法で、推量用法と確認用法は基本的機能を仲立ちとして、話し手の命題についての確信度の変化によって派生した用法である。また、それらの用法をモダリティ階層に位置づけ、図3にまとめた。そして、3.3節では「だろう」と"吧"の相違点についても考察した。

以上のように、本章は先行研究と異なる方法で、両形式が同じ用法を持つようになった経緯、および各用法間の関係をモダリティの階層の中で比べることによって、より一層合理的に説明できたものと考える。

また、本章では、「だろう」について推量用法と確認用法、"吧"について働きかけ用法、推量用法と確認用法を考察したが、当然「だろう」と"吧"にはこれらの用法以外の用法もある。そしてまた、「だろう」と"吧"の相違点は3.3節に挙げた他にもあるだろうし、その相違点についても今後考察を行う必要がある。これらをすべて今後の課題としたい。

最後に、本章を第Ⅲ部「真偽判断のモダリティ」に入れた理由を

述べておく。本章は、両形式が同じ推量用法と確認用法を持つ経緯を考察するものである。両形式の推量用法は、言うまでもなく、真偽判断のモダリティを表すものである。両形式の確認用法は、本章の分析した結果から分かるように、対人的モダリティ階層と対事的モダリティ階層にまたがり、対事性もあるため、真偽判断と無関係でもない。そして、両形式の議論では確認用法がなくてはならないため、本章は、純粋な真偽判断のモダリティの議論ではないが、以上の理由によって、第Ⅲ部の「真偽判断のモダリティ」に入れた。

*1　本章の例文は、(7)(8)以外、すべて筆者による作例である。
*2　確認用法について、従来の研究では2種類に分類されている。たとえば、田野村(1990)では「推量確認要求」と「事実確認要求」に、森山(1992b)では「伺い型の確認」と「押し付け型の確認」に分けている。また、本書の第9章で挙げている三宅(1996)は、「命題確認の要求」と「知識確認の要求」に分けている。本章では、確認用法の下位分類まで扱わないため、(2)(3)をそれぞれの代表として検討していく。
*3　中国語学の研究では、"吧"の確認用法を疑問文の中に位置づけ、問題にしていないため、"吧"に確認用法があるとは明確に書かれていない。が、(5)(6)は、(2)(3)と対応しているため、"吧"に確認用法があると考えられる。
*4　ここで言う「経緯」とは、通時的な問題ではなく、あくまでも共時的な用法に基づく理論的な解釈である。
*5　従来、日本語の「だろう」についても中国語の"吧"についても、イントネーションの問題がよく取り上げられるが、本章では、イントネーションについて考察しないこととする。
*6　「機能的階層構造」は表1の「伝達的」「認識的」「命題的」を指す。詳しくは李(1991)を参照。
*7　曹(2000)では、「対立事態配慮」について、「ある事態を前提として明示すると共にその対極にある事態への認識も暗示するという意味、「予見性」と「対極性」に関連がある」と説明をしている。
*8　庵(2001：166)は、「モダリティには出来事の内容に対する捉え方を表す対事的モダリティと聞き手に対する話し手の態度を表す対人的モダリティがあります」と述べている。本章は、庵(2001)の定義を参考にする。
*9　このようなモダリティの体系を採用するのは、本章では、対事性と対人性の対立で両形式の推量用法と確認用法を検討するため、議論上必要であるからである。
*10　原文は「言表事態めあてのモダリティ」「聞き手めあてのモダリティ」と

いう用語を使用している。
＊11　原文は「伝達のモダリティ」という用語を使用している。
＊12　筆者訳。中国語の原文は、"在陈述句中降低陈述的肯定性，在疑问句中降低询问的疑问性，在祈使句中降低强制性，一句话，缓和句子的语气"である。
＊13　図3における「だろうa」「だろうb」と"吧a""吧b""吧c"の位置関係は、厳密に対応しているわけではない。

第8章
日本語の「かもしれない」と中国語の"也许""可能"

1. はじめに

　本章は、日本語の可能性表現「かもしれない」とその対応する中国語表現について、比較対照を行う。「かもしれない」の中国語訳として、『日中辞書』(講談社)は、"也许""可能""说不定"を挙げており、『日本語文型辞典』(中国語訳簡体字版)は、"也许""可能""没准儿"を挙げている*1。また、『中日対訳コーパス』にある実際の例文を見てみると、この2つの辞書に挙げられていない"或许""恐怕""大概"などの訳も存在している。つまり、1つの言語形式を他言語に訳す時に、訳語が1つに決まっているのではなく、複数存在しているのである。たとえば、次の(1)である。
　(1) そのうわさはほんとうかもしれない。*2
　　　这个消息也许／可能／说不定／没准儿／或许／恐怕／大概是真的。
　(1)のように、「かもしれない」と対応する中国語訳は多数存在しているが、上に挙げた辞書を見ると、「かもしれない」の主たる中国語訳として、"也许"と"可能"が最初に挙げられている。そこで、本章では、まず"也许"と"可能"を取り上げ、「かもしれない」と比較対照し、3形式の対応関係と相違点を明らかにする。他の形式と「かもしれない」の比較対照は、別の機会に譲ることにする。

2. 先行研究

　まず、日本語の「かもしれない」について、従来、主に2つの立場からの議論があった。1つは、確かさの度合いから「にちがいな

い」と比較し、それぞれを可能性の低い形式と高い形式として相対的にとらえる見方である。たとえば、野田（1984）、森山（1989）、仁田（1991）、益岡（1991）などがある。それに対して、もう1つは、「にちがいない」と切り離して別々の枠で個別に考える立場である。たとえば、三宅（1992）は、「かもしれない」を「命題が真である可能性があると認識する」という「可能性判断」を表す形式とし、「にちがいない」を「命題が真であると確信する」という「確信的判断」を表す形式としている。杉村（2001）では、「かもしれない」は「当該の事態の成立が不確実で、他の事態の成立する可能性もあると認識したことを表す」という話し手の「認識」を表し、「にちがいない」は「話し手の確信により、当該の事態の成立が確実であると推量したことを表す」という話し手の「推量判断」を表すと論じており、両形式が「質的」に異なる側面から蓋然性を表すと指摘している。また、森山（2002）は、「かもしれない」は「その命題が真であるかどうかの可能性を問題とする範囲で、当該可能性の存在に焦点を当てる形式」であると述べている。

　また、中国語の"也许""可能"について、その違いを論じる研究に蒋（寧）（2006）がある。その中では、"也许"と"可能"の意味の違いは、「"也许"が表す推測の内容は、主観判断によるものが多い。それに対し"可能"が表す推測の内容は、客観事理によるものが多い」[3] と分析している。そして、「"也许"は"可能"より語気が婉曲である」[4] ことも指摘している。

　このように、3形式に対して、それぞれの言語の中においての研究はあるものの、比較対照を行う研究は管見のかぎり、ほとんどないようである。したがって、本章では、この3形式を取り上げて対照研究を行う。

3. 用法の考察

　本章は、日本語の可能性表現「かもしれない」とそれに対応する中国語の"也许""可能"を考察対象とし、「可能性表現」を3形式の共通の枠組みとして比較対照を行う。比較対照の方法として、可

能性用法をさらに細かく分類し、その下位分類の用法において3形式を比較するという方法を用いる。以下では、可能性をどのように述べるかに注目し、コーパスなどの例文を分析することを通して、3形式の用法を洗い出す。異なる述べ方は異なる用法と考える。

Ⅰ.「事態Qが真である可能性がある」ことを現実に即した客観的な事実として述べる。

まず、"可能"の例文を調査したところ、当該事態Qが真である可能性があることを現実に即した客観的な事実として述べる用法が確認された。この用法は、「かもしれない」と"也许"にはない用法である。

(2) 实验证明"人类疯牛病"可能存在多种。　　　（CCLコーパス）
　　　実験は、人類の狂牛病には多くの種類が存在している可能性があることを証明した。　　　　　　　　　　（筆者訳）
(2') *实验证明"人类疯牛病"也许存在多种。　　　（筆者訳）
(2'') ?実験は、人類の狂牛病には多くの種類が存在しているかもしれないことを証明した。　　　　　　　　　　（筆者訳）
(3) 但随着阶级斗争的发展，这种矛盾也就可能发展为对抗性的。苏联共产党的历史告诉我们：列宁，斯大林的正确思想和托洛茨基，布哈林等人的错误思想的矛盾，在开始的时候还没有表现为对抗的形式，但随后就发展为对抗的了。
　　　　　　　　　　　　　　　　　　（毛泽东选集第一卷）
　　　だが、階級闘争が発展するにつれて、この矛盾も敵対性のものに発展する可能性がある。ソ連共産党の歴史は、われわれに、レーニンやスターリンの正しい思想とトロツキーやブハーリンなどのあやまった思想との矛盾が、はじめのころはまだ敵対的な形態となってあらわれはしなかったが、のちには敵対的なものに発展したことを教えている。
　　　　　　　　　　　　　　　　　　　　　（毛沢東選集一）
(3') ……*这种矛盾也就也许发展为对抗性的。……　（筆者訳）
(3'') ……#この矛盾も敵対性のものに発展するかもしれない。……　　　　　　　　　　　　　　　　　　　　　　（筆者訳）

第8章　日本語の「かもしれない」と中国語の"也许""可能"　　141

(4) 告诉妈妈：任何人都<u>可能</u>走错路。路不能重走，心可以回头。
(人啊，人)

お母さんにはこう伝えてほしい。だれだって行く道を誤る<u>ことはある</u>。道は歩き直すことができなくても、心はふり返ることができる。 　　　　　　　　　　　　（ああ、人間よ）

(4') ……*任何人都<u>也许</u>走错路。…… 　　　　　　（筆者訳）
(4") ……?だれだって行く道を誤るかもしれない。…… 　　（筆者訳）

　まず、(2)では、「人類の狂牛病には多くの種類が存在している」という事態が真である可能性があることは、実験によって証明された現実世界に実在している事実であり、話し手自身の考え方によるものではないと思われる。したがって、話し手は、事態Qが真である可能性があることを現実に即した客観的な事実として述べていると考えられる。また、(3)において、後半の文脈では、ソ連の実例を挙げているので、書き手の毛沢東は、「この矛盾も敵対性のものに発展する」ことが真である可能性があることを、自分自身の主観的な考え方として述べているのではなく、現実にあり得る客観的な事実として述べているのであると思われる。そして、(4)の「だれだって行く道を誤ることはある」ことは、社会的に広く認められていることなので、話し手もそれを自分自身の考え方ではなく、現実に存在する客観的な事実として述べていると考えられる。つまり、これらの場合、話し手は当該事態Qが真である可能性があることを、自分自身の考え方ではなく、現実に即した客観的な事実として述べているのである。中国語の"可能"は、このようなⅠの用法を持っている。

　一方、(2')～(4')のように、"可能"を"也许"に入れ換えると、話し手の個人的な判断という意味合いになり、不自然さが生じる。また、(2")～(4")のように、"可能"を「かもしれない」に訳すと、同じく話し手自身の考え方を述べるという意味合いになり、原文の意味に反している。つまり、"也许"と「かもしれない」は、このⅠのような用法を持っていないのである。

Ⅱ．「事態Qが真である可能性がある」ことを発話時以前におけ

る話し手の推量判断として述べる。

　以下に挙げた例文から分かるように、このⅡの用法は、"可能"と「かもしれない」にあり、"也许"にはない。Ⅱは、Ⅰと違い、話し手は事態Qが真である可能性があることを、現実に即した客観的な事実としてではなく、自分自身の主観的な考え方として述べている。また、この考え方は、発話時点において推量判断をして得た考え方ではない点で、後述のⅢと区別する。

(5) 爸爸抚了抚我的脑袋，沉吟了一下说："方丹，这段时间，爸爸有很多话想对你们说，可总觉得你们还小……现在看来，形势已经越来越紧张，随时都可能发生一些意想不到的事情，爸爸这样问，是希望你和小曦能有个思想准备。爸爸必须告诉你们，我和妈妈，不，不光是我们，还有许多叔叔阿姨很可能都要被揪走……　　　　　　　　　　　　　　（轮椅上的梦）

　　父は私の頭をなでて、しばらくだまっていた。「方丹、最近言いたいこともたくさんあるが、君たちはまだ小さい……見たところ、雲行きはますます怪しい。いつ何が起こるかわからんから、ふたりにも覚悟しておいてほしいんだ。言っておくが、パパもママも、いや、他の大勢のおじさん、おばさんたちも、みんな連れて行かれるかも知れない……」
　　　　　　　　　　　　　　　　　　　　　（車椅子の上の夢）

(5') ……?随时都也许发生一些意想不到的事情，……还有许多叔叔阿姨很也许都要被揪走……　　　　　　　　（筆者訳）

(5") ……いつ何が起こるかもしれないから、……　　（筆者訳）

(6) ［布団を干そうとしている人に］
　　今日は雨が降るかもしれないよ。
　　　　　　　　　　　　　　（日本語記述文法研究会2003：153）
　　今天可能要下雨。　　　　　　　　　　　　　（筆者訳）

(6') *今天也许要下雨。　　　　　　　　　　　　（筆者訳）

　まず、中国語の"可能"の例文を見ると、(5)は父親が最近考えたことを子供に話している場面である。したがって、「何が起こる」「みんな連れて行かれる」ことが真であることについて、可能性があると判断したのは、発話時以前であると考えられる。つまり、

第8章　日本語の「かもしれない」と中国語の"也许""可能"　143

発話時では、発話時以前に推量判断したことを述べているのである。また、「かもしれない」の例文を見ると、(6) は、布団を干そうとする人に対しての発話である。空の様子を観察して、雨が降る可能性があると判断することはあるが、布団を干そうとする相手の行為を見て、それを根拠として雨が降るかどうかについて判断することはないように思われる。まず考えられるのは、話し手は発話時より前に天気予報など何らかの情報に基づいて、雨が降る可能性があると判断し、それを相手に伝えている場合である。また、話し手は、相手が布団を干そうとしているのを見て、そこから空の様子を観察し、雨が降る可能性があると判断した場合も考えられる。この場合でも、相手に伝える時に、話し手の判断は、発話時直前ではあるが、発話時以前の判断であると思われる。いずれにしても (6) の、雨が降る可能性があることは話し手の発話時以前における推量判断なのである。以上をまとめると、(5)(6) では、話し手は「事態 Q が真である可能性がある」ことを発話時以前における推量判断として述べていると考えられ、"可能" と「かもしれない」はこのような II の用法を持っている。

しかし、(5') と (6') のように、"也许" で述べると、話し手の発話時の推量判断を表すことになるので、不自然さが生じたり、非文になったりする。よって、"也许" は II のような用法を持っていないのである。

III. 「事態 Q が真である可能性がある」ことを発話時における話し手の推量判断として述べる。

コーパスの例文を調査したところ、3形式とも III の用法を持っていることが分かった。III では、話し手は発話時において、「事態 Q が真である」ことについて可能性があると推量判断をしている。したがって、III においても「事態 Q が真である可能性がある」ことは、話し手自身の考え方ではあるが、発話時にその判断を下す点で II とは異なる。

(7) "去多久？什么时候回来？" 她问。"可能就一去不回了。" 刘学尧做出轻松地样子耸了耸肩膀答道。　　　　(人到中年)

「どれくらいいらっしゃるの？お帰りはいつごろ？」「<u>多分</u>もう帰っては来ませんよ」劉学堯は清々した、という風に肩を聳やかしていった。
　　　　　　　　　　　　　　　　　　　（人、中年に到るや）

(8)「という訳で」と銀之助は額へ手を当てて、「そこへ気が付いてから、瀬川君の為ることはすっかり読めるように成ました。どうも可笑しい可笑しいと思って見ていましたっけ—— そりゃあもう、辻褄の合わないようなことが沢山有ったものですから」「成程ねえ。あるいはそういうことが有る<u>かも知れない</u>」と言って、校長は郡視学と顔を見合せた。
　　　　　　　　　　　　　　　　　　　　　　　　（破戒）

"因为这样，"银之助把手放在额头上说，"自从觉察到这个秘密之后，我才算理解了濑川兄的所作所为。起初我总觉得很不可理解。因为不合情理的地方太多了。""原来是这样，<u>也许</u>有这么回事。"校长和郡督学面面相觑。
　　　　　　　　　　　　　　　　　　　　　　　　（破戒）

(9)"你看着怎么样啊？""这怎么说呢？<u>也许</u>不太妙。"（金光大道）
「あんたはどう見る？」「そうだなあ、あんまり思わしくねえ<u>かもしんねえ</u>」
　　　　　　　　　　　　　　　　　　　　　　　　（輝ける道）

　(7)(8)(9)は、すべて会話文である。話し手は、相手の質問を受け、当該事態Ｑについて真である可能性があると発話時に推量判断をしたのである。したがって、これらの場合はⅠⅡとは違って、話し手は「事態Ｑが真である可能性がある」ことを発話時における推量判断として述べていると考えられる。

　以上、コーパスなどの例文を分析することによって、3形式にかかわる「事態Ｑが真である可能性がある」ことについての述べ方にはⅠⅡⅢがあることが分かった。ⅠⅡⅢにおける3形式の対応関係をまとめると、次頁の表1のようになる。

4．ⅠⅡⅢの関係

　前節では例文の分析に基づき、ⅠⅡⅢにおいて3形式を検討した。この節では、ⅠⅡⅢの関係について考察する。
　表1を見ると、ⅠⅡⅢの共通しているところは、どれも「事態Ｑ

表1　可能性用法における3形式の対応関係

形式＼述べ方	「事態Qが真である可能性がある」ことについて		
	Ⅰ．現実に即した客観的な事実として述べる	Ⅱ．発話時以前における話し手の推量判断として述べる	Ⅲ．発話時における話し手の推量判断として述べる
可　能	○	○	○
かもしれない	×	○	○
也　許	×	×	○

が真である」ことについて「可能性がある」と述べているところである。このことはまさに、前述した3形式とも「可能性表現」であるという本章の考察枠組みの中にあることをここで述べておきたい。つまり、ⅠⅡⅢは、「事態Qが真である」ことについて「可能性がある」と述べるというところまでは同じであるが、「可能性がある」ことをどのように述べるか、すなわち現実に即した客観的事実として述べるか、発話時以前における話し手の推量判断として述べるか、あるいは発話時における話し手の推量判断として述べるかは、異なっている。ⅠⅡⅢは、可能性用法を下位分類した用法であると思われる。

　まず、ⅠとⅡⅢを比べてみる。ⅡⅢでは「事態Qが真である」ことについて、「可能性がある」と判断したのは、話し手である。それに対し、Ⅰにおいての「事態Qが真である」可能性の有無は、誰かの判断というより現実に存在している客観的な事実であると話し手はとらえている。つまり、ⅠとⅡⅢの一番大きな違いは、話し手が「事態Qが真である可能性がある」ことを客観的な事実として述べるか、自分自身の推量判断として述べるか、というところにある。それに合わせて用法の主観性を考えると、Ⅰは現実に即した客観的な事実として「可能性がある」ことを述べているので、Ⅰの「可能性がある」という述べ方は客観性が強いと思われる。それに対し、ⅡⅢは話し手自身の推量判断として「可能性がある」ことを述べているので、ⅡⅢの「可能性がある」という述べ方はⅠより主観性が強い。

また、ⅡとⅢを考えると、両方とも「事態Qが真である」ことについて「可能性がある」と実際に判断したのであるが、その判断を行う時点が異なっている。Ⅱは発話時以前であるが、Ⅲは発話時現在である。Ⅱに関して、発話時以前に推量判断したことを発話時現在に述べるということができるのは、推量判断した時点から発話時に至るまでの間に、推量判断した内容を覆す状況が起こっていないためであると考えられる。そして、このことが、発話時点で事態Qが真であることの支えになり、さらなる根拠が加わったと考えられる。したがって、ⅡはⅢに比べて、より客観性が強いのである。すなわち、Ⅱの「可能性がある」という述べ方の主観性の度合いは、ⅠとⅢの間に位置すると思われる。

　以上のように、ⅠⅡⅢは、「事態Qが真である可能性がある」という述べ方の客観性ないし主観性の強弱でつながっていることが分かる。このことは、以下の図1のように示すことができる。

　　＜──── 客観性　　Ⅰ　　　　　　Ⅱ　　　Ⅲ　　主観性 ────＞

図1　ⅠⅡⅢの客観性・主観性の強弱

5．3形式におけるⅠⅡⅢの位置づけ

　認知言語学において、意味用法の派生を議論する時に、よく「文法化」の概念が取り上げられる。また、その特徴として、「具体的意味から抽象的な意味へ」「命題的機能から談話機能へ」「客観的な意味から主観的な意味へ」と変わっていくという方向性も決まっているとされている。たとえば、Langacker（1991）（2000）、Hopper & Traugott（1993）などが代表的なものである。この理論を用いて、この節では、3形式におけるⅠⅡⅢの位置づけについて考えてみたい。

　図1のように、ⅠⅡⅢはⅠ→Ⅱ→Ⅲの順で主観性が強くなり、主観性の強弱でつながっていることが分かる。このことを、意味用法の派生が客観から主観へと移行していくという理論に則って考えると、ⅠⅡⅢの3形式における位置づけは、表2のように示すことが

できよう。

表2　3形式におけるⅠⅡⅢの位置づけ

	Ⅰ	Ⅱ	Ⅲ
可　能	○ →	○ →	○
かもしれない	×	○ →	○
也　許	×	×	○

■：基本用法　⇨：派生関係

つまり、ⅠⅡⅢを全部持っている"可能"は、もっとも客観性の強いⅠが基本用法で、主観性が高くなるにつれ、ⅠからⅡが派生し、ⅡからさらにⅢが派生したのである。ⅡⅢを持っている「かもしれない」は、より客観性の強いⅡが基本用法で、Ⅲが派生用法である。また、"可能"と「かもしれない」と照らし合わせて考えると、Ⅲしかない"也許"は、Ⅲが基本用法であると考えられる。

6. 3形式の主観性とその検証

3形式の持つ用法から、3形式の主観性について考えると、次のように予想できる。

まず、「かもしれない」と"也許"を比べてみると、Ⅲは両形式とも持っているが、Ⅱは「かもしれない」だけが持っている。またⅡはⅢより客観性が強いので、Ⅱを持っている「かもしれない」は、Ⅲだけを持っている"也許"より客観性が強いと予想される。次に、"可能"と「かもしれない」を比べてみると、ⅡとⅢは両形式とも持っているが、Ⅰは"可能"だけが持っている。そして、ⅠはⅠⅡⅢの中で一番客観性が強いので、Ⅰを持っている"可能"は、「かもしれない」より客観性が強いと予想される。つまり、3形式の持つ用法から考えると、3形式の主観性の強弱は、"也許"＞「かもしれない」＞"可能"という順番になる。

一方、主観的な表現には、ⅰ否定のスコープに入らない、ⅱ疑問のスコープに入らない、ⅲ過去のスコープに入らない、ⅳ連体修飾成分とならない、ⅴ文代名詞の対象とならない、などの文法的、意

味的、統語的制約があることは、欧米の言語学から始まり、すでに主観的な表現の原則として定着している*5。以下では、これにしたがい、この5原則において3形式の主観性を比較することによって、上述で3形式の持つ用法から予想した、主観性の強弱の妥当性を検証する。

ⅰ．否定のスコープに入らない
（10）　*6明天他不可能去。
（10'）*明日は彼が行くかもしれなくない。
（10"）*明天他不也许去。

ⅱ．疑問のスコープに入らない。
（11）　明天他可能去吗？
（11'）*明日は彼が行くかもしれないですか。
（11"）*明天他也许去吗？

ⅲ．過去のスコープに入らない。
（12）　*那天他可能去。
（12'）その日は彼が行くかもしれなかった。
（12"）*那天他也许去。

ⅳ．連体修飾成分とならない。
（13）　他可能去的地方，我都找过了。
（13'）彼が行くかもしれないところをすべて探した。
（13"）*他也许去的地方，我都找过了。

ⅴ．文代名詞の対象とならない。
（14）　A：明天他可能去。
　　　　B：那是不可能的。
（14'）A：彼は明日行くかもしれない。
　　　　B：それはあり得ない。
（14"）A：明天他也许去。

第8章　日本語の「かもしれない」と中国語の"也许""可能"　　149

B：那是不可能的。

以上をまとめると、以下の表3のようになる。

表3　5原則における3形式の対応関係

	i	ii	iii	iv	v
可　能	×	×	○	×	×
かもしれない	○	○	×	×	×
也　許	○	○	○	○	×

○の数が多ければ多いほど主観性が強いので、主観性のテストによって導き出された3形式の主観性の強弱の順番は、"也許" >「かもしれない」>"可能"となる。つまり、表3の主観性テストの結果は、3形式の持つ用法から予想した主観性の強弱と一致しているのである。したがって、結論的には、3形式の主観性の強弱は、"也許" >「かもしれない」>"可能"という順番であると言えよう。

7．まとめと今後の課題

本章では、可能性表現である日本語の「かもしれない」とそれに対応する中国語の"也許""可能"を比較対照した。まず、コーパスなどの例文を考察し、3形式の用法分類を試みた。その結果、"可能"はⅠⅡⅢの3つの用法を持つのに対し、「かもしれない」はⅡとⅢを持ち、"也許"はⅢしか持たないことが分かった。次に、ⅠⅡⅢの関係を考察した結果、ⅠⅡⅢは主観性の強弱でつながっていることが分かった。また、形式の用法の派生は客観的な意味から主観的な意味に派生していくという考え方に基づき、"可能"はⅠが基本用法、「かもしれない」はⅡが基本用法、"也許"はⅢが基本用法であることが分かった。そして、3形式の主観性の強弱も主観性テストによって検証した。

以上、本章で3形式を比較対照した結果は次のようにまとめることができる。

①　3形式の対応関係

Ⅲにおいて、「かもしれない」は"可能""也许"の両方と対応する。Ⅱにおいて、「かもしれない」と"可能"とが対応する。Ⅰは"可能"のみが持つ用法である。

② 3形式の相違点
   a. 各形式において、ⅠⅡⅢの位置づけが異なる。"可能"はⅠが基本用法、ⅡはⅠの派生用法、ⅢはⅡの派生用法である。「かもしれない」はⅡが基本用法、Ⅲが派生用法である。"也许"はⅢが基本用法である。
   b. 主観性の強弱の度合いが異なり、その強弱の順番は"也许">「かもしれない」>"可能"である。

ところで、以下の例文のように、記憶を述べる時に、「かもしれない」と"可能"は言えるが、"也许"は言えない。

(15) エアコンを切らずに来たかもしれない。
    我可能／*也许没关空调就来了。
(16) ［鞄の中を探しながら］
    あれ？財布を忘れたかもしれない。
    欸？我可能／*也许把钱包忘在家了。

この2つの例文は、話し手がある事態に気付いた時に発した発話であると考えられ、Ⅲの「発話時における話し手の推量判断として述べる」用法であると思われる。しかし、本章の表2の分析結果にしたがえば、「かもしれない」と"可能"が言える一方、"也许"が言えないのは、Ⅱの「発話時以前における話し手の推量判断として述べる」用法の場合であると言える。"也许"が使えないのはなぜだろうか。記憶に基づく判断の内実をさらに詳しく考察することが必要である。

また、ⅠⅡⅢの3つの用法は連続しているので、実際にどの述べ方であるかを判断するのが難しい場合が存在すると思われる。そして、どの述べ方（特にⅡとⅢ）をしてもコミュニケーションに影響しない場合も存在するのだろう。さらに、Ⅱは"可能"にとってⅠからの派生用法であり、「かもしれない」にとっては基本用法である。したがって、"可能"のⅡと「かもしれない」のⅡは、異なるところがあると思われる。またⅢは、"可能"にとって、Ⅰからの

派生用法Ⅱがさらに派生した用法であり、「かもしれない」にとって基本用法Ⅱからの派生用法であり、"也许"にとって基本用法である。したがって、3形式はⅢにおいても異なるところがあると思われる。これらの問題はすべて今後の課題とする。

＊1　ここは、第3章の表3の内容の再掲。第3章では「かもしれない」と"也许""可能"は対訳上対応関係にあることをすでに述べたが、ここでは、第3章より少し詳細に、再度「かもしれない」と比較対照する形式を"也许""可能"に限定するに至る経緯を述べる。
＊2　(1)は、『日中辞書』(講談社)によるものであるが、訳文は筆者が変更したものである。
＊3　筆者訳。原文は、「"也许"所表达的推测内容，依据的多是主观判断。相对而言，"可能"所表达的内容，依据的多是客观事理，词义倾向于客观性」である。
＊4　筆者訳。原文は「从语气的强弱上看，在具体的语言表达中，"也许"比"可能"在语气上更加委婉」である。
＊5　Greenbaum (1969)、澤田 (1975) (1978)、中右 (1980) などに指摘がある。また、杉村 (1999) は、この原則を利用し、蓋然性を表す文末表現「80パーセント（である）」、「確率が高イ」、「可能性ガアル」、「ソウダ」、「（ような）気ガスル」、「ト思ウ」、「φ」、「カモシレナイ」、「ニチガイナイ」、「ヨウダ」、「ラシイ」、「ダロウ」の主観性をテストした。「かもしれない」と"也许""可能"の主観性を比較するうえで、本章でも「かもしれない」を重ねて考察した。結果は、杉村 (1999) と同様のものとなった。
＊6　ここからの例文はすべて筆者によるものである。

第9章
日本語の「はずだ」と中国語の"応該"

1. はじめに

第5章でも述べたように、日本語の「べきだ」と「はずだ」は、次のように、どちらも中国語の"応該"に訳すことができる。

(1) A：海外研修に行くかどうか迷っているんだ。
　　A₁：我正在猶豫去不去海外研修呢。
　　B：そりゃ、行くべきだよ。いいチャンスじゃないか。
　　B₁：那応該去呀。多好的机会啊。
(2) A：明日の展覧会、花子は行くかな？
　　A₁：明天的展覧会，花子去不去呢？
　　B：行くはずだよ。昨日電話があったから。
　　B₁：応該去。昨天她打来電話了。

(1)の「べきだ」と"応該"は、話し手が「(聞き手が)海外研修に行く」という事態を当為的に評価していることを表している。(2)の「はずだ」と"応該"は、「花子は行く」という事態の真偽について話し手が真だと判断していることを表している。つまり、日本語では「べきだ」と「はずだ」という2形式が、それぞれ評価判断のモダリティと真偽判断のモダリティという異なるモダリティを表しているが、中国語ではこれらが"応該"という1つのモダリティ形式で表されている。

第5章では、「べきだ」と"応該"を比較対照したが、この章では、「はずだ」と"応該"を考察対象とし、比較対照を行う。

2. 先行研究

日本語の「はずだ」は、様々な観点から研究されている。たとえ

ば、用法の分類を考察したものには、高橋（1975）、森田（1989）などがある。判断のモダリティという観点から他の判断モダリティ表現との違いを考察したものとしては、仁田（1991）、森山（1995）、益岡（1991）（2002）などが挙げられる。また、現実との食い違いを文脈の観点から分析したものには、森田（1989）、松田（1994）などがある。さらに、日本語教育の面からの考察には、太田（2004）（2006）がある。その他、前接用言と「はずだ」自体のテンス、またその否定形式に言及している研究もある。

中国語の"応該"については、日本語の「はずだ」と「べきだ」と対応しているため、中国語学では、「はずだ」と対応している真偽判断を表す用法と「べきだ」と対応している評価判断を表す用法の区別について主に研究されてきた。たとえば、彭（2005）が代表的なものである。また、"応該"の否定形式には"不応該"と"応該不"の2つの形式があるので、その区別もよく取り上げられている。たとえば、方・範（2005）、張（偉莉）（2007）である。

「はずだ」と"応該"の両形式を取り扱っている研究として、玉地（2006）*1 は、言語類型論から出発し、中国人日本語学習者の日本語モダリティ形式の習得について考察している。初級学習者が「はずだ」より「べきだ」を多用する現象は、"応該"の「根源的（Deontic）」用法から「認識的（Epistemic）」用法が派生したという文法化経路の影響だけでなく、「根源的」用法の過剰一般化（overgeneralization）をストラテジーとして利用しているという面も考えられると指摘している。

3. 両形式の用法の概観

中国語の"応該"は、評価判断のモダリティと真偽判断のモダリティの2つの用法があるため、従来、中国語学の研究では、この2つの用法の違いに注目が集まり、それぞれの用法自体の分析については重視されてこなかった。また、正面から具体的に「はずだ」と"応該"の用法を比較対照したものは、管見のかぎり、まだないように思われる。そこで、以下では、意味用法が詳しく考察されてい

る日本語の「はずだ」の先行研究を踏まえながら、「はずだ」と"応該"の意味用法を詳しく検討し、その共通点と相違点を明らかにしたい*2。

3.1 基本的意味

この節では、「はずだ」と"応該"の基本的意味について、考察を行う。

日本語の「はずだ」について、これまでに意味記述が盛んに研究されていた。代表的なものを挙げると、まず、寺村（1984：266）は、「確言的には言えないが、自分が現在知っている事実（P）から推論すると、当然こう（Q）である」という用法を「ハズダのふつうの使いかたである」と説明している。また、森田（1989：950）では、「はずだ」は「客観的な条件・状況からして、その事柄が当然あるべき状態であるという判断」を表すと定義づけている。仁田（1991：64）は、「はずだ」を「判断のモダリティ」の中に位置づけ、ある推論によって引き出された「推論の様態に関わるもの」の代表的な表現形式であると指摘している。そして、森山（1995：174）は、「はずだ」を「そう判断する論理的根拠があることを示す形式」としている。益岡（1991：116）は、「はずだ」を「二次的モダリティ」の「判断に至る様式を表すもの」と位置づけ、益岡（2002）では「はずだ」を「推論によって得られる帰結判断」「当然性判断」を表す形式ととらえている。それから、日本語記述文法研究会（2003：161）は、「はずだ」を「何らかの根拠によって、話し手がその事柄の成立・存在を当然視しているということを表す」としている。

以上のように、従来、多くの研究が「はずだ」の意味記述を行っているが、その内実を観察すると、「はずだ」には総じて、①「根拠（P）」、②「推論・判断」、③「結論（Q）」、の３つの要素があることが分かる。そして、「根拠」は「論理的」、「推論・判断」も「論理的」（または「当然性」「当然視」）と指摘されているが、本章では仁田、益岡両氏の立場に立ち、この「論理的」というのは、推論・判断の様式として理解すべきであると考える*3。それは、「論

理的」に推論・判断できるからこそ、「PはQの論理的根拠」、「QはPの論理的帰結」と言えるからである。したがって、ここでは以上の先行研究を踏まえ、「はずだ」の基本的意味を「根拠Pから論理的に推論して結論Qになること」*4とまとめることとする。

ところで、本章は、この「論理的」という判断様式について、以下のように、「かもしれない」「だろう」「にちがいない」などの判断のモダリティ形式と区別してとらえたい。

(3) 彼女が行くなら、彼も行く<u>かもしれない／だろう／にちがいない</u>。*5
(3') 如果她去的话，他也<u>可能／或许／一定</u>去。
(4) 彼女が行くなら、彼も行く<u>はずだ</u>。
(4') 如果她去的话，他也<u>应该</u>去。

(3)も(4)も、「彼が行くかどうか」についての話し手の判断が求められる時の発話であると考えられる。「彼女が行く」ことを根拠Pとし、「彼も行く」ことを結論Qとした場合、Pから考えて、Qが現実に起こる可能性、つまり真である可能性は、あまり高くないが一応あると判断した時に「かもしれない」で表し、ある程度あると判断した時に「だろう」で表し、かなりあると判断した時に「にちがいない」で表すと思われる。つまり、(3)は、Pから判断してQの現実に起こる可能性がどのくらいあるのか、Qが真である可能性の高低という段階・度合いを判断している。一方、(4)の「はずだ」は、現実とは違う次元、すなわち論理の上で判断しているのである。論理の上で推論した結論Qは、論理に合っているので必ず真でなければならない。つまり、「はずだ」は、Qが論理に合っているか合っていないか、すなわちPからQを論理的に推論できるかできないかという二者の中から「合っている」、「推論できる」と択一的に判断している。Qが真である可能性の高低という問題は存在しない。整理して示すと、次頁の表1になる。

また、この点については、以下のような数字計算の例で考えるとより分かる。

(5) 彼は5年前に大学に入学したので、去年卒業した<u>はず</u>です。
(5') 他5年前上的大学，<u>应该</u>去年毕业。

表1　モダリティ形式の判断の仕方

モダリティ形式	判断の仕方
かもしれない／だろう／にちがいない	可能性の判断（可能性の高低という段階・度合いを判断）
はずだ	論理的な判断（二者択一的な判断）

（6）時差は4時間あるから、日本時間のちょうど正午に着く<u>はずだ</u>。

（6'）时差是4个小时，<u>应该</u>日本时间的正午到。

（5）（6）のような数字計算をすることでその事態を判断する場合は、具体的かつ正確な結果が求められる。数字を計算する行為は、もっとも「論理的」に推論する行為として見ることができると思われる。数字の計算なので、Qが正しいか正しくないかのどちらかと判断できるだけで、数字Qが真である可能性の高低は考えられない。したがって、（3）のようなモダリティ形式は、数字計算を利用して推論をする場合には使えない。また、数字計算は万人共通の一般知識であるため、話し手だけではなく、他の人も話し手と同じ結論を得ることになると思われるのに対して、個別的な場合には、（4）のようにQはあくまでも話し手が推論した論理的な結論である場合もあり、後述（5.1節）の確認要求のように、他の人も自分と同じくQは動かせない結論であると考えるだろうと話し手がとらえる場合もある。

以上、「はずだ」の「論理的」という判断様式は、論理にしたがって判断しているということであり、その内実は、①Qは真であるか否かであって、Qが真である可能性の高低という問題は存在しない、②Qは話し手にとって必ず真でなければならない、という2点にまとめることができる。

また、以上のことは、中国語の"应该"についても同様にあてはまる。（3'）の"可能／或许／一定"はやはりQの現実に起こる可能性の高低という段階・度合いを表し、（4'）の"应该"は二者択一的な論理的推論を表している。また（5'）（6'）のような数字計算の場合は（3'）の形式が使えない。

したがって、以上の考察から、「はずだ」と"応該"は、基本的意味が「Pから論理的に推論してQになること」であるという点で共通していると言えよう。

3.2 「見込み」用法と「悟り」用法

この節では、「はずだ」と"応該"の用法について、考察を行う。「はずだ」の用法については、高橋（1975）をはじめ、従来の先行研究において、主に「予定や推定など、決まりやたしかさの見込みを表す用法」と「ナルホドソウイウワケダという道理の悟りを表す用法」の2種類があるとされている。そこで、以下では、先行研究にしたがい、「はずだ」を「見込み」用法と「悟り」用法との2つの用法を有する形式ととらえ、"応該"と比較しながら考察する。また、多くの研究では、「予定」「記憶」や「確認要求」などの用法を取り上げ、「見込み」用法の一部としてとらえている。この点を含めて、次の例文を見てみたい。このうち、「確認要求」については5.1節で詳述する。

(7) 彼はパーティが好きだから、明日のパーティには来る<u>はずだ</u>。
(7') 他很喜欢宴会，所以明天的宴会他<u>应该</u>来。
(8) すみません、4時に着く<u>はずだ</u>ったけど、事故があって、電車が遅れました。
(8') 对不起，本来<u>应该</u>4点到。出了交通事故，电车晚点了。
(9) ［財布が見つからなくて］
鞄に入れた<u>はず</u>だけど、あれ？ない。
(9') 我<u>应该</u>放到包里了，可怎么没有呀？

(7) は、話し手は自分の持っている「彼はパーティが好きだ」という知識を根拠にして、結論が間違いなく1つ、「彼は明日のパーティには来る」と推論している。また (8) では、話し手は自分の立てた計画を根拠にして考え、「4時に着く」予定を結論としており、「4時に着く」という結論の真である可能性がどれぐらいかを推論しているのではない。そして、(9) は、話し手は自分の記憶を探り出して、確かに「鞄に入れた」という記憶があることを結

論として出している。(9)の話し手も「鞄に入れた」記憶がどれぐらい正しいかを推論しているのではない。つまり、これらのQは、どれも話し手にとって真であり、論理的な結論であると考えられる。そして、どの場合もあくまでも話し手の推論であって、推論した時点では現実の世界で確認されていないため、これらのQは話し手にとって「見込み」であることになる。

なお、「4時に着く」こと、「鞄に入れた」ことは、論理の世界での話であるが、現実の世界ではそうではなく、食い違っている。このような現実と食い違っている文脈の中でこそ、「論理的」に推論するという「はずだ」の性質がより反映され、またより一層発揮されることを付け加えておきたい。要するに、「予定」、「記憶」というのは、文脈によって表される意味であり、どの場合も話し手はPから論理的に推論をするし、得たQは確認できていないので話し手の「見込み」であることに変わりはない。この点は後述する「確認要求」の場合も同様である。したがって、本章も「予定」「記憶」「確認要求」を一括して「見込み」用法として扱う。

一方、(7')〜(9')から分かるように、中国語の"応该"もこのような場合に使える。つまり、Pから論理的に推論して、その結論Qを話し手の「見込み」として表す「見込み」用法を"応该"も持っているのである。

次に、(10)(11)の「はずだ」は、「悟り」用法であると思われる。

(10) この部屋、寒いねえ。[窓が開いているのを見つけて] 寒いはずだ。窓が開いているよ。　　　　　　　　(『日本語文型辞典』)
(10') *这个屋子好冷啊。[看到窗户开着] 应该冷。窗户开着呢。
(11) A：彼はもとプロ野球選手だって。
　　　B：どうりで野球がうまいはずだ。
(11') A：听说他原来是专业棒球选手。
　　　B：*应该棒球打得这么好。

「窓が開いている」という根拠から論理的に推論すると、「寒い」という結論になり、また「もとプロ野球選手」という根拠から論理的に推論すると、「野球がうまい」という結論に至る。しかし、

(10) の「寒い」ことと (11) の「野球がうまい」ことは、発話時点において話し手にとってすでに分かっていることである。言い換えれば、話し手は根拠Pより結論Qのほうを先に情報として持っており、結論Qは話し手の既得知識であるということである。つまり、(10)(11) は、Qの原因であるPを発見したことによって、話し手はあらためて既得知識Qが論理的な帰結であることを悟ったという場合である。ここでは話し手が、Pから論理的に推論して新たにQを判断したのではなく、Pを知ることによりPと既得知識Qの間に「Pから論理的に推論してQになること」が成立する、つまり「論理的な推論関係」が存在すると判断したのである。

　しかし、(10')(11') を見ると、中国語の"応該"はこのような用法を持っていない。つまり、既得知識Qが論理的な帰結であることを悟ったという「悟り」用法を"応該"は持っていないのである。

　以上から、日本語の「はずだ」と中国語の"応該"の共通点と相違点は、次のようにまとめられる。

　共通点は、基本的意味が同じであることであり、相違点は、「はずだ」は「見込み」用法と「悟り」用法の2つの用法があるのに対して、"応該"は「見込み」用法しか持っていないことである。つまり、基本的意味から用法が派生するという観点から考えると、「はずだ」と"応該"は、同じ基本的意味を持ちながら用法の派生の仕方が異なっているということであろう。

4. 仮説の提示

　3節では、「はずだ」と"応該"は、基本的意味が同じであるが、用法の派生の仕方が異なっていることが分かった。では、なぜそういうことが生じるのだろうか。この場合、とりわけ「悟り」用法がなぜ日本語の「はずだ」にあって中国語の"応該"にはないのかが問題となる。本章では、このことは以下の仮説によると考える。つまり、基本的意味が同じである両形式は、PとQの論理的な推論関係を提示するか、Qが話し手の推論によるものであることを提示す

るかで違うため、用法の派生の仕方も違うと考えるわけである。仮説の内容は以下の通りである。

〈仮説〉
「はずだ」：PとQが論理的な推論関係にあれば使える。
　　　　　⇒PとQの論理的な推論関係を提示する表現。
"応　該"：話し手が実際にPから論理的にQを推論した場合のみに使える。
　　　　　⇒Qが話し手の推論によるものであることを提示する表現。

「見込み」用法では、話し手は、実際にPから論理的に推論をして結論がQになった、という推論行為をしている。それに対して、「悟り」用法では、話し手はPを発見したことによって、「Pから論理的に推論してQになる」ことが成立することを悟ったのであって、「見込み」用法のようにPから実際に推論して新たに結論Qが得られたというわけではない。つまり、「はずだ」は、PとQの論理的な推論関係を提示する表現であるため、話し手が実際にPからQを論理的に推論していてもしていなくても、PとQが論理的な推論関係にあればよいと考えられる。それゆえ、「はずだ」は、「見込み」用法と「悟り」用法の両方を持っているのであろう。

　一方、中国語の"応該"は「見込み」用法しかなく、話し手は実際にPからQを論理的に推論していなければならない。つまり、この場合のQは話し手自身が推論した結論しか表せず、"応該"はQが話し手の推論によるものであることを提示する表現であると言えよう。そのため、Qが自分の推論ではない既得知識である「悟り」用法を持っていないのである。

　以上をまとめると、日本語の「はずだ」と中国語の"応該"は、根底にある基本的意味が同じ「Pから論理的に推論してQになること」であるが、PとQの論理的な推論関係を提示するかQが話し手の推論によるものであることを提示するかが違う。「はずだ」は、PとQの論理的な推論関係を提示するので、「見込み」用法と「悟り」用法の2つの用法を有している。それに対して"応該"は、Qが話し手の推論によるものであることを提示するため、「見込み」

用法しかなく、「悟り」用法までは派生できないものと考えられる。

5.「見込み」用法における両形式の相違点

　4節で提示した仮説は、「はずだ」と"応該"の持っている用法の派生の違いから立てたものであるが、その内容は共通する「見込み」用法の中にも反映されることがあると思われる。つまり、「はずだ」の「見込み」用法においても"応該"の「見込み」用法においても、話し手は実際にPから論理的に推論してQになるというような推論をするが、その際にPとQの論理的な推論関係を提示しているのか、Qが自分の推論によるものであることを提示しているのかは、実際のコミュニケーション上違いが際立たない場合もあり、明確に現れる場合もあるというわけである。たとえば、(1)、(4)～(7)のような結論Qが求められている時の発話や、(8)(9)のような現実との食い違いがある場合は問題にならない。以下は、「見込み」用法において、それにより両形式に相違を生じさせる場合を考察する。それを通して、上記の仮説を検証したい。

5.1　確認要求文における場合

　三宅（1996）では、確認要求を「命題が真であることの確認を要求するもの」としての「命題確認の要求」と、「命題によって表される知識（情報）を聞き手が有していることの確認を要求するもの」としての「知識確認の要求」に分けている。「はずだ」が確認要求相当の機能を持つことがある点について、宮崎他（2000：152）では、「聞き手も当然それを知っているにもかかわらず、それと矛盾した言動をしているというような場合には、「はずだ」は、確認要求相当の機能を持つ」と述べている。日本語記述文法研究会（2003：161）では、「話し手が認識している過去のいきさつに反するような行動をとった聞き手を非難する用法であり、確認要求の形式「ではないか」に置き換えられる」と述べている。たとえば、次のような例文である。

　　(12) A：どういう意味よ。

　　　　B：どういう意味かは、おまえが一番よく知っているはず
　　　　　だ。
(12')A：什么意思？
　　　　B：什么意思，你应该最清楚。
(13)［遅刻した人に］
　　　　昨日、君には、集合時間を言っておいたはずですよ。
(13')昨天我应该告诉你集合时间了啊。

　(12)の「おまえが一番よく知っている」ことは、話し手が種々の状況Pによって論理的に推論した結論Qに相当する。(13)の「集合時間を言っておいた」ことは、相手が知っているべきことを忘れたことによって、自分の記憶から推論したQであると考えられる。しかし、現実は、どちらも話し手の推論Qと食い違っている。Qは、話し手にとって動かせない論理的な結論であるため、Qと食い違う現実がある場合は、その現実を作り出している聞き手を非難することになる。つまり、話し手は、聞き手になぜ食い違ったのか、すなわち、あらためて聞き手に「命題内容の知識を有していること」の確認を要求していると思われる。このように、Qが現実と食い違う(12)(13)では、明示的な確認要求形式がないが、「はずだ」が「知識確認の要求」相当の機能を持っていると言えよう。(12')(13')を見ると、この点は"应该"についても言える。
　一方、「でしょう」「よね」といった確認要求の形式を有する確認要求文においては、「はずだ」と"应该"に違いが出てくる。まず、次のような例文の場合を考えよう。

(14)［もうすぐ試験がある友達と会った時］
　　　　最近怎么样？要考试了应该很忙吧？
(14')*最近はどうですか。もうすぐ試験だから、忙しいはずでしょう／はずですよね？
(15)［共同の友人を持っている二人の会話で。その友人は大きなプログラムの責任者である］
　　　　最近他应该很忙吧？
(15')*最近、彼は忙しいはずでしょう／はずですよね？

　(14)において、話し手は、聞き手がもうすぐ試験があるという

ことから、"很忙（忙しい）"ということを推論している。このことは聞き手のことであるため、話し手は自分が推論した結論が正しいか正しくないかを聞き手に確認要求している。また、(15)においては、話し手はその友人が責任者であることから"他很忙（彼は忙しい）"ということを推論している。この場合、話し手は、"他很忙"という推論が聞き手にも共有し得る情報として、それが真であることの確認を聞き手に求めている。つまり、(14)も(15)も、話し手は自分の推論したQが真であることの確認を聞き手に要求している。したがって、「命題確認の要求」であると思われる。このような場合は、Qが話し手の推論によるものであることを提示する中国語の"应该"は使えるのに対して、日本語の「はずだ」は不自然に感じる。

　また、次のような例文もある。
(16)　［期末試験を控えている弟はテレビゲームをやっているのを見て］
　　　もうすぐ試験だから、勉強<u>忙しいはずでしょう</u>？
(16')　?马上就要考试了，你<u>应该</u>学习很忙<u>吧</u>？
(16")　马上就要考试了，你<u>不是应该</u>学习很忙<u>吗</u>？
(17)　［共同の友人を持っている二人の会話で。大きなプログラムの責任者であるその友人は仕事が忙しいにもかかわらず、休みを取って旅行に行ったのを相手から聞いて］
　　　あれ、旅行に行ったの？彼は仕事が<u>忙しいはずですよね</u>？
(17')　?什么？去旅行了？他<u>应该</u>很忙<u>吧</u>？
(17")　什么？去旅行了？他<u>不是应该</u>很忙<u>吗</u>？

　(16)と(17)は、(12)(13)と同じように、話し手が考えているあるべきQが現実と食い違っていて、その食い違う現実を作り出している(16)の弟、(17)の旅行に行った友人、を非難する場合である。この場合、話し手は聞き手に、自分が推論したQが真であることの確認ではなく、Pから論理的に推論してQになるという知識が聞き手も知っているという確認を要求している。つまり、「知識確認の要求」である。この場合は、日本語の「はずだ」が使える。それに対して、中国語のほうでは、確認要求を表す形式

"吧"を有する（16'）（17'）は、（14）（15）のように単純に話し手が推論したQが正しいかどうかを聞き手に要求する、つまり「命題確認の要求」ともとらえることができるため、"応該"だけでは「非難」のニュアンスを充分に表せない。より「非難」のニュアンスを表すためには、（16"）（17"）のように"不是…吗？（ではないか）"という反問形式の助けが必要である。

以上、確認要求の形式を有する場合の両形式の対応関係をまとめて、以下の表2のように示すことができる。

表2　確認要求の形式を有する場合の両形式の対応関係

	命題確認の要求	知識確認の要求
はずだ	× 例文（14'）（15'）	○ 例文（16）（17）
応該	○ 例文（14）（15）	△ 例文（16'）（17'） （"不是…吗？"の助けがあると、△→○。 例文（16"）（17"））

表2を見ると、「命題確認の要求」の場合は、「はずだ」が使えないのに対して、"応該"は使える。「命題確認の要求」というのは、命題が真であること、つまり話し手が推論したQが真であること、を聞き手に確認をする。したがって、Qが話し手の推論によるものであることを提示する"応該"は使えるのである。それに対して、「知識確認の要求」の場合は、「はずだ」は使えるが、"応該"だけでは非難のニュアンスが充分に表せない。「知識確認の要求」というのは、命題内容に関する知識を聞き手も有していることを聞き手に確認要求をする。ここでの知識は、Pから論理的に推論してQになること、つまりPとQは論理的な推論関係にあるということである。したがって、PとQの論理的な推論関係を提示する「はずだ」は自然なのである。

このように、「はずだ」と"応該"の確認形式を有する確認要求文における違いは、4節で立てた仮説から説明することができた。

5.2　主観性の強弱

「見込み」用法では、話し手は実際にPからQを論理的に推論している。しかし、論理的な推論と言っても、話し手が下したという点で言うと、「はずだ」にも"应该"にも主観性があると言わざるを得ない。仮説にしたがえば、"应该"はQが話し手の推論によるものであることを提示する表現であるため、その分表出している主観性が、PとQの論理的な推論関係を提示する「はずだ」より強いということが言える。以下の例文を見てみよう。

(18) A：昨日、彼は行ったのかな。もしかしたら、行ってないかもしれないね。
　　　B₁：行った<u>はずだ</u>よ。
　　　B₂：?/*分からない。行った<u>はずだ</u>よ。
(18') A：昨天，他去参加宴会了吗？
　　　B₁：<u>应该</u>去了。
　　　B₂：不知道。<u>应该</u>去了。

「はずだ」と"应该"は論理的な推論を表すため、話し手にとってQは必ず真である。そのため、「分からない」／"不知道"と共起しないと思われる。したがって、日本語の「はずだ」は「分からない」と共起しにくい。しかし、中国語の"应该"は"不知道（分からない）"と矛盾しない。それは、Qが話し手の推論によるものであることを提示する"应该"の主観性がより強いため、話し手はQが真であるかどうかは分からないと判断した後でも、もう一回Qが真であると判断し、主観性の強い"应该"を用いてそれを自分の主観的推論として提示しているのである。PとQの論理的な関係を提示する「はずだ」はこの場合には適しない。したがって、(18')のB₂は、(18)のB₂のような不自然さは感じられない。

5.3　人称制限

「はずだ」と"应该"は人称制限において違いが出てくる。たとえば、次のような例文である。

(19) <u>我／他</u>应该不会回来了。
(19') *<u>私／彼</u>はもう帰ってこない<u>はずだ</u>。

(20) 我／他应该再也不会和他那种人说话了。
(20') *私／彼はもう二度とあんな人に話しかけないはずだ。

　上の例文を見ると、意志的な行為について推論する場合は、三人称では「はずだ」も"应该"も使えるのに対して、一人称では"应该"しか使えない。自分のことを推論するのは、いくら論理的な推論であっても、他人のことよりある程度主観的に判断できる。そのため、Qが自分の推論によることを提示し、その分主観性も現われやすい中国語の"应该"は自然であるのに対して、PとQの論理的な関係を提示する「はずだ」は、より論理性が強いため、不自然になるのである。

5.4　現状を根拠として推論する場合

　「はずだ」と"应该"は、現状を根拠として推論する時に、以下のような違いが出てくる。

(21) *これだけ待っても来ないところをみると、今日は来ないはずだ。
(21') 这么等都不来，今天应该不会来了。
(22) *なんだか体がだるい。少し熱もある。私は風邪を引いたはずだ。
(22') 觉得浑身没劲儿，还有点儿发烧。我应该是感冒了。

　(21)(22)では、「はずだ」が使えないのに対して、"应该"は使える。森田（1989：952）では、「現状から事実を判断したり想像したりする場合は、「はずだ」の領域からはずれている」と説明している。また、森山（1995：174）では、「はずだ」は「現場から得た情報を直接使わないという特性を持つ」と指摘しているが、その理由には触れていない。現場で獲得した情報あるいは現状から推論する時に、他の人の推論ではなく、話し手自身の推論であることがより強く表されていると考えられる。そのため、Qが自分の推論によるものであることを提出する"应该"は使えるのに対し、論理的な推論関係を提示する「はずだ」は適切ではないのである。

　また、病院に行く時に、医者に自分の症状を訴える場合は、中国語では以下のような発話ができる。

(23) 覚得渾身没劲儿，还有点发烧。医生，我应该是感冒了吧？
(23') *なんだか体がだるい。少し熱もある。先生、私は風邪を引いたはずだろうか？

この場合は（14）（15）と同様、単純に自分が推論したQが正しいかどうかを確認要求していると考えられる。したがって、"应该"は使えるが、「はずだ」は使えない。

5.5　副詞と共起する場合

日本語の「はずだ」は、蓋然性を表す副詞「たぶん」「きっと」や、一度獲得した知識の思い起こしを表す副詞「確かに」と共起できるのに対し、中国語の"应该"は共起できない。

(24) たぶん／きっと彼は行ったはずだ。
(24') *他也许／一定应该去了。
(25) 確かに彼は行ったはずだ。
(25') *他确实应该去了。

日本語の（24）が自然なのは、話し手が2回判断していると考えられるからである。まず、話し手は「彼は行った」という命題について、あるPから論理的に推論して「彼は行ったはずだ」と判断する。これは、1回目の判断である。「はずだ」はPとQの論理的な推論関係を提示する表現であるため、1回目の判断で得た結論「彼は行ったはずだ」の表している論理的な推論関係について、話し手はまた異なるPから「［たぶん／きっと［彼は行ったはずだ］］」と2回目の判断をすることができる。このように「たぶん」「きっと」と「はずだ」は、異なるPからの異なる命題についての判断なので、矛盾が生じない。また、結果的に、「たぶん」「きっと」は、「はずだ」の持っている強い論理性を和らげることにつながる。

それに対し、中国語の"应该"はQが話し手の推論によることを提示する表現であるため、（24'）において、"也许""一定"は"他应该去了"という命題についての判断を表すと考えることができない。つまり、"也许""一定"と"应该"は、同じ命題"他去了"についての判断を表すことになる。ただし、"也许"と"一定"は、"他去了"という命題がどれぐらい真であるかという命題が真

である可能性の高低を判断し、"応该"は"他去了"という命題が論理に合っているか合っていないかという二者択一的な判断である。このような2つの判断が同時に行えないため、(24')は不自然である。

(25)(25')も同様に考えられる。「はずだ」はPとQの論理的な推論関係を提示する表現であるため、(25)では、話し手が2回判断していると考えることができる。「はずだ」は、「彼は行った」という命題についての1回目の判断であり、「確かに」は、「彼は行ったはずだ」という命題についての2回目の判断である。それに対し、"应该"はQが話し手の推論によることを提示する表現であるため、"确实"と"应该"は、同じく"他去了"という命題についての判断を表すことになる。ただし、"确实"は、"他去了"という一度獲得した知識を思い出す時に使われる表現であり、"应该"は、"他去了"が論理に合っているので真であると判断する時に使われる表現である。このような2つの判断も同時に行うことができない。したがって、(25')は不自然である。

以上のように、両形式が副詞と共起する場合の違いも仮説から説明できると言えよう。

6. まとめと今後の課題

本章は、日本語の「はずだ」と中国語の"应该"の具体的な用法を比較対照した。3節では、日本語の「はずだ」の先行研究を踏まえ、両形式の共通点は、基本的意味が同様に「Pから論理的に推論してQになること」であり、相違点は、「はずだ」は「見込み」用法と「悟り」用法の2つの用法があるのに対して、"应该"は「見込み」用法しか持っていない、つまり両形式の用法の派生の仕方が異なっていることが分かった。4節では、基本的意味から用法が派生するという立場に立ち、両形式の用法の派生の仕方の違いが、「「はずだ」はPとQの論理的な推論関係を提示する表現であるのに対し、"应该"はQが話し手の推論によるものであることを提示する表現である」という仮説によるとした。5節では、この仮説は

両形式に共通している「見込み」用法の中にも反映していると考え、両形式の「見込み」用法を具体的に比較対照することを通して、仮説を検証した。

最後に、あらためて両形式を規定すると、以下の通りである。
「はずだ」：基本的意味は「Ｐから論理的に推論してＱになること」であり、ＰとＱは論理的な推論関係にあれば使える。
　　　　　⇒ＰとＱの論理的な推論関係を提示する表現。
"応　該"：基本的意味は「Ｐから論理的に推論してＱになること」であり、話し手が実際にＰから論理的にＱを推論した場合のみに使える。
　　　　　⇒Ｑが話し手の推論によるものであることを提示する表現。

本章では、「はずだ」と"応該"の用法の対照はあらゆる場面を考察したつもりであるが、特に5節の共通する「見込み」用法における相違点については、まだ考察し切れないところがある。これを今後の課題とする。

＊1　玉地（2006）は、第5章でも挙げた。ここでは重複して挙げる。
＊2　ここからは、特に強調しないかぎり、本章の"応該"は真偽判断のモダリティを表す"応該"を指すこととする。
＊3　「当然性判断」「当然視」については本章では詳しく論じないが、筆者が事態を「当然」と見るというのは、判断の仕方つまり様式から論じなければならないと考える。本章では、「論理的」という判断の様式を考察する。
＊4　「推論」は「判断」の一種であり、「論理的な判断＝推論」と考えるが、ここでは、「論理性」を強調するため、「論理的な推論」という用語を使用する。
また、この章ではＱを「結論」として議論するが、Ｑは「当該事態」でもある。
＊5　本章の例文は、作例がほとんどであるが、先行研究の例文を変更したものもある。訳文は筆者によるものである。

第10章
日本語の「ようだ」「らしい」と中国語の"好像"

1. はじめに

「ある証拠に基づいて推定を行う」*1 という証拠性判断を表すモダリティ形式として、日本語には「ようだ」「らしい」などがあり、それと対応する中国語表現には"好像"が挙げられる。ただし、これらは対応する場合と対応しない場合がある。たとえば、(1)では、話し手は自分が現場で彼を見なかったことを根拠にして「彼は行かなかった」と推定する時に「ようだ」、他人から聞いた「(他人が)現場で彼を見なかった」情報を根拠にして推定する時に「らしい」を使うと思われる。いずれも中国語の"好像"と対応する。しかし、(2)のように、話し手が自分の記憶から「エアコンを消し忘れた」と推定する時に、中国語では"好像"が言えるのに対し、日本語では「ようだ」「らしい」が言えない。

(1) 彼は行かなかったようだ／らしい。　　　　　（作例）
　　 他好像没去。　　　　　　　　　　　　　　（筆者訳）
(2) ［部屋を出てしばらく］啊！我好像忘记关空调了。　（作例）
　　 あっ、（私は）エアコンを消し忘れた？ようだ／？らしい。
　　　　　　　　　　　　　　　　　　　　　　（筆者訳）

では、(1)と(2)はどう違うのだろうか。本章は、「ようだ」と"好像"、「らしい」と"好像"の本質的な違いを明らかにしたうえで、(1)と(2)の違いを探ってみたい。

2. 先行研究

まず、日本語の「ようだ」「らしい」については、「ようだ」が「様態」「推定」「婉曲」「比況」の4つの用法、「らしい」が「推定」

「伝聞」の2つの用法を持っている点は、先行研究でほぼ一致している。しかし、他の点における両者の違いは従来、様々な観点から取り上げられていた。

両者に根拠の違いがあるものとして、まず寺村（1984：250）は、「ラシイのほうがヨウダよりやや他から得た情報をもとに推量するとこうなるという感じが強い」としている。また早津（1988）は、判断の根拠として「間接的情報」と「直接的情報」があり、「発話主体の直接的情報に基づく判断は「ようだ」で表されることが多い」としている。そして中村（2000）は、「らしい」は「話し手によって直接知覚された感覚情報に基づく推定よりも、発話されたことや書かれたことなどの言語情報に基づく推定を表すのに使われることが多いという運用上の傾向が見られる」と指摘している。それから、工藤（2014）は、「推定の証拠となる事象のタイプには〈知覚内容〉と〈他者の発言内容〉がある」（P.288）とし、「らしい」は〈発言内容〉から推定する場合が多いのに対し、「ようだ」は〈具体的現象の知覚に基づく具体的現象の推定〉を担う傾向がある（P.290,292,294）と述べている。

一方、話し手と推定した事態との間の心的距離に違いがあるものとして、早津（1988）は、「ようだ」は「判断の対象とする事態や判断の内容を自分に近いものとして捉えようとする態度―"ひきよせ"の態度」を表すのに対し、「らしい」は「判断の対象とする事態や判断の内容を自分から一定の距離をおいて捉えようとする態度―"ひきはなし"の態度」を表すと分析している。

さらに、菊地（2000）では、「〈観察対象と判断内容の距離〉が近いと捉えればヨウダ、遠いと捉えればラシイが使われる」と指摘している。

以上のように、「ようだ」と「らしい」の違いに関する先行研究はいろいろあるが、本章は中国語の"好像"との対照を行うため、両者の違いについては必要な時にのみ言及する。

次に、中国語の"好像"に関する先行研究では、単独で題目に掲げたものはほとんど見られない。「ようだ」「みたいだ」「らしい」「そうだ」との対照を行った費（1995）[2] では、"好像"には「A、

ある事物が他の事物に類似している、あるいはある事物を比較の対象として、他の事物に譬える」、「B、推量判断或いは感覚的（直感的）な判断、明確に判定しない、婉曲な語気を表す」、「C、様態を表す」の3つの用法があるとしている*3。

それから、「ようだ」「らしい」と"好像"の対照研究については、主に上に挙げた費（1995）と中畠（2013）がある。

費（1995）では、"好像"は日本語の「ようだ」「みたいだ」「らしい」「そうだ」の4つの表現と対応するとし、この4つの日本語の表現を中国語に訳す時にさほど問題はないのに対し、逆の場合は中国人の日本語学習者にとって識別しにくく、4つの日本語表現の使い分けをはっきり把握すれば、"好像"を日本語に訳す時に難しくなくなる、という問題意識から考察を行っている。推量用法では、「中国語の「好象」は判断の根拠と主体の態度の変化とは関係ないが、日本語は現実との関わりにおける発話時の話し手の立場からした言表事態に対する把握の仕方、および、それらについての話し手の発話・伝達的態度のありかたによって、「ようだ」と「らしい」のいずれを使うかを決める」と指摘している。

また中畠（2013）は、「らしい」「ようだ」「そうだ」と"好像"を対照し、その結果を以下のようにまとめている。

（ア）　日本語の「らしい」は、意味が伝聞であるか推量であるかが文脈から解釈されるが、中国語では「听说」等を用いる伝聞と「好像」「看上去」等を用いる推量との間で形式上の区別がある。

（イ）　中国語の「好像」は、日本語では、事実の推論を表す「らしい」と様態の描写を表す「ようだ」の両方に対応する。

（ウ）　日本語の「ようだ」の婉曲用法は、中国語では直接的表現になることが多い。

（エ）　日本語の「そうだ」の予測用法には中国語の「好像」「看上去」等が対応するが、感知当事者が誰であるかにより使い分けがある。

（オ）　日本語の「〜そうに」に対応する中国語は直接的表現になることが多い。

このように、「ようだ」「らしい」と"好像"の違いはある程度考察されているが、違いを生じさせる原因はまだ明らかにされていない。したがって、本章は更に一歩踏み込んだ考察を目指し、次の3節では、その違いを生み出すもとと思われる「ようだ」と"好像"、「らしい」と"好像"の本質的な違いを明らかにする。

3. 日本語の「ようだ」「らしい」と中国語の"好像"の本質的な違い

この節ではまず、それぞれの形式が持つ用法を詳しく分析し、その次に、用法の間のつながりを見出すことを通して、「ようだ」と"好像"、「らしい」と"好像"の本質的な違いを明らかにすることを試みる。

3.1 日本語の「ようだ」と中国語の"好像"

2節でも指摘したように、日本語の「ようだ」には「様態」「推定」「婉曲」「比況」の4つの用法がある。「比況」用法は、本書のテーマとかかわりがないため、考察対象から外す。また「婉曲」用法は、後述のように、「推定」用法からの派生用法であるので、以下ではまず、中心的な用法と思われる「様態」用法と「推定」用法を考察することとする*4。たとえば、次の(3)(4)の「ようだ」は「様態」用法を表すと思われる。

(3) 女の耳の凹凸もはっきり形をつくるほど月は明るかった。深く射しこんで畳が冷たく青むようであった。　　(雪国)
盈盈皓月，深深地射了進来，明亮得連駒子耳朵的凹凸線条都清晰地浮現出来。鋪席显得冷冰冰的，現出一片青色。

(雪国1)*5

月亮十分明亮，連女人耳朵坑坑注注的地方都清晰地照出。亮光深深地射进来，鋪席冰冷地显出藍色。　　(雪国2)

月光朗澈，几乎連她耳朵的輪廓都凹凸分明。一直照進屋内，把席子照得冷森，青悠悠的。　　(雪国3)

(3') ……?鋪席好像显得冷冰冰的，好像現出一片青色。　　(筆者訳)

174　Ⅲ　真偽判断のモダリティ

……?亮光深深地射进来,铺席好像冰冷地显出蓝色。(筆者訳)
……?一直照进屋内,好像把席子照得冷森,青悠悠的。

(筆者訳)

(4) 顔のかたちやぴょろりと細い手首なんかのせいで、レイコさんの方が直子よりやせていて小柄だという印象があったのだが、よく見てみると体つきは意外にがっしりとしているようでもあった。　　　　　　　　　　（ノルウェイの森）

由于脸形和手腕细弱的关系,印象中玲子要比直子瘦削。但仔细看去,身体显得意外结实。　　　　　　　　（挪威的森林）

(4') ……?但仔细看去,身体好像显得意外结实。　　　（筆者訳）

(3) と (4) は場面を描く小説の地の文である。(3) では、明るい月が部屋に射し込んだその時の畳の様子を「冷たく青む」と描写している。「畳が冷たく青む」ことは、話し手*6 の目に映り込んだそのままの映像である。(4) も「よく見てみると」という文脈から、「体つきは以外にがっしりとしている」ことは話し手が目で観察したことであることが分かる。つまり、ここの当該事態は、実在するとも言うべき客観世界に対する話し手の受容であり、話し手が頭の中で思考を経て新たに構築した結論ではない。このことは、中国語の、客体が内部から現れる性質の描写に用いる"显得""显出""现出"などに訳されていることからも分かる。ただし、(3')(4') を見ると、中国語の"好像"はこのような「様態」用法を持っていない。

一方、次の (5)(6) の「ようだ」は話し手の「推定」を表す用法であると思われる。

(5) 「ああ、伸びたとも。もうこの頃じゃ僕とあんまり違わないようだね」　　　　　　　　　　　　　　　　　　　（痴人の愛）

"啊,是长高了。这会儿好像和我差不多高了。"　　（痴人之愛）

(6) すると玉枝は、口の中でかすかな声をたてている。人の名をよんでいるようだった。　　　　　　　　　　　　（越前竹人形）

这时,玉枝口中发出细微的声音,好像是在叫一个人的名字。

（越前竹偶）

「推定」用法においては、推定のもととする根拠が前後の文脈か

ら確認される場合が多い。(5)を見ると、「伸びた」というのは、話し手が観察したことであり、事実同然である。この観察した事実を根拠にして、話し手は「僕とあんまり違わない」という結論を引き出したと考えられる。そして、(6)の「口の中でかすかな声をたてている」ことも話し手が観察した事実であり、その声の内容や口の形などから、話し手は「人の名をよんでいる」のだと推定していると思われる。つまり、ここの当該事態は、話し手が根拠に基づき思考を働かせて頭の中で新たに構築した事態である。

また、以下の(7)(8)は、「推定」用法を表す"好像"の例文である。

(7) 憾憾走了。何荆夫的两眼红红的，好象刚刚哭过。（人啊，人）
憾憾は出て行った。何荊夫は目をまっ赤にしている。いままで泣いていたようだ。　　　　　　　　　　（ああ、人間よ）

(8) 辛小亮挠挠后脑勺，好像想不起来。　　　　　　（丹凤眼）
辛小亮は首をかしげたが思い当たらないようだった。
　　　　　　　　　　　　　　　　　　　　　　　（鳳凰の眼）

(7)の「何荊夫は目をまっ赤にしている」ことは話し手の観察したことであり、そこから話し手は「いままで泣いていた」と推定している。(8)でも話し手は「辛小亮は首をかしげた」ことを根拠にして「思い当たらない」と推定している。つまり、ここの当該事態も、話し手が根拠から新たに構築した事態である。また、(5)〜(8)の訳文を見ると、「ようだ」と"好像"は互いに対訳されている。つまり、「推定」用法を持つ点においては、両形式は共通しているのである。

さて、こうして見てくると、「様態」用法と「推定」用法は、違っていながらも連続性を示しているように思われる。話し手が観察したPをそのまま述べると、「様態」の描写となり、そこから思考を働かせて新たに構築した事態Qを述べると、話し手の「推定」になる。「様態」用法では当該事態Qは根拠Pのままだと考えられ、根拠Pと結論Qは内容的に同じであり、P＝Qである。根拠Pをそのまま結論Qとして述べているので、Qは話し手の推定によるものではない。それに対して、「推定」用法では、当該事態Qは根

拠Pから新たに構築した結論であり、当然根拠Pと結論Qは内容的に違っており、P≠Qである。そしてQは話し手の推定によるものである。

　要するに、「様態」用法と「推定」用法の共通点は、当該事態Qに根拠Pが存在すると考えられることである。相違点は、「様態」用法の当該事態Qは根拠Pのままであり、話し手の推定が入っていないのに対し、「推定」用法の当該事態Qは根拠Pに基づいた話し手の推定によるものであるという点である。

　そう考えると、日本語の「ようだ」が「様態」用法と「推定」用法の両方を持っているのは、根拠Pがあることを重視しているためではないだろうか。当該事態Qには根拠Pが存在すると考えることができれば、それが話し手の推定によるものであってもなくても使える。それに対し、中国語の"好像"に「推定」用法しかないのは、当該事態Qが話し手が根拠Pに基づき思考を働かせて新たに構築したことでなければならないからであろう。"好像"が述べる事態Qは、必ず話し手の推定によるものである。これこそ両形式の本質的な違いであると言えよう。

〈「ようだ」と"好像"の本質的な違い〉
「ようだ」：当該事態Qは、根拠Pに基づくことであれば、話し手の推定によるものであってもなくても使える。
　　　　→QにはPが存在することを重視する表現。
"好　像"：当該事態Qは話し手の推定でないと、使えない。
　　　　→Qが話し手の推定によるものであることを重視する表現。

3.2　日本語の「らしい」と中国語の"好像"

　日本語の「らしい」は従来、主に「推定」用法と「伝聞」用法の2つの用法に分けられている。次の（9）（10）は、「推定」を表す例である。

(9)「能く解るのかな」と云った。兄は父の理解力が病気のために、平生よりは余程鈍っているように観察したらしい。

（こころ）

又说:"都看得懂吗?"好象在哥哥看来,他觉得父亲生了病以后,理解力已比往常迟钝得多。　　　　　　　　(心 (2))

(10) 霧を通して騒がしい人声が聞え、「こらトラック、もう一人や二人は乗れるぞ」「なにをぐずぐずするんじゃ、もう五時半じゃ」という胴間声が聞えて来た。昨晩、僕が眠った後、広島から大勢の怪我人がここに辿りついて来たらしい。

(黒い雨)

嘈杂的人声透过晨雾传了进来。"喂,卡车上只能再坐一两个人啦!""磨蹭什么呀,都五点半啦!"一个嗓门很粗的人在喊。昨晚我睡了之后,好象从广岛来了不少受伤的人。(黑雨)

(9)において、話し手は兄が言った「能く解るのかな」という言葉を根拠にして、「兄は父の理解力が病気のために、平生よりは余程鈍っているように観察した」と推定している。(10)において、話し手は波線部の人の声が聞こえ、それを根拠にして「広島から大勢の怪我人がここに辿りついて来た」と推定している。つまり、ここの「らしい」が述べる事態は、上述の「ようだ」と"好像"の「推定」用法と同じく、根拠に基づき思考を働かせた話し手の推定である。すなわち当該事態の内容は、話し手が構築したものである。

(9)(10)の訳文を見ると、「らしい」が"好像"に訳されている。次の(11)(12)は、"好像"の例文であり、「らしい」に訳されている。(11)では、話し手は"二哥"の話を根拠にして、「まだ琴姉に打ち明けてはいない」と推定している。(12)では、話し手は「おい、あのデカイ奴はたいした体をしてるな」という言葉を根拠にして、「小彬に特別な興味をもった」と推定している。

(11) 二哥近来很倾心于琴姐,他已经向我说过。但是听他谈话,他好像还没有向琴姐表示过。　　　　　　　　(家)

二哥は近ごろ琴姉に心を傾けていると、僕に語った。しかしまだ琴姉に打ち明けてはいないらしい。　　　　　(家)

(12) "嘿,你们那个大个儿真够壮的。"他说的是小彬。他好像对小彬有特殊的兴趣。"他得有一米八五吧?"　(插队的故事)

「おい、あのデカイ奴はたいした体をしてるな」彼が言っているのは小彬のことだ。どうやら小彬に特別な興味をもっ

たらしい。「一メートル八十五はあるだろう」(遥かなる大地)
　つまり、「推定」用法を持つ点においては、「らしい」と"好像"も共通しているのである。
　一方、次の(13)(14)において、「らしい」が述べる事態は、話し手の推定によるものではないと思われる。
(13) そこは村の東南へ突き出た岬の根方の、石だらけの小さな浜である。そこで焼く煙は村のほうへひろがらないので、昔からそこが焼場に使われて来たものらしい。　(金閣寺)
　　这里是村东南山岬下濒海的一块乱石滩。据说在这儿火葬，冒的烟不会刮向村里，所以自古便被选作火葬场了。(金阁寺)
(13') ……#好像在这儿火葬，冒的烟不会刮向村里，所以自古便被选作火葬场了。　(筆者訳)
(14) もっとも最近では、紙やビニールだけの家でも建つらしいから、ぶよぶよには、ぶよぶよなりの、力学的構造というものがあるのかもしれないが……　(砂の女)
　　就在最近，听说还有用纸和塑料布造的房子呢，所以，对软不邋遢，也许有软不邋遢的力学构造吧……　(砂女)
(14') #就在最近，好像还有用纸和塑料布造的房子呢，……
　　　　　　　　　　　　　　　　　　　　　　　(筆者訳)

　(13)の「そこで焼く煙は村のほうへひろがらないので、昔からそこが焼場に使われて来たもの」ということは、話し手が独自に何らかの根拠に基づき判断したことではなく、他人から聞いた話などにより直接入手した情報である。(14)の「紙やビニールだけの家でも建つ」ことも、新聞あるいは他人などから直接入手した情報であり、話し手自身がある根拠に基づき構築した事態ではない。そのため、ここの「らしい」は中国語の"据说""听说"に訳されている。"据说""听说"は「聞いた話では、聞くところによると……」という意味であり、当該事態には話し手自身の推定がまったく入っていない。また、(13')(14')を見ると、"据说""听说"を"好像"に言い換えても文は成立する。しかし"好像"に換えると、話し手の推定になり、当該事態が必ず真であると断定できるまでの根拠はなく、「推定」として提示しているというニュアンスを帯びて

くる。よって、"好像"には「伝聞」用法がないように思われる。

このように、「推定」用法と「伝聞」用法も連続してつながっている。話し手が入手した情報をそのまま述べると「伝聞」となり、情報をもとに新たに構築した事態Qを述べると、話し手の「推定」になる。「伝聞」用法では、話し手は入手した情報Pをそのまま述べており、根拠Pと結論Qは内容的に同じであると考えられ、「ようだ」の「様態」用法と同じくP＝Qである。この時のQは話し手の推定によるものではない。それに対し、「推定」用法では、話し手は根拠Pに基づき新たに結論Qを構築し、「ようだ」の「推定」用法と同じく、PとQは内容的に異なるためP≠Qであり、Qは話し手の推定によるものである。

したがって、「推定」用法と「伝聞」用法の共通点は、両方とも当該事態Qには根拠Pがあると考えられることであり、相違点は、「推定」用法の当該事態Qは根拠Pに基づいた話し手の推定によるものであるのに対し、「伝聞」用法の当該事態Qは根拠Pのままであり、話し手の推定が入っていないということである。つまり、ここの「推定」用法と「伝聞」用法の関係は、前節の「ようだ」の「推定」用法と「様態」用法の関係と類似していると言えよう。

さて、「らしい」が「推定」用法と「伝聞」用法の2つの用法を持っているのは、根拠Pがあることを重視するからであると考えられよう。当該事態Qには根拠Pが存在すると考えることができれば、それが話し手の推定によるものであっても、そうでなくても使える。それに対し、"好像"が「推定」用法しか持っていないのは、Qが必ず根拠Pに基づき新たに構築されたことであり、話し手の推定によるものでなければならないからである。したがって、「らしい」と"好像"の本質的な違いは以下のように、「ようだ」と"好像"の本質的な違いと同様の内容としてまとめることができる。

〈「らしい」と"好像"の本質的な違い〉

「らしい」：当該事態Qは、根拠Pに基づくことであれば、話し手の推定によるものであってもなくても使える。
　　　　　⇒QにはPが存在することを重視する表現。

"好　像"：当該事態Qは話し手の推定でないと、使えない。

⇒Qが話し手の推定によるものであることを重視する表現。

　以上の「ようだ」「らしい」と"好像"の対応関係をまとめると、次の表1のようになる。

　表1 「ようだ」「らしい」と"好像"の用法の対応関係

		好像
ようだ	「様態」：PをそのままQとして述べる（P = Q）	×
	「推定」：Pから新たにQを推定する（P ≠ Q）	○
らしい	「推定」：Pから新たにQを推定する（P ≠ Q）	○
	「伝聞」：PをそのままQとして述べる（P = Q）	×

　この表を見ると、「ようだ」と「らしい」は、同じ「推定」用法を持っているように見えるが、実際には、その内実が違う。2節に挙げた先行研究では、「らしい」は「間接情報」「発言内容」から推定する場合が多いのに対し、「ようだ」は「直接情報」「具体的現象の知覚に基づく具体的現象の推定」を担う傾向があることが指摘されている*7。これにしたがって考えると、日本語においては、根拠のタイプによって推定の形式を使い分けており、どのような根拠に基づいて推定を行ったのかが重要である。それに対して、中国語では、"好像"の他に、"似乎"などの証拠性判断を表す形式があるが、以下の（15）（16）のように、"似乎"も「ようだ」の「推定」と「らしい」の「推定」の両方と対応する。

（15）杏子は克平と二人になったことで、妙に落着かなかった。歩き出すと、少し足がふらついている。ハイボールの酔がこの時になって出て来たようだった。　　　（あした来る人）
　　　只剰自己和克平俩人后，杏子不由有些不安。脚步也有点跟跟跄跄。那冰镇威士忌汽水似乎現在才攻上头来。（情系明天）

（16）その八千代の言葉から判断すると、克平にくれた先きが、それを取り返す態度に出ていることになっているらしい。
　　　　　　　　　　　　　　　　　　　　　　（あした来る人）
　　　从八千代话里听来，似乎是说给克平狗的那户人家翻脸不认帐了。　　　　　　　　　　　　　　　　（情系明天）

また、以下の例文のように、(3) (4) の「ようだ」、(13) (14) の「らしい」を"似乎"に訳せない。"似乎"も"好像"と同じく「様態」と「伝聞」の用法を持たない*8。

(3")　……?铺席似乎显得冷冰冰的,似乎现出一片青色。　（筆者訳）
　　　……?亮光深深地射进来,铺席似乎冰冷地显出蓝色。
(筆者訳)
　　　……?一直照进屋内,似乎把席子照得冷森,青悠悠的。
(筆者訳)
(4")　……?但仔细看去,身体似乎显得意外结实。　（筆者訳）
(13")　……#似乎在这儿火葬,冒的烟不会刮向村里,所以自古便被选作火葬场了。　（筆者訳）
(14")　……#就在最近,似乎还有用纸和塑料布造的房子呢,……
(筆者訳)

そのため、中国語は日本語のように根拠のタイプで推定の形式を使い分けてはいないと言える。中国語ではどのような根拠に基づくかということより、話し手が推定すること自体が重要ではないかと考えられる。

4. 本質的な違いから導かれる日中表現の相違

前節では、「ようだ」は「様態」「推定」、「らしい」は「伝聞」「推定」の2つの用法を持っているのに対し、"好像"は「推定」用法しか持っていないのは、「「ようだ」「らしい」はQにはPが存在することを重視する表現であるのに対し、"好像"はQが話し手の推定によるものであることを重視する表現である」というこれらの形式の本質的な違いによることを明らかにした。この本質的な違いは、他にもこれらの形式に違いを生じさせていると思われ、以下ではそれについて考察する。

なお、上記のコーパスの例文 (5)〜(8)、(9)〜(12) のように「ようだ」「らしい」と"好像"は互いに対訳されており、実際の多くの言語運用では、証拠性判断を行う時にQにはPが存在することを重視するか、Qが話し手の推定によるものであることを重

視するかの違いは際立たないことをここで断わっておく。

4.1 根拠の性質

　人間が判断を行う時には必ず何らかの拠り所があり、それを大きく「根拠」と考えることができる。しかし、一概に「根拠」と言っても、中身は同一ではないと思われる。木下（2013：38）では、(17)の「ようだ」「らしい」が使われた場合、「「玄関のベルが鳴った」「ドアが開く音がした」などの何らかの状況の存在が含意される」とし、また(18)の「かもしれない」「にちがいない」は、(17)と「同じ状況下で用いることができる」、「しかし、「かもしれない」「にちがいない」それ自体は、このような状況を要求するわけではない」「長い間家を留守にしたとき、留守宅のその間を「これだけ長期に家を空けたのだから」と漠然と思うときの発話にも使える」と分析している。

(17) 誰か来たようだ／らしい。　　　　　　　　（木下2013：38）
(17') 好像有人来了。　　　　　　　　　　　　　（筆者訳）
(18) 誰か来たかもしれない／にちがいない。　　（木下2013：38）
(18') 可能／一定有人来了。　　　　　　　　　　（筆者訳）

　要するに、いわゆる証拠性判断を表す「ようだ」「らしい」が根拠として使えるのは、漠然と頭の中で考えたり想像したりしたことではなく、頭の外に存在し明確にとらえられる情報・状況でなければならない。一方、蓋然性判断を表す「かもしれない」「にちがいない」は、頭の中にある漠然とした考えでも根拠として使える。この点に関しては、中国語において(17')の証拠性判断を表す"好像"と(18')の蓋然性判断を表す"可能""一定"を比べてみると、同じことが言える。

　しかしながら、コーパスの中で、"好像"には、以下のように「ようだ」「らしい」に置き換えにくい例文があり、必ずしも明確にとらえられる根拠を要求するわけではないようである。

(19) 我不能再害怕暴露自己的感情，不怕了！我好象一直在期待这样的机会，能够公开地表示对你的爱情。我该发言了！

　　　　　　　　　　　　　　　　　　　　　　（人啊，人）

第10章　日本語の「ようだ」「らしい」と中国語の"好像"　　183

自分の感情をさらけ出すことをいつまでも怖がってはいられない。もう怖くなんかない！私、ずっとこのチャンスを、あなたへの愛情を公然と表明できるチャンスを待っていたような気がする。今こそ発言しなくては！（ああ、人間よ）

(19') ……?あなたへの愛情を公然と表明できるチャンスを待っていたようだ／らしい。　　　　　　　　　　　　　　　（筆者訳）

(20) 黎江，我们一直是亲密无间的朋友，从小学到中学，我们友爱地相处了十几年。过去，我总认为，我是最了解你的，其实这次营救你"出狱"之后，我好象才真正地认识了你。
　　　　　　　　　　　　　　　　　　　　　　（轮椅上的梦）

　　黎江、おれたちはずっと変わらずへだてのない友たちだ。小学校から高校で十年以上も仲よく付き合ってきた。それで以前は、自分が一番よく君のことを理解しているつもりでいたんだ。だけど今回、君の「脱獄」を助けて、初めて本当に君という人を知ったような気がする。（車椅子の上の夢）

(20') ……?初めて本当に君という人を知ったようだ／らしい。
　　　　　　　　　　　　　　　　　　　　　　　　（筆者訳）

(21) 我怎么也忍不住琢磨，寻思。渐渐地，倒好像能从中悟出一点做人的道理。　　　　　　　　　　　　　　　　　（盖棺）

　　二人の死はわたしにいろいろなことを考えさせずにはおかない。そして、そうしているうちにだんだんと人間としてのあり方を悟ることができるような気がするのだ。
　　　　　　　　　　　　　　　　　　　　　　　　（棺を蓋いて）

(21') ……?そして、そうしているうちにだんだんと人間としてのあり方を悟ることができるようなのだ／らしいのだ。
　　　　　　　　　　　　　　　　　　　　　　　　（筆者訳）

(22) "我们好像从前在什么地方见过。"　　　　　　　　（家）
　　「あたしたちどこかでお目にかかったような気がしますのよ」　　　　　　　　　　　　　　　　　　　　　　（家）

(22') ?「あたしたちどこかでお目にかかったようだ／らしい」
　　　　　　　　　　　　　　　　　　　　　　　　（筆者訳）

(23) ［部屋を出てしばらく］啊！我好像忘记关空调了。

((2)の再掲)
あっ、(私は) エアコンを消し忘れたような気がする。
(筆者訳)

(23') ?あっ、(私は) エアコンを消し忘れたようだ／らしい。
(筆者訳)

まず、(19)〜(21)を見ると、話し手は自分の心情について推定している。自分の心情なら、外部に存在する根拠ではなく、漠然な感覚によって判断できる。また(22)(23)は、話し手はあやふやな記憶を根拠にして自分のしたことを推定している。つまり、これらの根拠は、頭の中にある漠然とした考えで、はっきりしたものではない。

では、なぜ「ようだ」「らしい」がこのような場合に使えず、"好像"が使えるのだろうか。それは、「ようだ」「らしい」においてはQにはPが存在することを重視するため、必ず明確にとらえられるPを要求し、"好像"はQが話し手の推定によるものであることを重視するため、はっきりしたPがなくてもいいと考えられるからではないか。つまり、日本語の「ようだ」「らしい」が要求する根拠と中国語の"好像"が要求する根拠は性質的に違うということであろう。

4.2　用法の派生

我々はより円滑な言語コミュニケーションを行うため、聞き手に不快感や困惑を与えないよう直接的に伝えることをせず、ぼかして表現したり、あたりさわりのない表現に切り替えたりする。たとえば、話し手には充分な根拠があり、当該事態を断定できる場合でも、あえて断定表現を使わず、不確かさを伴う推定表現を使うことはしばしばあるのである。以下の(24)〜(27)の「ようだ」と"好像"は、まさにそのように使われていると思われる。

(24)「君にはどうもよくわかってないようだけれど、人が誰かを理解するのはしかるべき時期が来たからであって、その誰かが相手に理解してほしいと望んだからではない」

(ノルウェイの森)

"你好像还没最后明白，人理解某人是水到渠成的事，并非某人希望对方理解所使然。"
(挪威的森林)

(25)「そう仰れば、まあ、そんなものですけれど。はははは。あの方は市村君と御一緒のようですから、どういう御縁故か、もし貴方が御存じならば伺って見たいと思いまして」
(破戒)

"您这么说嘛，当然也有道理。可是……哈哈，他好像常和市村先生在一起，不知为什么？您如果知道，我很想请教。"
(破戒)

(26)"你近来好像害怕我，连话也不肯跟我多说，究竟是为什么？"他半正经半开玩笑地说，一只手在玩弄旁边下垂的树枝。
(家)

「君は近ごろ、僕をこわがっているみたいだな。話もろくにしない。どういうわけさ」彼はなかばまじめで、なかば冗談みたいにそういって、そばにある枝垂れた枝を片手でもてあそんでいた。
(家)

(27)君才，我有一件事总想问问你，可总没好意思。——她说在定县时候，你找过她。她好像对你不大满意。她说是你把他们的工作领导得不好，我姑姑就是你主张——打倒的。"
(青春之歌)

君才、あなたにお聞きしたいことがあるのですけど、いつも気まりが悪くて。——道静は、定県にいたとき、あなたが、かの女を訪ねていったといってるけど。かの女はあなたに、なにか意見があるみたいなんです。かの女たちの運動に対する、あなたの指導がよくなかったって、わたしの叔母を打倒するようにいったのは——あなただって」
(青春の歌)

(24)の波線部を見ると、話し手は、聞き手へ理屈を説明しており、何らかの根拠により「君にはよくわかっていない」ことを確信していると考えられる。また(25)(26)も「どういう御縁故か」「話もろくにしない。どういうわけさ」という聞き手への説明を求める文脈から、話し手はすでに根拠を持ち、「ある方は市村君とご

186　III　真偽判断のモダリティ

一緒」「君は近ごろ、僕をこわがっている」ことを断定していることがうかがえる。さらに（27）も、波線部の文脈から話し手は何らかの根拠から「かの女はあなたに、なにか意見がある」ことを断定できると思われる。これらの例文では、話し手は何らかの根拠により当該事態を断定できるが、聞き手に不快感や困惑を与えないために、「断定」を「推定」に見せかけて、「ようだ」と"好像"を使っていると思われる。つまり、ここの「ようだ」と"好像"は、「推定」用法から派生した「婉曲」用法であると考えられる。

　しかし、次の（28）（29）の「ようだ」も「婉曲」用法であると思われるが、"好像"とは対応しない。

(28)「ところで早速だがな、十一月十七日に君は箱根へ行ったようだね。箱根で君を見たという人が居るんだがね」

(青春の蹉跌)

"我们开门见山说吧！十一月十七日你到箱根去了。有人在箱根看见你。"　　　　　　　　　　　　　　　　　(青春的蹉跌)

(28')?"我们开门见山说吧！十一月十七日你好像到箱根去了。有人在箱根看见你。"　　　　　　　　　　　　　　　(筆者訳)

(29)［時計を見て］
時間になったようですので、会議を始めましょう。　（作例）
时间到了，我们开始开会吧。　　　　　　　　(筆者訳)

(29')?时间好像到了，我们开始开会吧。　　　　　　(筆者訳)

では、(28)(29)は(24)～(27)とどう違うのだろうか。(28)では、話し手は「箱根で君を見たという人が居る」ことを根拠にして、確実に「十一月十七日に君は箱根へ行った」ことを断定できると考えられる。また(29)も、話し手は時計を見たので、それを根拠にして確実に「時間になった」と断定できると思われる。(24)～(27)と同じところは、話し手は当該事態を断定できるところである。違うところは、当該事態を断定する根拠を聞き手が知っているかどうかというところである。(28)は、刑事の話し手は「箱根で君を見たという人が居る」という根拠を犯人である聞き手に告知しており、(29)は、会議の参加者である聞き手は、司会者である話し手が時計を見たのを見たと思われる。つまり、(28)

(29)では、話し手が当該事態を断定する根拠を聞き手が知っているので、話し手は明らかに断定できるはずの当該事態を「推定」として聞き手に見せかけられない。それに対し、(24)～(27)は、話し手が当該事態を断定する根拠は聞き手が知らないと考えられるため、話し手は当該事態を「推定」に見せかけられる。
　要するに、「婉曲」用法には、(24)～(27)のようなⅠと(28)(29)のようなⅡの2種類があるということである。表2のように示すことができる。

表2　2種類の婉曲用法

Qを判断する根拠を聞き手が知っているかどうか	話し手が「断定」のQを「推定」として聞き手に見せかけられるかどうか	婉曲用法	ようだ	好像
×	○	Ⅰ	○	○
○	×	Ⅱ	○	×

　ⅠとⅡのいずれも、話し手はQを断定しており、Qを断定するにはむろん確かな根拠Pがある。「ようだ」はQにはPが存在することを重視するため、Pがあれば、Qを聞き手に「推定」として見せかけられても見せかけられなくても使える。すなわち、「ようだ」は「婉曲用法Ⅰ」と「婉曲用法Ⅱ」の両方を派生できる。しかし、"好像"は、Qが話し手の推定によるものであることを重視するため、Qを「推定」として聞き手に見せかけられないⅡの場合では使えない。すなわち、"好像"は「婉曲用法Ⅰ」しか派生できない。中国語ではこの場合は、断定する言い方をするのが普通である。ここから、中国語は、当該事態Qが話し手によるものであることを重視するが、それが「推定」によるものか「断定」によるものかをはっきり区別する言語であることもうかがえよう。
　また、以下の例文のように、「ようだ」は仮定文の前件に使うことができる。仮定文というのは、前件の事態が真である場合、後件の事態が起こるという意味であり、もちろん聞き手もそれを了解している。上で見たように、「ようだ」は、聞き手にQを「推定」として見せかけられない、すなわちQが真であるという「断定」を

そのまま提示している場合でも使える。つまり仮定文の「ようだ」と「婉曲用法Ⅱ」の「ようだ」は、Qが真である点と、聞き手もその点を知っている点で共通している。したがって、仮定文に使う「ようだ」は、「婉曲用法Ⅱ」の延長であると考えられるのではないか。

(30)「外国へ行った方が、君の仕事に少しでもいい<u>ようだったら</u>、行ったらいいと思う。そのくらいのことはして上げられるからね」　　　　　　　　　　　　　　　　　(あした来る人)

"要是去外国能多少对你的工作有帮助，我想去也可以。这点事我还是能够为你办到的。"　　　　　　　　(情系明天)

(30')?"要是去外国<u>好像</u>能多少对你的工作有帮助，我想去也可以。……"　　　　　　　　　　　　　　　　　　　(筆者訳)

(31)「はあ―尤も、佐久小県の地方を廻って、一<u>旦</u>長野へ引揚げて、それからのことですから、まだどうなるか解りませんがね、もし飯山へ出掛ける<u>ようでしたら</u>是非御訪ねしましょう」　　　　　　　　　　　　　　　　　　　　(破戒)

"是这样，到佐久小县地方转一转之后，就返回长野，其后嘛，还没有定下来，如果去饭山的话，一定去看你。"　　(破戒)

(31')?"……如果<u>好像</u>去饭山的话，一定去看你。"　　(筆者訳)

5.まとめと今後の課題

本章ではまず、「ようだ」は「様態」「推定」、「らしい」は「推定」「伝聞」の2つの用法を持っているのに対し、"好像"は「推定」しか持っていないのは、「「ようだ」「らしい」は、QにはPが存在することを重視するのに対し、"好像"は、Qは話し手の推定によるものであることを重視する」というこれらの形式の本質的な違いによることを明らかにした。次に、この本質的な違いが、「根拠の性質」と「用法の派生」において両言語の形式に相違を生じさせたことを考察した。「ようだ」「らしい」はQにはPが存在することを重視するため、必ず明確にとらえられるPを要求する。また「ようだ」はQを聞き手に「推定」として見せかけられる「婉曲用

法Ⅰ」と見せかけられない「婉曲用法Ⅱ」の両方を派生できる。それに対し、"好像"はＱが話し手の推定によるものであることを重視するため、自分の心情やあやふやな記憶などはっきりしたＰがない場合でも使え、またＱを聞き手に「推定」として見せかけられる「婉曲用法Ⅰ」にしか派生できない。

　本章は、「ようだ」「らしい」と"好像"の3形式を研究対象としたが、日本語の「そうだ」も"好像"と対応し、中国語の"似乎"も「ようだ」「らしい」と対応する。今後、「そうだ」と"似乎"も視野に入れてさらに考察を深めていきたい。

*1　この定義は、益岡（2007：145）から引用したものである。
*2　費（1995）では、"好像"ではなく、"好象"と記している。3節と4節に挙げたコーパスの例文でも中国語原文が"好象"になっているものがあり、本章では、"好象"を"好像"と同一視する。
*3　費（1995）では、"好像"の「Ｃ、様態を表す」用法を「そうだ」と比較して論じている。そのため、このＣ用法は基本的に本章の3節で言う「様態」用法ではない。"好像"と「そうだ」の比較は別稿に譲る。
*4　日本語記述文法研究会（2003：165）では、中心的な用法である認識のモダリティ形式としての「ようだ」には、「派生的な用法として、婉曲用法がある」としている。4節の記述から分かるように、本章も基本的にこれにしたがう。
*5　『中日対訳コーパス』では、訳品が複数あるものもある。『雪国』には3つの訳品がある。
*6　本章では、「書き手」を「話し手」に統一する。
*7　これはあくまでも傾向である。「らしい」は「知覚情報」に基づく場合もあり、例えば（17）がそうである。また「ようだ」も少ながらず「言語情報」に基づいて推定する場合もある。
*8　（13''）（14''）では、（13'）（14'）と同様で、"似乎"に訳すと、話し手の推定になり、当該事態が必ず真であると断定できるまでの根拠はなく、「推定」として提示しているというニュアンスを帯びてくる。

IV

評価判断のモダリティと真偽判断のモダリティのかかわり

第11章
評価判断のモダリティと真偽判断のモダリティのかかわり

1. はじめに

　第Ⅱ部と第Ⅲ部では、それぞれ評価判断のモダリティと真偽判断のモダリティの日中対照を行った。第Ⅳ部では、評価判断のモダリティと真偽判断のモダリティのかかわりを考察し、それに関する日中対照を行う。

　まず、本章では、評価判断のモダリティと真偽判断のモダリティのかかわりとして、日本語と中国語においてどのような現象があるかを明らかにする。

2. 考察

　益岡（2007）では、命題を、時空間性を有しない「一般事態」と時空間性を有する「個別事態」の2つの領域に分け、「価値判断のモダリティの対象となるのは、一般事態であり、真偽判断のモダリティの対象となるのは個別事態である」（P.20）*1 と指摘している。また、「価値判断の対象は基本的には一般事態であるが、一定の条件のもとで個別事態になる」（P.217）ことも指摘している。

(1) 無実の根拠が丁寧に説明されるべきだ。　　（益岡2007：216）
(2) どうやら、きのう法廷で無実の根拠が丁寧に説明されたようだ。　　（益岡2007：217）
(3) あすにも無実の根拠を説明すべきだ。　　（益岡2007：217）

　益岡氏は、(1)の「べきだ」が表す価値判断の対象は、「無実の根拠が丁寧に説明される」という一般事態であり、(2)の「ようだ」が表す真偽判断の対象は、「どうやら、きのう法廷で無実の根拠が丁寧に説明された」という個別事態であるとしている。そして、

(3)の「べきだ」が表す価値判断の対象は「テンスにかかわる付加語「あす（にも）」を要素として含んでいる点から、個別事態ではないかと思われる」と説明している。

　益岡氏は、評価判断のモダリティの対象については、一般事態の場合が基本的であり、個別事態の場合は一定の条件下の存在であるという位置づけをしているが、しかし、(3)のような個別事態に対して評価判断を行う例は、言語事実の中に多々ある。つまり、個別事態を対象とする時に、評価判断のモダリティと真偽判断のモダリティがかかわりを持つようになると思われる。では、具体的に、そのかかわりとして、以下の3つの現象を検討する。

2.1　評価判断のモダリティと真偽判断のモダリティの交渉

　日本語において、評価判断のモダリティを表す「てもいい」「なければならない／なくてはいけない」は、真偽判断のモダリティの意味で使われることがある*2。これについて、高梨（2010）は「条件節や理由節が共起する場合が多い」(P. 218)、「論理的な帰結として予想される事態が現実には起こっていない場合、つまり、論理と現実の間にギャップがある場合に用いられることが多い」(P. 220)と指摘している。また、森山（1997）（2000）は、「てもいい」が「論理的可能性」を表し、「なければならない」が「論理的必然性」を表すとしている。

(4)　2時間前に家を出たのだから、もう到着していてもいいのだが……*3

(4')　*两个小时之前出发的，可以已经到了啊。……

(5)　2時間前に家を出たのだから、もう到着しているはずだが……

(5')　两个小时之前出发的，应该已经到了啊。……

(6)　2時間前に出発したのなら、もう到着していなければならないのだが……

(6')　*两个小时之前就出发了的话，必须已经到了啊。……

(7)　2時間前に出発したのなら、もう到着しているはずだが……

(7') 两个小时之前就出发了的话，应该已经到了啊。……

　まず、これらの場合、当該事態は現実では起こっていないので、論理と現実の間にギャップがあると思われる。また、「てもいい」「なければならない」が真偽判断のモダリティを表すと言えるのは、(4)(6)の「てもいい」「なければならない」を(5)(7)のように、「はずだ」に置き換えられるからと考えられる。

　また、以下のように、論理と現実の間にギャップがない場合でも、「てもいい」「なければならない」は真偽判断のモダリティとして使うことができる。(8)の「てもいい」は、(9)のように「かもしれない」と言い換えることができ、(10)の「なければならない」は、(11)のように「にちがいない／はずだ」と言い換えることができる。

(8)　2時間前に家を出ているそうだから、そろそろ到着してもいい。
(8')　*两个小时之前出发的，可以快到了。
(9)　2時間前に家を出ているそうだから、そろそろ到着するかもしれない。
(9')　两个小时之前出发的，可能快到了。
(10) 2時間前に出発したのなら、そろそろ到着しなければならない。
(10') *两个小时之前就出发了的话，必须快到了。
(11) 2時間前に出発したのなら、そろそろ到着するにちがいない／はずだ。
(11') 两个小时之前就出发了的话，一定／应该快到了。

　しかし、(4')～(11')を見ると、このような現象は、中国語にはない。つまり、中国語の評価判断のモダリティ形式は、真偽判断のモダリティとして使うことができない。

2.2　評価判断のモダリティと真偽判断のモダリティの相互承接

　以下の(12)(13)のように、日本語において、評価判断のモダリティ形式と真偽判断のモダリティ形式は共起することができる。

また、その順番は「評価判断のモダリティ形式＋真偽判断のモダリティ」であり、その逆はないようである。

(12) 今日中に原稿を仕上げなければならないだろう。

(高梨 2010：217)

(13) 明日になってもいいかもしれない。　　(高梨 2010：217)

この現象に言及する研究は多数あり、高梨（2010：217）は、「評価のモダリティ形式によって表される評価は、認識のモダリティによる判断の対象となる」と説明している。また、益岡（2007：158）は、この現象は「所与の評価判断に対し真偽性を問題にし得ると解することができる」と説明している。そして、仁田（2000：87）は「「当為評価のモダリティ＋認識のモダリティ」といった統語連鎖をなすということは、当為評価のモダリティがより命題内部の要素的である、ということの現れである」と指摘している。

また、中国語にもこのような現象がある。以下にコーパスの例文を挙げる。

(14) 对于这话，我不知道应该怎样理解。也许应该理解为威胁。

(CCL コーパス)

この言葉に対して、どう理解したらいいか分からない。脅迫だと理解するべきだろう。　　(筆者訳)

(15) 我想，一个人真要做点学问的话，可能必须要有一点"呆气"，有一点疯狂的精神。　　(CCL コーパス)

本当に学問をやりたいなら、すこし「愚かさ」と狂気じみた精神を有しなければならないかもしれないと思う。

(筆者訳)

2.3　評価判断のモダリティと真偽判断のモダリティの両方の用法を持つ形式

評価判断のモダリティと真偽判断のモダリティが深いかかわりを持つことを示す現象として、その両方の意味用法を持つ形式が中国語に見られることが挙げられる。しかし、そのような形式は、日本語には見られない。第5章と第9章で見たように、日本語では「ベ

きだ」「はずだ」はそれぞれ評価判断のモダリティ、真偽判断のモダリティを表すが、中国語の"应该"は、その両方の意味用法を持つ。この問題については、次章で詳しく考察する。

3. まとめと今後の課題

　本章では、評価判断のモダリティと真偽判断のモダリティのかかわりとして、両言語においてどのような現象があるかを考察した。その結果、評価判断のモダリティと真偽判断のモダリティの交渉は日本語のみの現象であること、評価判断のモダリティと真偽判断のモダリティの相互承接は両言語とも有する現象であること、評価判断のモダリティと真偽判断のモダリティの両方の意味用法を持つ形式は中国語にのみ見られることが分かった。

　本章では、評価判断のモダリティと真偽判断のモダリティのかかわりとして、3つの現象を挙げることにとどまっており、それぞれの場合において、個別事態を判断の対象とする時に評価判断のモダリティと真偽判断のモダリティはかかわりを持つようになるという点については考究しなかった。これを今後の課題とする。

＊1　益岡（2007）は、「価値判断のモダリティ」という用語を使っており、本書の評価判断のモダリティに相当する。また、益岡氏の一般事態と個別事態に対する規定は本書の第2章（P.17）を参照。
＊2　このことについては、第12章で詳しく考察する。
＊3　(4)～(11) は先行研究（益岡2007、髙梨2010、森山1997、森山2000）の例文に基づいて、修正を加えた例文である。その中国語訳文は筆者によるものである。

第12章
日本語の「べきだ」「はずだ」と中国語の"応該"

1. はじめに

　第5章と第9章で見たように、日本語の「べきだ」と「はずだ」は、次のように両方とも中国語の"応該"に訳すことができる。
（1）　A：海外研修に行くかどうか迷っているんだ。
　　　A₁：我正在犹豫去不去海外研修呢。
　　　B：そりゃ、行くべきだよ。いいチャンスじゃないか。
　　　B₁：那応該去呀。多好的机会啊。
（2）　A：明日の展覧会、花子は行くかな？
　　　A₁：明天的展览会，花子去不去呢？
　　　B：行くはずだよ。昨日電話があったから。
　　　B₁：応該去。昨天她打来电话了。
　このように、日本語では「べきだ」と「はずだ」は、それぞれ評価判断のモダリティと真偽判断のモダリティという異なるモダリティを表しているが、中国語ではこれらが1つのモダリティ形式"応該"で表されている。つまり、第5章でも述べたように、法助動詞*1がDeonticモダリティとEpistemicモダリティの間で多義性を示すという現象は、日本語には見られず、中国語には見られるということである。
　第5章と第9章では、それぞれ「べきだ」と"応該"、「はずだ」と"応該"を比較対照した。本章では、「べきだ」「はずだ」と"応該"を対象とし、3形式の用法を比較することによって、評価判断と真偽判断の間において「べきだ」「はずだ」には多義性が見られず、"応該"には多義性が見られるのはなぜかという点について、共時的な視点から解明することを試みる。

2. 先行研究

「べきだ」「はずだ」と"应该"の3形式を扱う研究*2 としては、まず、玉地（2006）が挙げられる。玉地氏は言語類型論から出発し、"应该"に対応する「べきだ」と「はずだ」を対象とし、中国人日本語学習者の日本語モダリティ形式の習得について考察している。

また、程（2009a）は『中日対訳コーパス』を利用し、"应该"を"应该₁"（「べきだ」に相当）と"应该₂"（「はずだ」に相当）に分け、さらに"应该₁"の判断の対象となる事態の実現状態を「未実現」「既実現」「非実現」に分類し、それぞれの場合の日本語訳を数量的に調べて、"应该"に対応する日本語訳の全体像を考察している。

上に挙げたように、従来は、言語習得や対訳実態に関する研究はあるものの、評価判断と真偽判断を表すのに、なぜ日本語では「べきだ」と「はずだ」という異なる2つの形式が必要で、中国語では"应该"という1つの形式で事足りるのかという問題については触れられていない。よって、以下では、3形式の具体的な意味用法を考察し比較することで、その要因を探ることにしたい。

3. 3形式の意味用法

第5章では「べきだ」と"应该"（「べきだ」に相当する）の用法、第9章では「はずだ」と"应该"（「はずだ」に相当する）の用法を考察したが、ここではもう一度3形式の用法を確認する。

3.1 中国語の"应该"について

中国語学の先行研究では、主に"应该"には"应该₁"（「べきだ」に相当する）と"应该₂"（「はずだ」に相当する）の2つの用法があるとされてきた。たとえば、呂（1999）は"应该₁"を「道理上…でなければならない」、"应该₂"を「状況が必ずそうだろうと推定する」と定義しており、彭（2005）は"应该₁"を「Deonticモ

ダリティであり、義務を表す」、"応該₂"を「Epistemicモダリティであり、必然性を表す」としている。しかし本書は、第5章では「べきだ」に相当する"应该"にはⅠⅡⅢの3つの用法があり、第9章では「はずだ」に相当する"应该"には「見込み」用法があることを明らかにした。つまり、"应该"には4つの用法があり、本章では、それぞれを"应该ⅰ"（第5章の用法Ⅰ）、"应该ⅱ"（第5章の用法Ⅱ）、"应该ⅲ"（第5章の用法Ⅲ）、"应该ⅳ"（第9章の「見込み」用法）と称する。

　また、この分類と従来の分類の関係を述べると、次のようになる。まず、"应该ⅰ"はこれまで指摘されていない用法である。"应该ⅱ"と"应该ⅲ"は、従来の"应该₁"を2つに分けたものである。"应该ⅳ"は従来の"应该₂"である。

　"应该ⅰ"：Qがルール上のことであると提示する用法
(3)　A：明天是谁夜班？　　　　　　　　　　　　　　（作例）
　　　A₁：明日は誰が夜勤ですか？　　　　　　　　　（筆者訳）
　　　B：［看着夜班表］嗯，明天应该是花子。
　　　B₁：［夜勤表を見ながら］えっと、明日は花子さんです。
(3')　B₁：*えっと、明日は花子さんであるべき／はずです。
　　　　　　　　　　　　　　　　　　　　　　　　　（筆者訳）
(4)　按原来的计划，代表团现在应该回旅馆，六点半钟，与一位老太太共进晚餐。这位老太太年轻时与一位思想激进的中国留学生结婚，……。晚饭以后，八点半钟，他们将去剧院欣赏一台古典歌剧的演出。而次日，活动排得就更紧。
　　　　　　　　　　　　　　　　　　　　　　　　（活动变人形）
　　　スケジュールでは、この後一行はホテルに帰り、六時半にある老婦人と晩餐となっている。その老婦人は若い頃、急進的な中国留学生と結婚して……。夕食の後は、八時半からオペラ観賞と、過密スケジュールだ。　　　（応報）
(4')　……*この後一行はホテルに帰るべき／はずであり……
　　　　　　　　　　　　　　　　　　　　　　　　　（筆者訳）
(5)　这时觉新已经落了毽子，应该由淑英接着踢。淑英显出来是

一个踢毽子的能手，她一开始便吸住了众人的目光。　　（家）
このとき覚新が羽子を落したので、<u>淑英がつづいて蹴った</u>。淑英は蹴羽子がお得意と見えて、彼女が蹴りはじめると、衆目が彼女に集まった。　　　　　　　　　　　（家）

(5')　……*淑英がつづいて蹴る<u>べきだった／はずだった</u>。……
　　　　　　　　　　　　　　　　　　　　　　　　（筆者訳）

　まず、(3) の B (B₁) は夜勤表を見ながらの応答である。明日は誰が夜勤かという質問に対し、B (B₁) は、夜勤表の上では明日は花子さんになっている、と答えているだけであり、「Q が妥当である、あるいは当為である」のような評価判断をしておらず、「Q が真である」のような真偽判断もしていない。また (4) (5) は小説の叙述である。(4) の話し手*3 は、代表団一行がこの後ホテルに帰ることになっていることを、ただスケジュール上のこととして提示しているだけであり、そして (5) の話し手も、羽子蹴りの遊びルールに乗っ取って、覚新が蹴った後、淑英の順番になる場面を描写しているだけである。このように、これらの話し手は、当該事態 Q が妥当あるいは当為の事態ではなく、また真の事態でもなく、ただある種のルール上のことである、ということをそのまま提示しているのである。ここの夜勤表やスケジュール、遊びのルールを、ある種の決まっていること、すなわち広い意味での「ルール」に統一して考えることができるため、ここの"応该"は「Q がルール上のことであると提示する用法」であると言えよう。

"应该ⅱ"：Q が妥当であると主張する用法*4

(6)　一个人遇到这样的景况，<u>应该说</u>是正常的。我为老何感到欣慰。我祝愿这一对有情人终成眷属。　　　　　　（人啊，人）
　　こういうめぐりあわせは正常と言う<u>べきだ</u>。おれは何君のためにうれしく思う。そしてこのカップルが最後にはいっしょになれるよう祈る。　　　　　　　　　　　（ああ、人間よ）

(7)　回家的路上，她跑到燕宁的学校，把这件可怕的事情告诉了她，燕宁立即就批评她立场不坚定。燕宁说，校长一贯用资产阶级教育路线培养学生，<u>应该批判</u>。　　　（轮椅上的梦）

帰り道、維娜は中学に駆けこんで見てきたことを燕寧に訴えた。燕寧は、すぐに維娜を優柔不断だと決めつけ「校長は批判されて当然だ。今までずっと資産階級の教育方針に沿って生徒を教えてきたのだから」と言った。

(車椅子の上の夢)

(7') ……*校長は批判されるべきだった。……　　　　(筆者訳)

　まず、(6)では、"应该ⅰ"のように、話し手は「正常」と言うことを何らかのルール上のことであると提示しているのではないと思われる。ここの述語が動作性の弱い認識動詞"说"であるため、話し手は「正常」と言うことが実現へと要請されることではなく、それが正しく、妥当であると評価していると考えられる*5。また、(7)については、発話時に「校長が批判される」ことはすでに発生したことであり、燕寧が、それを間違っていない、すなわち妥当であると主張しているのであると思われる。既実現の事態は現実世界にすでに存在しており、発話時点でまたその実現が当為であるかどうかについては通常考えないからである。したがって、(6)(7)の"应该"は「Qが妥当であると主張する用法」であると言えよう。

"应该ⅲ"：Qが当為であると主張する用法

(8)"梅表姐，虽然环境的关系很大，但环境也是人造的。我们又何尝不可以改变环境？人无论如何应该跟环境奋斗。能够征服环境，就可以把幸福给自己争回来，"觉慧热烈地说了这些话，但是他还觉得有很多的话不曾吐出来。　　　(家)

「梅お姉さん、環境の影響は大きいけれど、環境だって人の造ったものです。改めることができないわけじゃない。いや人間はどうしても環境とは争うべきなんです。そして環境を征服してはじめて、自分の幸福をかちとることができるのです」覚慧は熱を帯びてそういったが、彼も腹にあることを全部さらけ出すわけにはゆかなかった。　　　(家)

(9)"嗬，对爸爸还真有感情！看来，你妈妈什么事也没告诉你。你也不小了，你妈妈应该把家里的事对你说说。要不，你们母女俩会产生隔阂。"　　　(人啊，人)

「ほう、お父さんが好きなんだね！お母さんは君になんにも話してないらしいな。君ももう子どもじゃないんだから、家のことは話しておく<u>べき</u>なのに。そうでないと、母子の断絶を招くよ」　　　　　　　　　　　　　（ああ、人間よ）

（8）では、「環境だって人の造ったもの」「改めることができないわけじゃない」といった文脈から、覚慧は、「人間は環境と争う」ことをただ妥当であると評価しているだけではなく、実際にQの実現が要請されているところまで言及しており、Qが当為であると主張していると思われる。つまり、話し手は聞き手が実際に環境と争うことが当為であると考えているのである。また、（9）の話し手は「お母さんは家のことを話しておく」ことが妥当であるので、実際に実現されるべきだと考えている。それは、「そうでないと、母子の断絶を招く」というくだりから分かる。したがって、これらの例文の話し手は、Qの存在が妥当であると評価しているだけでなく、そのうえでさらにQの実現が要請されているととらえ、当為であると主張しているのである。したがって、ここの"応該"は「Qが当為であると主張する用法」である。

"応該iv"：Qが真であると論理的に推論する用法
(10) 他5年前上的大学，去年<u>应该</u>毕业了。　　　　　　　（作例）
　　　　彼は5年前に大学に入学したので、去年卒業した<u>はず</u>です。
　　　　　　　　　　　　　　　　　　　　　　　　　　（筆者訳）
(11) "你怎么还有脸来找我？"我放肆地嘲笑他了。他<u>应该</u>明白我的意思。自己说过的话，写过的信还会忘记吗？　（人啊，人）
　　　「よく私に会いにこられたものね」私は思うさま嘲笑してやった。この意味は分かる<u>はず</u>だ。自分で言ったことば、自分で書いた手紙だもの、忘れるはずがない。（ああ、人間よ）

（10）の話し手は、「5年前に大学に入学したこと」から、論理上「去年卒業した」ことが真であると推論している。（11）も、話し手は「自分で言ったことば、自分で書いた手紙」であることを根拠にして、「この意味は分かる」ことが真であると論理的に推論している。この場合の"応該"は、「Qが真であると論理的に推論する

用法」であると思われる。

　以上のように、従来"応该"は"应该₁"(本章の"应该ⅱ"と"应该ⅲ"に相当)と"应该₂"(本章の"应该ⅳ"に相当)の2つの用法があるとされてきたが、実際には上記の"应该ⅰ""应该ⅱ""应该ⅲ""应该ⅳ"の4つの用法があることが分かった。

3.2　日本語の「べきだ」について

　「べきだ」については、従来は意味の面で分類されておらず、「妥当」あるいは「当為」という1つの意味の括りの中で論じられている。たとえば、高梨(2005)は「べきだ」の意味を「当該事態が妥当である」としている。郷丸(1995)は、「べきだ」を「なければならない」と一緒に「当為表現」として扱っている。しかし、第5章で考察したように、「妥当」と「当為」を区別することができ、「べきだ」には2つの用法があることが分かる。本章では、それぞれを「べきだⅰ」「べきだⅱ」と称する。

「べきだⅰ」：Qが妥当であると主張する用法
(12) 私はその規則あり気な、繰り返す運動を眺め続けた。一人になってから、こういう繰り返しが、いつも私の関心の中心であったのを思い出した。それは自然の中にあるように、人生の中にもあるべきであった。　　　　　(野火)
　　 我一直望着这反复的规则运动。我想起从我独处以来，这种反复一直是我关注的中心问题。正如自然界中有这种反复一样，人生中也应该有。　　　　　(野火)
(13) 八千代は川辺夫人との電話を切ると、よし、夏の洋服を作ってやろうと思った。この際洋服一着ぐらい作っても当然である。このくらいの出費ですめば安いものと言うべきである。　　　　　(あした来る人)
　　 给川边夫人打完电话，八千代心想，也罢，就做一件夏令衣服好了！现在也该做一件了，只花这一笔钱应该说还算是便宜他的。　　　　　(情系明天)
(12)の述語動詞は存在詞の「ある」であり、状態を表すもので

あるため、話し手がQの実現が当為であると主張していることは考えにくい。また、(13) のQの述語動詞「言う」は、"应该ⅱ"の (6) と同様に動作性の弱い認識動詞である。動作性が弱いため、具体的な動作がなく、話し手はQが実現へと要請されているというところまでは主張しにくく、Qが妥当であると主張するにとどまっていると思われる。つまり、ここの話し手はQが妥当であると評価しているのである。したがって、ここの「べきだ」は「Qが妥当であると主張する用法」であり、"应该ⅱ"と対応しているのである。ただし、「べきだ」は、"应该"の (7) のようにQが既実現の場合には使えない。

「べきだⅱ」：Qが当為であると主張する用法
(14)「こうなったらもう、通信隊の野津大尉に紹介状を書いてもらって、宇部炭鉱へ直接交渉に行くべきです。石炭統制会社が無くなった以上、統制令にしたがっているわけには行かんでしょう」　　　　　　　　　　　　　　　　（黒い雨）
　　"如果要去，那就应该找通讯队的野津上尉，请他给开一个介绍信，直接到宇部煤矿去办交涉。既然煤炭专卖公司已经没有了，那就用不着再按管理条例办事喽！"　　（黑雨）
(15)「あなたは誰かとまた恋をするべきですよ。こんなに素晴らしいのにもったいないという気がしますね」（ノルウェイの森）
　　"你应该重新恋爱。要不然真觉得有点可惜，这么好的感受性。"　　　　　　　　　　　　　　　　　　　（挪威的森林）

(14) の話し手は、「宇部炭鉱へ直接交渉に行く」ことがただ妥当であると評価しているのではなく、その実現が切実に要請され、つまりQが当為であると主張している。また、(15) の話し手も、「あなたは誰かとまた恋をする」ことが妥当であると評価しているだけではなく、その実現が要請されており、Qが実際に当為することであるととらえている。つまり、ここの話し手がQの実現に言及し、主張しているのは、Qの妥当性ではなく、当為性であると思われる。したがって、ここの「べきだ」は、「Qが当為であると主張する用法」であり、"应该ⅲ"と対応していると考えられる。

以上のように、「べきだ」は「Qが妥当であると主張する用法」と「Qが当為であると主張する用法」があることが分かる。

3.3 日本語の「はずだ」について

「はずだ」は、第9章で述べたように、「見込み」用法と「悟り」用法の2つの用法がある。本章では、それぞれを「はずだⅰ」「はずだⅱ」と称する。

「はずだⅰ」：Qが真であると論理的に推論する用法
(16)「風呂にはいりませんか、風呂に。汽車に乗って来たのなら、ひと風呂浴びて、さっぱりした方がいい。もう沸いている<u>はず</u>です。おはいりなさい。燃して上げよう」
(あした来る人)
"不洗个澡？洗个澡！坐火车来的，最好还是洗个澡，舒展一下。水<u>该</u>开了，这就请进，我来烧。" (情系明天)
(17) 時差は4時間あるから、日本時間のちょうど正午に着く<u>はずだ</u>。 (作例)
时差是4个小时，<u>应该</u>在日本时间的正午到达。 (筆者訳)

(16)は、話し手は何らかの根拠によって、お湯が「もう沸いている」ことが真であると論理的に推論している。(17)も、数字の計算による推論であり、話し手は「日本時間のちょうど正午に着く」ことが真であると推論している。したがって、この場合の「はずだ」は、"应该ⅳ"と同様に「Qが真であると論理的に推論する用法」であると考えられる。

「はずだⅱ」：Qが論理的な帰結であると悟る用法
(18) この部屋、寒いねえ。［窓が開いているのを見つけて］寒い<u>はずだ</u>。窓が開いているよ。 (『日本語文型辞典』)
＊这个屋子好冷啊。［看到窗开着］<u>应该</u>冷。窗户开着呢。
(筆者訳)
(19) A：彼はもとプロ野球選手だって。 (作例)
A'：听说他原来是专业棒球选手。 (筆者訳)

　　　　B：どうりで野球がうまいはずだ。
　　　　B'：*应该棒球打得这么好。
　一般に、「窓が開いている」という根拠から論理的に推論すると「寒い」という結論になるのは自然であり、また、「もとプロ野球選手」という根拠から論理的に推論すると「野球がうまい」という結論が得られる。しかし、(18)(19)では、話し手は根拠より結論Qのほうを先に情報として持っている。つまり、これらの場合の結論Qは既得知識であり、Qの根拠を発見したことによって、話し手はあらためて既得知識Qが論理的な帰結であることを悟ったのである。したがって、ここの「はずだ」は、「Qが論理的な帰結であると悟る用法」である。
　このように、「はずだ」は「Qが真であると論理的に推論する用法」と「Qが論理的な帰結であると悟る用法」があるのである。
　以上、3形式の用法をまとめると、表1のようになる。

表1　3形式の意味用法の対応関係*6

	意味用法	应该	べきだ	はずだ
Ⅰ	Qがルール上のことであると提示する	应该ⅰ	×	×
Ⅱ	Qが妥当であると主張する	应该ⅱ	べきだⅰ	×
Ⅲ	Qが当為であると主張する	应该ⅲ	べきだⅱ	×
Ⅳ	Qが真であると論理的に推論する	应该ⅳ	×	はずだⅰ
Ⅴ	Qが論理的な帰結であると悟る	×	×	はずだⅱ

4. 分析

　表1を見ると、"应该"、「べきだ」、「はずだ」の3形式には、合計Ⅰ～Ⅴの5つの用法があることが分かる。本節では、まず、この5用法の意味関係を分析する。その次に、5用法の意味関係と3形式の関係を見ることによって、2節で提起した問題の答えを探ってみたい。

4.1　5用法の意味関係

表1から分かるように、Ⅰ～Ⅴの5用法は、すべて話し手の事態Qに対するとらえ方によって分けられた用法であり、また、日本語においても中国語においても同じ形式で表すことがあるので、その間には何らかのつながりがあると予想される。

まず、Ⅰの「Qがルール上のことであると提示する用法」であるが、この用法において、話し手は当該事態Qについて、妥当か当為かのような評価判断、そして真か偽かのような真偽判断を一切行っておらず、単純にQをルール上のこととしてそのまま提示している。

しかし、Qはルール上のことなので、当然Qが妥当性を帯びることがあり得る。したがって、話し手は、Qが妥当であると評価することができる。この場合は、Ⅱの「Qが妥当であると主張する用法」である。つまり、Ⅱの話し手は、Qがルール上のことであることからQが妥当であると判断しており、用法Ⅰの持っている意味は用法Ⅱの根拠になっていると言えよう。したがって、用法Ⅱは、用法Ⅰと因果関係で結ばれており、用法Ⅰからの派生用法であると考えられる。

さらに、用法ⅡにおけるQが妥当性を帯びることで、現実世界ではその実現が切実に要請されることもあり、話し手はQの実現まで言及し、Qが当為であると評価することもできる。この場合、Ⅲの「Qが当為であると主張する用法」となる。話し手はQがルール上のことであることからQが妥当であると判断するにとどまらず、Qが妥当なので実現すべきだと判断しているため、用法Ⅱの意味は用法Ⅲの根拠になっている。よって、用法ⅡとⅢの関係も因果関係であり、用法Ⅲは用法Ⅱの派生用法であると言える。ここまで述べたことをまとめると、用法Ⅰ、Ⅱ、Ⅲの意味は、「Qがルール上のことなので妥当である、また妥当なので当為である」のように一連の因果関係になっており、用法Ⅱは用法Ⅰの派生用法であり、用法Ⅲは用法Ⅱの派生用法であることが分かった。

一方、Qがルール上のことなので、現実世界でQが真であることがあり得る。したがって、Qの真偽が問題になる場合、話し手は

Qがルール上のことであることからQが真であると推論することができる。推論の基づく根拠はQがルール上のことであるということなので、この推論はルールにしたがっての推論、すなわち論理的推論であると言えよう。したがって、この場合は、Ⅳの「Qが真であると論理的に推論する用法」になる。用法Ⅰの持っている意味は、用法Ⅳの根拠になっているので、用法ⅠとⅣの関係も因果関係であり、用法Ⅳは用法Ⅰの派生用法であると考えられる。

次に、用法Ⅴの「Qが論理的な帰結であると悟る用法」では、話し手は、根拠を発見することによって、既得知識のQの在り方が論理的であると判断している。根拠からQが真であると推論する用法Ⅳとは異なり、用法Ⅴの話し手はQを既得知識として先に持っており、Qが真であることが用法Ⅴの判断の前提である。つまり、用法Ⅴは、用法Ⅳを前提として成り立っている用法なのである。したがって、用法Ⅴは用法Ⅳからの派生用法であると考えられよう。これらのことをまとめると、用法Ⅳは用法Ⅰの派生用法であり、また用法Ⅴは用法Ⅳの派生用法であるが、用法ⅣとⅤの派生関係は、判断の前提にかかわるもので、他の用法間のような因果関係によるものではないことが分かった。

以上を総合的に見ると、用法ⅡとⅢは、Qについてそれぞれ妥当である、当為であると評価しているので、両方とも評価判断の用法であるとまとめて考えることができる。また、用法ⅣはQの真偽について判断しているので、むろん真偽判断の用法である。用法Ⅴに関しては、Qの在り方が論理的であると判断したことを、Qの在り方が論理的であることの真偽について判断していると理解することができるので、用法Ⅳと同様に真偽判断の用法であると考えることができる。したがって、用法Ⅰ～Ⅴの意味関係は次頁の図１のようになる。

つまり、Qがルール上のことであることをそのまま提示する用法Ⅰが基本用法であり、そこからQについての評価判断と真偽判断という２つの派生ルートがあるということである。評価判断のほうには、用法Ⅱが派生し、さらに用法Ⅱから用法Ⅲが派生する。また真偽判断のほうでは、用法Ⅳが派生し、さらに用法Ⅳから用法Ⅴが

```
   提　　示              判　　断
                  ┌─────────┐    ┌─────────┐
                  │   II    │    │   III   │
              ┌──▶│ Qが妥当である │══▶│ Qが当為である │
              │   │ と主張する  │    │ と主張する  │
              │   └─────────┘    └─────────┘
┌─────────┐  │                評価判断
│    I    │  │    ─────────────────────────
│Qがルール上のこと│──┤                真偽判断
│であると提示する │  │   ┌─────────┐    ┌─────────┐
└─────────┘  │   │   IV    │    │    V    │
              └──▶│ Qが真であると論理 │══▶│ Qが論理的な帰結で │
                  │ 的に推論する  │    │ あると悟る   │
                  └─────────┘    └─────────┘
```

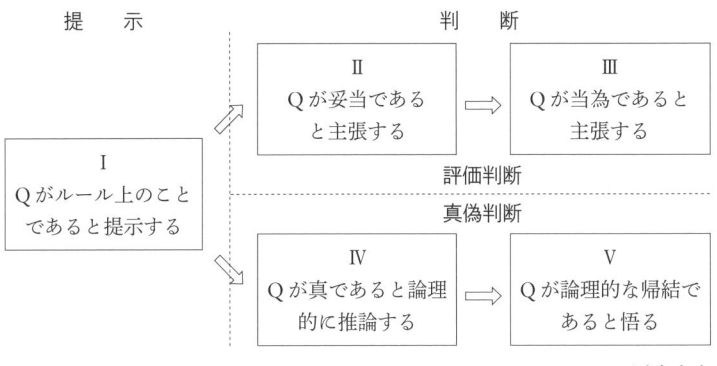

⇒：派生方向

図1　I〜Vの意味関係

派生する。以上のような派生関係から、用法Iは、5用法の中で、派生のもとである基本用法であることが明らかである。

4.2　なぜ「べきだ」「はずだ」には多義性が見られず、"応該"には多義性が見られるのか

4.1節では、図1のように、用法Iが基本用法であり、そこから評価判断の用法と真偽判断の用法が派生することが分かった。すなわち、評価判断の用法と真偽判断の用法の双方は、派生のもとが用法Iであり、用法Iはこの2つの用法を仲介しているのである。では、日本語の「べきだ」「はずだ」と中国語の"応該"は、図1のような意味用法の関係の中で、どのように分布しているのか。このことについては、以下の表2のようにまとめられる。

表2　5用法における日中語形式の分布＊7

意味用法	V	⇐ IV	⇐ I ⇒	II ⇒	III
中国語	×	応該iv	応該i	応該ii	応該iii
日本語	はずだii	はずだi	×	べきだi	べきだii

⇒：派生方向

　中国語の"応該"は、用法I、評価判断の用法IIとIII、そして真偽判断の用法IV、の4つの用法があるのに対し、日本語では、「べきだ」は評価判断の用法IIとIIIしか持っておらず、「はずだ」も真

偽判断の用法ⅣとⅤしか持たない。評価判断の用法と真偽判断の用法は、基本用法Ⅰから派生したものであり、"応該"はⅠの用法を持っているので、中国語の"応該"の基本用法は"応該ⅰ"であり、そこから評価判断の用法（"応該ⅱ"と"応該ⅲ"）と真偽判断の用法（"応該ⅳ"）が派生すると考えることができる。したがって、中国語では"応該"の1つの形式で両方の用法を表せるのである。それに対し、日本語では「べきだ」と「はずだ」のどちらも、両方の用法をつなぐはずのⅠの用法を持っていないので、評価判断の「べきだ」は、真偽判断の用法まで派生できず、真偽判断の「はずだ」も、評価判断の用法まで派生できない。それゆえ、日本語では、評価判断と真偽判断の2つの意味を表すのに、「べきだ」と「はずだ」の2つの形式が用いられるのである。

　また、1つの形式が複数の用法を持つ時に、その用法の間には何らかのかかわりがあることが容易に考えられる。以上の考察によって、"応該"が持つ評価判断の用法と真偽判断の用法の間には、Ⅰによってつなげられているというかかわりがあることが分かった。したがって、本章のこの考察結果は、1つの形式が持つ用法の間には何らかのかかわりがあることを証明したとも言えよう。

5. まとめと今後の課題

　本章では、評価判断と真偽判断を表すのに、なぜ日本語では「べきだ」と「はずだ」という異なる2つの形式が必要で、中国語では"応該"という1つの形式で事足りるのか、という問題意識から、これらの3形式を比較対照して検討してきた。まず、第5章と第9章の考察結果に基づき、3形式の意味用法を確認した。次に、3形式が持っているⅠ～Ⅴの合計5つの用法の関係を分析した。その結果、評価判断と真偽判断の用法をつないでいる基本用法Ⅰが"応該"にはあるが、「べきだ」と「はずだ」にはなく、それこそが日本語では現に2つの形式が必要となる要因であることが明らかになった。

　本章は、日本語の法助動詞はなぜ多義性を持っていないのか、中

国語の法助動詞はなぜ多義性を持っているのかという問題について、「べきだ」「はずだ」"応该"の3形式を通して共時的な視点から考察をしたが、それぞれの言語の中での歴史的な考察は、今後の課題とする。さらに他の語にも対象を広げ、より幅広く考察していきたいと考える。

＊1　第5章でも述べたように、本研究は「べきだ」「はずだ」と"应该"を法助動詞として扱う。
＊2　玉地（2006）と程（2009a）は第5章で「べきだ」と"应该"の2形式を扱う研究として挙げたが、ここでは再掲することとする。
＊3　ここは小説の叙述なので、本当は書き手であるが、「話し手」と統一する。以降も同様。
＊4　「妥当」と「当為」の区別は第5章を参照。
＊5　詳しく第5章を参照。
＊6　表1のⅠⅡⅢは、第5章のⅠⅡⅢと同様のものである。
＊7　表2の矢印の方向は、用法Ⅰ～Ⅴの間の派生方向である。"应该"と「はずだ」の用法間の派生関係は、矢印の方向通りである。「べきだ」の用法間の派生関係は「べきだⅰ→べきだⅱ」であり、表2の矢印の方向と逆である。詳しくは第5章を参照。

V
様々な日本語表現と対応する中国語の"会"

第13章

中国語の"会"について
「能力」「長じている」以外の意味を対象に

1. 背景

本書が使用する『中日対訳コーパス』では、少例ではあるが、様々な日本語表現と対応する中国語の"会"の例文がある。

(1) 父亲隐隐约约地预感到这两次极端相似的破碎之间有一种内在的必然性联系。这件事情与那件事情碰到一起，还会出现第三个情景。　　　　　　　　　　　　　　　　　（红高粱）
この二つのよく似た出来事の間には、目には見えないけれど深いつながりがある。二つの出来事がぶつかりあえば、もう一つの出来事が見えてくるはずだ。父はなんとなくそう感じた。　　　　　　　　　　　　　　　　（赤い高粱）

(2) 在过了几十年之后来看中国人民民主革命的胜利，就会使人们感觉那好象只是一出长剧的一个短小的序幕。　　（金光大道）
何十年もたってから、中国の人民民主主義革命の勝利をふりかえってみれば、それはちょうど長い芝居の小さな序幕にすぎないような感じがするにちがいない。　　　（輝ける道）

(3) 虽然病魔把我困在木轮椅里，虽然前面的生活中还会有泥泞和坎坷，但是，我不能让它们困住我的双手和我的心。
　　　　　　　　　　　　　　　　　　　　　　（轮椅上的梦）
私は車椅子から立ち上がることはできないし、これからも色々な障害に出会うだろうが、それでも私の両手と心は誰にも縛り付けられない。　　　　　　　　（車椅子の上の夢）

(4) 燕宁沉不住气，焦急地说："黎江，要不咱们先去找维嘉想想办法吧，他是红卫兵司令部的人，会知道得多一些。"
　　　　　　　　　　　　　　　　　　　　　　（轮椅上的梦）
燕寧は焦りをおさえきれない。「維嘉のところに行って相談

217

したらどうかな？紅衛兵の司令部にいるんだから、もっとよく知ってるかもしれないよ」　　　　　（車椅子の上の夢）

このように、"会"と対応する「はずだ」「にちがいない」「だろう」「かもしれない」などの形式は、真偽判断のモダリティを表す形式であるため、この"会"を本書の「判断のモダリティ」という考察の枠組みの中に入れてもよさそうである。したがって、対照研究ではないが、なぜこの"会"が様々な日本語表現と対応し得るのか、この"会"は一体どういうものなのか、について考察する必要があると思われる。

2. "会"の意味用法と本章の考察対象

中国語の"会"の意味用法については、従来、次のように大きく3類に分けられている。

Ⅰ類　(5)　花子会汉语。
　　　　　　花子は中国語ができる。*1
　　　(6)　花子会说汉语。
　　　　　　花子は中国語を話せる。
Ⅱ類　(7)　花子很会过日子。
　　　　　　花子はとてもやりくりが上手だ。
　　　(8)　花子真会说话。
　　　　　　花子は本当に口がうまい。
Ⅲ類　(9)　花子小时候周末经常会去奶奶家。
　　　　　　花子は子供の時、週末になるとよくおばあちゃんの家に行っていた。
　　　(10) 明天要是不下雨，花子可能会来学校。
　　　　　　明日は雨が降らなければ、花子は学校に来るかもしれない。
　　　(11) 温度降到零度时，水会结成冰。
　　　　　　温度が零度まで下がった時に、水は氷になる。

Ⅰ類の"会"には、(5)のような本動詞の"会"と(6)のような助動詞の"会"があり、両方とも「できる、…する能力がある」

という意味を表す。この「能力」の"会"は、"会"の最も基本的な用法で、中国語学では"能"や"可以"などの形式と一緒に「可能表現」として扱われ、それらの使い分けがよく議論されている。また、中日対照研究では日本語の可能表現「れる・られる」「できる」との相違についてもよく取り上げられているが、「能力」という意味を表す点に関しては、従来の研究では論争がないようである*2。

Ⅱ類の"会"は、助動詞であり、「～長じている、上手にできる」という意味である。Ⅰ類の"会"からどのように派生したかについては諸説あるが、Ⅰ類の"会"の派生用法である点、また「～長じている、上手にできる」という意味を表す点では従来、意見が一致しているようである。本章はⅡ類の"会"を直接には扱わない。

Ⅲ類の"会"は、Ⅱ類の"会"と同様に助動詞であり、1節に挙げた"会"であると思われる。しかし、次節で詳細に紹介するが、従来の諸説では、Ⅲ類の"会"に対する見解がまちまちであった。そこで本章は、この様々な日本語表現と対応するⅢ類の"会"を考察対象とし、Ⅲ類に属するすべての"会"を統一的に説明し、その本質を明らかにすることを目的とする。またそのうえで、Ⅰ類の"会"とⅢ類の"会"の関係についても考えてみたい。

3. Ⅲ類の"会"に関する先行研究

Ⅲ類の"会"を中心に取り扱っている先行研究は、管見のかぎり、王(暁凌)(2007)のみである。王(2007)は、時間軸を未来、現在、過去に分け、当該事態がそれぞれの時間領域に発生する時の"会"の使用条件を分析し、「未来に使う時は条件がないが、過去に使う時は非現実を表す6種類の形式と共起することが前提であり、現在に使う時はほとんど疑問文と否定文に使われる」*3 と指摘している。また、「"会"の基本的な意味特徴は非現実性である」としているが、その内実については明言されておらず、それと各時間領域の使用条件とのかかわりも充分に説明されていない。

また、魯(2002)は"能"との対比を行い、"会"の語義を"会

1：動作主の技能を表す"、"会2：現実に存在する必然性を表す"、"会3：主観的に未知のことを推測する"の3つに分類している。次の（12）の"会"を"会2"とし、「現実に反復して現れる状況」を表すとしているが、書き手が当該事態を推測する場面でも（12）のような文が考えられ、つまり（12）の"会"を"会3"と考えてもよいとも思われる。どちらかと判断するのは文脈とかなり関係がある。また（13）の"会"を"会3"としているが、"会"を取り除いても推測の意味は消えず、文も成立する。推測の意味は"会"が担っているというより、"不見得"が表しているのではないか。魯氏の"会2""会3"の意味は文脈によって託された意味であり、"会"の本来の意味ではなく、2つの意味の奥に文脈に影響されないもっと本質的な意味が"会"にあるのではないか。

(12) 秦静从心里瞧不起谁她就会用腼腆和胆怯的方式与之拉开距离。　　　　　　　　　　　　　　　　　　　　　(魯2002)
　　　秦静は誰かを軽蔑するようになると、恥ずかしいふりをしたりそっけない態度を取ったりしてその人と距離を置く。
　　　　　　　　　　　　　　　　　　　　　　　　　　(筆者訳)

(13) 其实你们即便请我，我也不见得会去。　　　　(魯2002)
　　　実際は招待されても行くとは限らない。　　　(筆者訳)

なお、Ⅲ類の"会"に少ないながら一言触れているものもいくつかある。それらは、主に"会"が命題を表すかモダリティを表すかで見解が分かれている。命題とする李（幸禧）(1991)では「"会"が後続するのは未実現の事柄であり、アスペクトを表す」「"会"の帯びている「可能性」は、その動作の未然性から生じるものではないか」とし、"会"を命題階層に位置づけている。"会"をモダリティとして扱う大河内（1980）では「「会」の助動詞としての可能は推量に通じている」とし、相原（1997：34）では"会"には「可能性・蓋然性＝possibilityを表す使い方がある」と指摘し、また玉地（2005）では「助動詞「会huì／〜だろう」が蓋然語気を表す成分を担う」と説明している。

上を見ると、Ⅲ類の"会"について、従来の研究では説明が不充分であり、また命題を表すかモダリティを表すかの点で一致を見ず、

"会"の本質がよく見えてこない。以下、本章は「仮説を立て検証する」という方法を用い、すべてのⅢ類の"会"を統一的に説明し、Ⅲ類の"会"の本質を明らかにすることを試みる。

なお、特に説明しないかぎり、以下の"会"はⅢ類の"会"を指すこととする。

4. "会"の本質に関する仮説

"会"は助動詞であり、(9)～(11)のように"去""来""结成"などの動詞が後続するのが一般的であると思われる。しかし、筆者が『日中対訳コーパス』を調査したところ、形容詞が後続する例文があった。

(14) 人们常说，为人不做亏心事，半夜敲门心不惊。我完全不是这样。心里没有鬼，脸也会红，心也会跳。　　　(人啊，人)
人はよく、心にやましいところがなければ、夜中に戸をたたかれても驚かないと言う。私は全くちがう。やましいところがなくても、顔が赤くなり、心臓がどきどきする。
　　　　　　　　　　　　　　　　　　　　　(ああ、人間よ)

(14') ……心里没有鬼，脸也红，心也跳。　　　　(筆者訳)

(15) 不过如果那时候说，也可以到儒勒・凡尔纳的"神秘岛"去插队，我想我的积极性会更高。　　　(插队的故事)
しかしもしあの時ジュール・ヴェルヌの『神秘の島』に行ってもよいと言われたら、私の積極性はもっと高まっていただろう。
　　　　　　　　　　　　　　　　　　　　　(遥かなる大地)

(15') ……我想我的积极性更高。　　　　(筆者訳)

(16) "你给我铺那么厚，怎么会冷呢。""不用你管，等天暖和了再节省着烧。"　　　(金光大道)
「あんなにぶ厚いもの敷いてもらってんだ、寒くなんかねえよ」「あんたは気にしなくていいの、暖かい日には節約すっから」
　　　　　　　　　　　　　　　　　　　　　(輝ける道)

(16') *"你给我铺那么厚，怎么冷呢。"……　　　　(筆者訳)

普通動詞述語文に使う助動詞は、形容詞述語文においてどのよう

な働きをするのか。またさらに観察すると、(14')(15')のように"会"がなくても文が成立する場合もあり、(16')のように"会"がないと非文になる場合もある。以下、まず普通の形容詞述語文*4、つまり助動詞の"会"がない形容詞述語文からその糸口を探る。

形容詞は普通、次の(17)のように事物の性質、状態または心情、感情などを表す。

(17)［冬の季節、ちょうど雪が降っている時に南国出身のBが雪国出身のAの故郷を初めて訪ねる、二人は雪景色の中にいる］
　　A：我们这儿的冬天经常下雪，<u>很漂亮吧</u>？
　　　　ここでは冬によく雪が降ります。<u>とてもきれいでしょう</u>？
　　B：是啊，我明年冬天还想来。
　　　　そうですね。来年の冬また来たいですね。

(17')［場面は同上］
　　A：*我们这儿的冬天经常下雪，<u>会很漂亮吧</u>？
　　B：是啊，我明年冬天还想来。

(17)の場面は雪景色の中であり、AとBの2人とも雪景色の中にいる。Aは「現在ここの風景がきれいである」ことについてBに同意を求めている。同じ場面で"会"を使うと、(17')のように非文になる。しかし次の場面に設定すると、"会"が使えるようになる。

(18)［冬ではない季節に、南国出身のBが雪国出身のAの故郷に初めて訪ねる］
　　A：我们这儿的冬天经常下雪，下雪的时候会很漂亮。
　　　　ここでは冬によく雪が降ります。雪が降ると、<u>とてもきれいになります</u>。
　　B：那下次，我冬天的时候再来。
　　　　じゃ、冬の時にまた来ます。

(18)の場面は、雪景色の中ではなく、雪がない季節である。Aは「雪が降るという条件のもとで、ここがきれいになる現象が起こる」ということをBに説明している。(17)と(18)を比べて考え

ると、(17) のＡは発話時現在ここの風景の性質が"很漂亮"であることを述べているのに対し、(18) のＡは雪が降るという条件を満たすと、ここは"很漂亮"の性質を持つ風景が現象として起こるということを述べているのである。したがって、なぜ形容詞述語文に助動詞の"会"を使うことができるかを考えると、それは形容詞述語文に、「ある条件のもとで」という文脈を加える時に、その形容詞が表している事物の性質、状態が現象として新しく生起するという意味が生じたからではないかと考えられる。つまり、"会"がない普通の形容詞述語文は、事物の性質や状態を描くのに対し、"会"で述べる形容詞述語文は、ある条件のもとでその形容詞が表す事物の性質、状態が現象として生起することを述べるのである。

　しかし、形容詞が表す事物の性質、状態が現象として生起することを背後に想定できる時は、"会"の使用が必ずしも要求されるわけではない。現象が生起しても、そのことを述べなくてはいけないということはない。たとえば、(18) と同じ場面の (18') は、雪が降るという条件を満たした後、風景が"很漂亮"であることを述べていると考えられ、"会"は必要ではない。

(18')〔場面は同上〕
　　Ａ：我们这儿的冬天经常下雪，下雪的时候很漂亮。
　　　　ここでは冬によく雪が降ります。雪が降る時はとてもきれいです。
　　Ｂ：那下次，我冬天的时候再来。
　　　　じゃ、冬の時にまた来ます。

　要するに、形容詞述語文は「ある条件のもとで」という文脈を加えた時に、"会"で述べると、その形容詞の表す性質、状態が現象として生起することを述べるのであり、"会"を使わずに述べると、条件を満たした後のその事物の性質、状態を描くのであると考えることができる。

　したがって、コーパスの (14) 〜 (16) は (18) と同様だと考えられる。それぞれ「やましいところがなくても」「もしあの時ジュール・ヴェルヌの『神秘の島』に行ってもよいと言われたら」「ぶ厚いもの敷いてもらっている」という条件のもとで、「顔が赤

第13章　中国語の"会"について　　223

い」「積極性が高い」「寒い」ことが現象として生起することを述べていると思われる。また（14'）（15'）は（18'）と同様であり、現象の生起は背後にあるが、そのことを述べなくても（14）（15）と同じ場面で使え、条件を満たした後の「顔が赤い」「積極性が高い」ことを描いていると解釈できる。しかし（16'）は意味上"会"を取り除いては文が成立しなくなる。"怎么"という疑問詞は原因を問うものであり、原因を問う疑問文の中で、形容詞が事物の性質、状態を表すとすると、事物の属性そのものの原因を問うことになり、背後に事態が生起することを読み取れなくなるので、（16）の文脈にそぐわず、（16'）は非文になる。

　以上、"会"がない普通の形容詞述語文と"会"で述べられる形容詞述語文の意味の違いを検討し、ある条件のもとでその形容詞が表す性質、状態が現象として生起し、その生起を述べる時に"会"を使うことが分かった。次の表1のように整理できる。

表1　（14）〜（18）のまとめ

例文番号	文の意味
（17）	事物の性質、状態を描く →"会"を使ってはならない
（14）（15）（16）（18）	ある条件のもとで、ある現象が生起することを述べる*5 →"会"を使う
（14'）（15'）（18'）	ある条件を満たした後の、事物の性質、状態を描く →"会"を使わない

　また、前述したように"会"は助動詞であり、動詞述語文は"会"で述べられることは言うまでもない。動詞述語文の（9）〜（11）を確認すると、それぞれ「週末になる」「雨が降らない」「温度が零度まで下がる」という条件のもとで、「おばあちゃんのうちに行く」「花子が学校に来る」「水が氷になる」という事態が生起することを述べているのであると考えられる。つまり、動詞述語文の"会"は形容詞述語文の"会"と述べ方が同様であり、"会"の本質について以下の仮説が立てられるのではないか。

〈仮説〉

"会"の本質:「ある条件のもとで、事態が生起する」と述べる。

ここで、"会"の本質に関する仮説が形容詞述語文における"会"の有無によって生じる文の意味の違いから立てられた理由をあらためて振り返っておきたい。仮説を見ると、「事態が生起する」とあるが、それは「動的」なことであり、"会"は「動的」なことを述べるのである。また動詞は主に動作を表すのであり、動詞述語文が表す事態は動的なことが多い。したがって、"会"の「動的」な「事態が生起する」という述べ方は、動詞述語文においては動詞述語の「動的」という性質に覆われ読み取りにくいので、"会"の本質を考察するにあたっては動詞述語文を扱って考えるのが難しい。それに対し、形容詞は事物の性質、状態または心情、感情などを表すのであり、その表す事態が「静的」であるので、「事態が生起する」という「動的」な述べ方は「静的」な形容詞述語文においてその「動的」な性質が引き立てられ、"会"の本質がよく見えるのであると筆者は考える*6。

5. 仮説の検証

前節では、"会"がない形容詞述語文と"会"で述べられる形容詞述語文の意味の違いから、"会"の本質に関する仮説を立てた。本節ではコーパスで検索した"会"の例文や作例を用い、すべての"会"が仮説にあてはまるかどうかを検証する。具体的に、"会"で述べられる事態の種類を万遍なく検討・分類し、種類ごとに検証する。

コーパスの例文や作例を分析した結果、"会"で述べられる事態はまず、大きく「繰り返し生起する場合」と「1回生起する場合」に分けられ、また「1回生起する場合」は「超時に生起する場合」「未来に生起する場合」「過去に生起する場合」に分けられた。以下ではそれぞれの場合を分析し、仮説を検証していく。

なお、以下に挙げた例文は、説明の便宜上すべて肯定文を挙げている。また、特に形容詞述語文と動詞述語文を意識的に区別して挙

げているわけではないが、"会"は助動詞であるため、動詞述語文のほうが明らかに多いことをここで断っておく。

5.1 事態が繰り返し生起する場合（反復性）

"会"で述べられた文の事態には、まず繰り返し生起する場合がある。繰り返し生起する事態は、ある期間内で繰り返し生起するのであり、"会"は過去のある期間、現在を含む期間、未来のある期間のどの期間内でも、当該事態が繰り返し生起することを述べることができる。

(19) 过去下班时间，我便会听见爸爸妈妈们互相亲切的问候，维娜的爸爸回家时，总要"哼哟嗨哟"地唱着自己编的"上楼号子"……　　　　　　　　　　　　　　　　　（轮椅上的梦）

以前は、夕方の帰宅時間に、おじさんやおばさんたちがにぎやかにあいさつする声が響いたものだ。維娜のパパはいつも「ヘイヨー、ハイヨー」と自作の"階段音頭"に合わせて階段を上ってきたし……　　　　　　（車椅子の上の夢）

(20) 直到现在，每逢看见孩子做算术，我就会看见T女士的笑脸，脚下觉得热烘烘的，嘴里也充满了萝卜的清甜气味！
　　　　　　　　　　　　　　　　　　　　　（关于女人）

いまでも算数の勉強をしている子どもを見かけると、きまってT先生の笑顔が思い出され、足もとがぽかぽかと暖かくなり、大根のさわやかな甘みが口のなかに広がる。
　　　　　　　　　　　　　　　　　　　　（女の人について）

(21) "方丹，别难过了，以后我们每天放了学都会来看你的。"
　　　　　　　　　　　　　　　　　　　　　（轮椅上的梦）

「方丹、つらく思わないで。これから毎日、学校の帰りに会いに来るから」　　　　　　　　　　　　　　　（車椅子の上の夢）

(19) は、"过去"という期間に、帰宅時間になると、「おじさんやおばさんたちがにぎやかにあいさつする声が聞こえる」ことが繰り返し生起したことを述べている。(20) は、"直到现在"という期間に、話し手*7 が「算数の勉強をしている子どもを見かけると、きまってT先生の笑顔が思い出される」ことが繰り返し生起する

226　　Ⅴ　様々な日本語表現と対応する中国語の"会"

ことを述べている。(21)も、"以后"という期間に「毎日、学校の帰りに会いに来る」ことが毎日繰り返し生起することを述べている。「帰宅時間」「算数の勉強をしている子供を見かける」「学校の帰り」というのは、それぞれの事態の生起する条件だと考えられる。したがって、ここの"会"はある期間中に、条件が満たされる度に、当該事態が繰り返し生起することを述べているのであり、仮説と一致している。

5.2 事態が1回生起する場合

"会"で述べられる事態は、ある期間中に繰り返し生起する場合が存在する一方、ある時点で1回生起する場合も存在する。1回生起する場合は、事態の生起する時点と発話時とのかかわりからさらに「超時に生起する」「未来に生起する」「過去に生起する」の3種類に分類できる。発話時の瞬間時に生起する事態は「未来に生起する」場合に属すると思われるので、「現在に生起する」場合は存在しない。

5.2.1 事態が超時に生起する場合

"会"で述べられる事態は、生起する時間が時間軸において過去か未来かに限定されず、脱時間化した超時の場合がある。

(22) "痛苦吗？每个人的生活里都会有痛苦，可我们不能因为那些痛苦而悲观。……" 　　　　　　　　　　　　　　（轮椅上的梦）
「苦しい感じか……まあ、誰でも苦しい時はあるさ。それでも悲観的にならなければいいんだ。……」（車椅子の上の夢）

(23) 父亲一仰身子躺在堤上，就在这一瞬间，他心里一阵猛跳，后来他才明白，原来一切等待都会有结果的，这结果出现时，是那么普通平常，随便自然。　　　　　　　（红高梁）
そのとき、父の胸は早鐘のように打ちはじめた。そう、待つというからには必ず結末がある、その結末が現れても不思議はない、当たり前のことだったのだ。　　　（赤い高梁）

(24) 人总是会死的。
人間には死がやってくる。

第13章 中国語の"会"について

(25) 温度下降到零度时，水会结冰。　　　　　　((11) の再掲)
　　　温度が零度まで下がった時に、水は氷になる。

　(22) の "每个人的生活里都会有痛苦" と (23) の "一切等待都会有结果的" は、ポテンシャルな事態であり、ある種の必然的なことである。その生起する時間は時間軸において限定されることはなく、つまり超時だと考えられる。(22) は、"痛苦" が存在することを描いているように思われるが、その背後には「苦しい時がある」ことが生起する、つまり「苦しい時が来る」ことが読み取れ、また (23) も「結末がやってくる」ことが生起すると解釈できる。つまり (22)(23) は、当該事態は超時に生起すると述べているのである。

　(24) の「人間が死ぬ」ということは必ず起こる自然のルールであり、ポテンシャルな事態である。そのため、その生起する時間を限定することができない。また (25) の「水が氷になる」こともポテンシャルな事態であるが、「温度が零度まで下がった時」という生起する条件はある。それを満たすと、時間軸のどこにおいても「水が氷になる」ことが起こる。つまり「温度が零度まで下がった時」というのは超時そのものだと考えられる。したがって、(24)(25) も、当該事態は超時に生起すると述べているのである。

　超時に生起する事態は、ポテンシャルな事態であり、その「ポテンシャル」という性質こそが事態の生起する条件だと考えられ、ここの "会" は仮説と一致し、ポテンシャルな事態が超時に生起することを述べているのである。

　また、超時に生起する事態は常に起こるので、反復性もあると考えられる。したがって、この場合は「事態が繰り返し生起する場合」とつながっているのだろう。

5.2.2　事態が未来に生起する場合

　次の (26) ～ (28) において、"会" で述べられた事態は発話時より未来に生起すると思われる。

(26) "爹，你说话呀，爹，你吃饼呀，吃了饼你去喝点水，你不吃不喝会渴死饿死的。"　　　　　　　　　　　　(红高粱)

「ねえ、なにか言ってよ。父さん、餅を食べな。餅を食べて水を飲みにいきなよ。でなきゃ死んじまうから」（赤い高梁）

(27) 尊敬的律师先生，我是怀着对法律的敬意和对您的职业和对您本人的敬意前来求教的。请不必暗示，我会按时付钱。
（活動変人形）

尊敬する弁護士先生、わたしは法律にたいする敬意と先生の職業および先生御本人にたいする敬意を抱いて、助けを求めに参ったのです。遠回しにおっしゃらなくても、金はきちんと支払います。
（応報）

(28) 高大泉从一春天的反复斗争中，从这几天人们的各种疑问的眼光和不安的情绪中，预感到这个任务一定会十分艰巨，阻力一定会很大，决不会象希望的那样顺顺当当。*8（金光大道）

この春に繰りかえされた闘争、ここ数日来の人びとの疑いの目付きや不安な様子からも、高大泉にはこの任務が困難を極め、障害も大きく、決して思い通りに行くものではないことが予想できた。
（輝ける道）

(26)(27)では「死んでしまう」「金を支払う」ことは、発話時より未来に生起する事態である。また、(28)において「困難を極め、障害も大きい」ことが話し手の"预感到"という予感がする時ではまだ生起していないので、発話時より未来に生起する事態であると考えることができる。

(26)を見ると、「飲まず食わず」という条件のもとで「死んでしまう」ことが生起すると述べているが、(27)(28)には表面上、条件はない。未来の時間に事態が生起すると述べることができるのは、話し手はその事態が未来に生起する条件を知っており、それを根拠にしていると考えられる。よって、未来に生起する事態の場合に使われる"会"も、ある条件のもとで事態が生起すると述べていると考えられ、仮説と一致している。

5.2.3　事態が過去に生起する場合

事態が過去に生起すると述べる場合はやや複雑である。
ある期間内で繰り返し生起する事態がなぜ繰り返し生起できるの

かというと、その期間内で事態の生起する条件が繰り返し満たされるからである。したがって、話し手は、その生起する条件が繰り返し満たされることを知らないと、事態が繰り返し生起するとは述べることができない。また、事態が超時に生起すると述べる時も、話し手はその事態がポテンシャルな事態であるという生起する条件を知らないと、超時に生起すると述べることができない。さらに、事態が未来に生起すると述べる時も、話し手はその生起する条件を知らないと、未来に生起すると述べることができない。

しかし、話し手が事態が過去に生起したと述べる時に、必ずしもその生起する条件を知っているとはかぎらない。生起する条件を知らなくても、その事態が過去に生起した事実を知っていれば、過去に生起したと述べることができる。ただし、その場合、"会"は使えないはずである。この点は以下の作例から分かる。

(29) 昨天花子去了学校。
　　　昨日花子は学校に行った。
(30) *昨天花子会去／会去了学校。
(31) 昨天是暑假返校日，花子才会去学校的。
　　　昨日は夏休みの登校日だったから、花子は学校に行った。

(29) は、話し手が「昨日花子は学校に行った」という事実を知っていて、それが生起したと述べている。話し手がその生起した理由を知らなくても、(29) の文は成り立つ。しかし"会"を使うと、話し手はその生起した理由を知らなければ使うことができない。過去の場合、事態の生起した理由は、事態の生起する条件だと考えられる。したがって、話し手が事態の生起した理由を知っていることが読み取れない (30) は非文になる。(31) のように、それが読み取れる文脈になると、"会"が使えるようになる。

また、事態が未来に生起する場合、話し手は事態の生起する条件を知っていても、未来に生起するので、その事態が未来に本当に生起するかどうかは発話時においては分からない。それに対し、事態が過去に生起する場合、その事態が生起したかどうかを話し手が分かる場合がある。したがって、「事態が過去に生起する場合」を「事態が過去に生起したかどうかを話し手が知っている場合」と

「知らない場合」に分けることができる。また、「知っている場合」はさらに「事態が過去に生起したと話し手が知っている場合」と「事態が過去に生起しなかったと話し手が知っている場合」に分けられる。以下のように、コーパスにおいてそれぞれの場合の"会"の例文が見られる。

①「事態が過去に生起したと話し手が知っている場合」
（32）～（34）の"会"で述べた事態は、発話時より過去に生起した事態であり、それが過去に生起したことは話し手が発話時においてすでに知っている。
（32）一些不该有"内幕"的事所以会生出"内幕"来，就是因为有那么一些人明知自己的行为并不光明磊落，却又舍不得不干。　　　　　　　　　　　　　　　　　　　　　　　（人啊，人）
「ウラ」などあってはならないことに「ウラ」ができるのは、自分の行為が公明正大でないと知りつつ、やらずにいられない輩がいるからだ。　　　　　　　　　　　　　　　　　　（ああ、人間よ）
（33）"……你又不能与他复婚，他也不在C城，眼不见心不烦。再说，他是眼前过得不好才会想到你的。……"　　　　（人啊，人）
「……彼と復縁するなんて考えられないことだし、彼はC市にいるわけじゃないんだから顔を合わせる機会はなし、気にかける必要なんかないわ。それに彼は今うまくいってないものだから、あなたを思い出しただけよ。……」
　　　　　　　　　　　　　　　　　　　　（ああ、人間よ）
（34）赵振环的信把我的心搅得更乱了，我早就料到会有这一天，现在就来了。　　　　　　　　　　　　　　（人啊，人）
趙振環の手紙が私の心をいっそうかき乱す。この日のあることはとうに分かっていた。それが今やってきたのだ。
　　　　　　　　　　　　　　　　　　　　（ああ、人間よ）

（32）は因果関係の複文であり、後続文が表す「自分の行為が公明正大でないと知りつつ、やらずにいられない輩がいる」という原因のもとで、「「ウラ」ができる（た）」ということが生起したと述べているのである。（33）は「彼は今うまくいってない」から、

第13章　中国語の"会"について　　231

「あなたを思い出す」ことが生起したのであると述べている。つまり、(32) (33)の話し手は、事態が生起したのはある原因によることを述べていると考えられる。発話時において話し手はその事態が生起したことを知っており、その生起する原因を説明している。したがってこの場合も、"会"がある条件のもとで事態が生起することを述べると考えられ、仮説と一致している。

また、(34)は事態の生起した原因は見あたらないが、引用節を取る"料到"を参照時とすると、「この日のあること」は"料到"より未来に生起する事態である。これは「事態が未来に生起する場合」と同様、事態が未来に生起すると述べる時に、話し手はその生起する条件を知っていて述べているのである。したがって、この"会"も仮説と一致している。

②「事態が過去に生起しなかったと話し手が知っている場合」
　(35)～(37)では、"会"で述べられた事態は過去に起こらなかった事態である。

(35) 道静以为大姐会痛哭的。她探头望望，大姐却还是那么镇静，安详，仿佛在讲别人的事。　　　　　　　　　　(青春之歌)
　　道静は、あねさんが悲しみのあまり、泣きだすのではないかと思った。かの女は顔をあげて、あねさんを見たが、あねさんは、いつものあのおだやかな、おちついた表情を、ちっとも変えていなかった、まるで他人の出来事を話しているようだった。　　　　　　　　　　　　　(青春の歌)

(36) 如果不是亲自与你们接触，我也许会怀疑你们的乐观和信心是被迫地违心地做出来的姿态。　　　　　　　(活動変人形)
　　私が直かに接したのでなければ、皆さんの楽観主義と信念は、強いられた心ならずものポーズだと疑ったでしょう。
　　　　　　　　　　　　　　　　　　　　　　　　(応報)

(37) "如果我像大哥那样服从，恐怕会永远关在家里，"觉慧接口说；"其实我已经上当了。……"　　　　　　　(家)
　　「もしも兄みたいに服従してたら、永遠に家に閉じ籠められるところだった。大胆にやってよかったんですね。実際は

あの手にのせられたわけだが。……」　　　　　　　　　（家）

　(35)は、引用節を取る"以为"を参照時とすると、「泣き出す」ことが未来に生起すると考えられる。したがって「事態が未来に生起する場合」と同様、話し手は事態の生起する条件を知っていて、ある条件のもとで事態が生起することを述べていると考えられ、"会"が使えるのである。また、(36)の話し手は「私が直かに接したのでなければ」という条件のもとで、(37)の話し手は「もしも兄みたいに服従してたら」という条件のもとで、当該事態が生起することを述べているのである。しかし、現実ではこれらの"会"で述べられた事態は、生起する条件がなかったので、実際に生起しなかったのである。つまり、話し手はある条件のもとで事態が生起すると仮定する場合である。過去にある条件を満たせば、事態が生起するということを述べている。したがって、ここの"会"も仮説と一致していると考えられる。

③「事態が生起したかどうかを話し手が知らない場合」
　次の例文では"会"で述べた事態は、仮に生起したなら、発話時より過去に生起するのであるが*9、実際に生起したかどうかは、話し手は分からない。

(38) 1926年初, 当父亲他们这一批从法国和欧洲其他国家来的青年共产党员和共青团员来到此处之时, 一定会顿觉来到了另一个世界。　　　　　　　　　　　　　　（我的父亲邓小平）
　　一九二六年初め、父をはじめとする共産党員、共青団員が、フランス、ヨーロッパ各地からやってきたとき、きっと別世界に来たような気がしたに違いない。　　（わが父・鄧小平）

(39) 燕宁沉不住气, 焦急地说："黎江, 要不咱们先去找维嘉想想办法吧, 他是红卫兵司令部的人, 会知道得多一些。"
　　　　　　　　　　　　　　　　　　　　　　　（轮椅上的梦）
　　燕寧は焦りをおさえきれない。「維嘉のところに行って相談したらどうかな？紅衛兵の司令部にいるんだから、もっとよく知ってるかもしれないよ」　　　　　（車椅子の上の夢）

(40) A：昨天考试成绩出来了。她没及格。

第13章　中国語の"会"について　　233

　　　　　昨日試験の成績が発表された。彼女は合格しなかった
　　　　　みたい。
　　　B：真的吗？那她一定会大哭了一场。
　　　　　本当？それなら彼女は大泣きしたにちがいない。

　（38）は、話し手は何らかの原因を知っていて、その原因で「別世界に来たような気がした」ことが生起したと述べている。（39）は、話し手は「紅衛兵の司令部にいる」ことによって、「もっとよく知ってるかもしれない」ことが生起すると述べている。また（40）は、話し手は「彼女は合格しなかった」ことによって、「大泣きした」ことが生起したと述べている。つまり、これらの文は、話し手は、事態が過去に生起したかどうか分からないが、事態の生起する原因を知っていて、事態がその原因のもとで生起するのであると述べている。したがって、この場合の"会"も仮説と一致であろう。

　以上、コーパスで検索した例文に作例も加え、"会"で述べられる事態の種類を整理すると、図1のようになる。まず「繰り返し生起する場合」と「1回生起する場合」に分けられ、また「1回生起する場合」を「超時に生起する場合」「未来に生起する場合」「過去に生起する場合」に分けられる。どの場合の"会"も「ある条件のもとで、事態が生起する」と述べるという述べ方によって説明できたので、本章の仮説を検証したと言えよう。

```
           ┌─ ある期間内に繰り返し生起する場合（未来、現在、過去）
当該       │                    ┌─ 超時に生起する場合
事態       │                    │                        ┌─ 生起したと話し手が知って
           │  ある時点に        │                        │   いる場合
           └─ 1回生起する場合 ─┤─ 未来に生起する場合    │─ 生起しなかったと話し手が
                                │                        │   知っている場合
                                │                        │─ 生起したかどうかを話し手
                                └─ 過去に生起する場合 ──┘   が知らない場合
```

図1　"会"で述べられる事態の種類

6. Ⅰ類の"会"とⅢ類の"会"の派生関係から考える仮説の妥当性

次の（41）と（42）を比較して考えてみよう。
(41) 花子会说汉语。　　　　　　　　　　　　　　　　((6)の再掲)
　　　花子は中国語を話せる。
(42) 和中国留学生说话时，花子会说汉语。
　　　中国人留学生としゃべる時に、花子は中国語でしゃべる。

　(41) は、「花子は中国語を話す」能力があることを述べているのに対し、(42) は、「中国人の留学生と話す時」という条件のもとで「花子は中国語を話す」事態が生起することを述べていると思われる。花子は「中国語を話す」能力を持つので、相手がいるなどその能力を発揮できる条件が整えば、花子は「中国語で話す」事態を実際に起こすことができる。つまりⅢ類の"会"は、(41) のような能力を表すⅠ類の"会"から、まず(42) のような、動作主が能力を発揮する条件が整う場合に当該事態が生起すると述べる用法が派生し、次第に形容詞述語文で事物の性質、状態がある条件のもとで現れると述べる用法にも使えるようになったと考えられる。すなわちⅢ類の"会"は、Ⅰ類の"会"の「能力」の意味が背景化して派生したものであり、「能力」の意味が消失し、「事態の生起」を表すマーカーになったのである。このように、Ⅰ類の"会"からⅢ類の"会"への派生経緯*10 からも、仮説の妥当性がうかがえる。

7. 本章の独自性と立場

　本章での考察は、以下の2つの独自性があると考える。
　まず、本章は、従来あまり論じられていないⅢ類の"会"の「過去の場合」を詳細に考察した点が挙げられる。特に①「事態が過去に生起したと話し手が知っている場合」である。この場合は、王（2007）も魯（2002）も取り上げていない。
　もう1つは、本章で明らかになった「ある条件のもとで、事態が

生起すると述べる」という本質は、すべてのⅢ類の"会"を統一的に説明できる点である。王（2007）は"会"を「非現実性」とするが、これは①「事態が過去に生起したと話し手が知っている場合」に挙げた当該事態が現実に存在する事態である（32）を説明できない。また3節でも指摘したように、魯（2002）が言う「会2：現実に存在する必然性を表す」「会3：主観的に未知のことを推測する」という"会"の2つの意味は、文脈によって託された意味である。（12）のように"会"が"会2"か"会3"かと判断するのが文脈次第であり、（13）のように"会"がなくても文が成立し、文の意味も変わらない場合もある。本章で明らかになった"会"の本質で考えると、このような問題が生じない。

　本章は、魯（2002）の"会2"と"会3"の表す意味は"会"の派生意味であると考える立場である。さらに、（27）のような当該事態が「一人称の動作」である場合、"会"には「意志」の意味も派生すると思われる。これらの派生意味は、文脈が"会"に託した意味であり、"会"が本来持つ意味ではない。そのため、"会"がなくても文が成立し、そして文の意味も変わらない場合がある。これは、"会"が「事態が生起する」と述べるものであり、実質的な意味をほとんど持っていないため、文脈の意味が付着しやすいからであると考えられる。

　また本章は、"会"は基本的に命題を表すと考える。つまり、他の文脈の意味がなく、ただ「ある条件のもとで、事態が生起すると述べる」時に、命題を表す。しかし、話し手の推測や意志などの文脈による主観的な意味が読み取れる場合、"会"はモダリティにずれ込むと考える。その際、1節で挙げた例文のように、様々な日本語表現と対応し得ることになる。

8. おわりに

　本章は、Ⅲ類の"会"の本質を考察したものである。まず、"会"がない普通の形容詞述語文と"会"で述べられる形容詞述語文の違いを分析し、"会"の本質は「ある条件のもとで、事態が生起する」

と述べることである、という仮説を立てた。次に、コーパスで検索した例文や作例に基づき、"会"で述べられる事態の種類を万遍なく考察し、種類ごとに仮説を検証した。さらに、Ⅰ類の"会"とⅢ類の"会"の派生関係を考察することにより仮説を補強した。

また、本章の仮説の検証では肯定文だけを考察したが、疑問文や否定文においても仮説があてはまると筆者は考える。(43)のように真偽疑問文（反復疑問文と選択疑問文を含む）の"会"は「ある条件のもとで事態が生起するか」という疑問の述べ方をしている。また疑問詞疑問文の場合は疑問詞の現れる位置によるが、(44)の"会"は「どのような条件のもとで事態が生起するか」、(45)の"会"は「ある条件のもとでどのような事態が生起するか」という疑問の述べ方をしている。そして(46)のように否定文の"不会"は、「ある条件のもとで事態が生起しない」という述べ方をしている。

(43) 一天维嘉来看我，我忍不住担心地问他："维嘉，你说，刮大风，下大雨的时候，火车还会开吗？　　　　(轮椅上的梦)
　　　ある日、私は我慢しきれず維嘉にたずねた。「維嘉、ちょっと聞くけど、強い風が吹いたり大雨が降ったりしても汽車は走る？」　　　　　　　　　　　　(車椅子の上の夢)

(44) "那你们为什么会认识？我们同年级的同学也不认识。"
　　　　　　　　　　　　　　　　　　　　　　　(人啊，人)
　　　「じゃ、ふたりはどうして知り合ったの。あたしたち、同学年のお友だちだってよく知らないのに」　　(ああ、人間よ)

(45) 李铠回家了吗？如果他仍旧没有回家，会在哪里？　(钟鼓楼)
　　　あの人、家に帰ったかしら。帰っていないとすればどこへいったんだろう。　　　　　　　　　　　　(鐘鼓楼)

(46) 有些长大了变了模样，我走后出生的娃娃当然更不会认得。
　　　　　　　　　　　　　　　　　　　　　　　(插队的故事)
　　　成長して容姿一変している者もいるだろう。まして私が去った後に生まれた子どもなど顔を知るはずもない。
　　　　　　　　　　　　　　　　　　　　　　　(遥かなる大地)

しかし、これらについてさらに詳細に考察しなければならない。

第13章　中国語の"会"について　　237

他にも今回の考察は不充分なところがあると思われるが、すべてを今後の課題とする。
　また、本章は"会"を対象として考察したが、"能"と"可以"との対比を行わなかった。これも合わせて今後の課題とする。

＊1　本章では、出典がない例文は作例である。その訳文は筆者によるものである。'～～'を引いている箇所は、事態の生起する条件にあたる部分である。'＿＿'を引いている箇所は、例文の説明と緊密にかかわるところである。またⅢ類の"会"は日本語において対訳マーカーがないため、訳文では"会"と対応している箇所の下に'　　'を引いた。
＊2　"会"の表す「能力」の内実がよく"能"と議論される。
＊3　ここは筆者が要約したものである。原文は「当事件発生在T1区域时，"会"的适用是无条件的；当事件发生在T2区域时，"会"的使用必须以六类其他非现实标记为前提，同时，与不同的标记搭配，"会"的句法强制度也有不同；当事件发生在T3区域时，使用"会"的句子在很大程度上表现为疑问和否定」である。また「六类其他非现实标记」は「①要是、如果、即便、不论、只要、即使、无论、就算……、②认为、相信、怕、害怕、担心、怀疑……、③想不到、没想到、原以为、以为、没料到……、④每当……、……时、这时、……时候……、⑤怎么、为什么、哪、哪儿、哪里……、⑥可能、应该……」としている。
＊4　本章が言う「普通の形容詞述語文」とは、事物の性質、状態または心情、感情を表す形容詞述語文であり、「静的」的な事態を描くものである。たとえば（17）（14'）（15'）（18'）である。それに対して、"会"がある（14）（15）（16）（18）や"了"が付く"枫叶红了"のような「事態の生起」「状況の変化」を表す形容詞述語文は「動的」な事態を表すものであり、本章が言う「普通の形容詞述語文」ではない。この点は注6を参照されたい。
＊5　これは、（14）（15）（16）の日本語訳が「赤くなる」「高まる」「きれいになる」になっているところからも分かる。
＊6　「普通の形容詞述語文」の形容詞は事物の性質、状態または心情、感情などを表し、（14'）（15'）（17）（18'）のように「静的」である。"会"や注4の"枫叶红了"の"了"が付く形容詞述語文の場合、"会"と"了"の「動的」な性質に影響され、「動的」な事態を描くものになる。またこの時の形容詞には「動的」な性質が付き、「動的」形容詞ととらえる立場もある。
＊7　ここは小説の地の文の「書き手」であるが、本章では「話し手」と統一して表す。
＊8　ここの"不会"は否定形なので、考察しない。
＊9　（39）の"知道"は状態動詞であり、仮に生起した場合、その状態が発話

時現在まで継続しているが、その生起し始めた時点は過去であると思われ、この分類に入れた。つまり、事態が生起すると考えられる場合、"会"を使うことができ、その生起した結果は現在まで残っているかどうかと関係ない。(44)の"认识"と(45)の"在"も同様に考えられ、発話時現在は状態として存在しているが、"认识"と"在"が一番最初に生起し始めた時点は過去であると考えられる。

*10 本章の「Ⅰ類の"会"からⅢ類の"会"への派生経緯」に関する考察は共時的なものであるが、また通時的な考察も必要だと思われる。それは別の機会に譲る。

第14章
結論

　第Ⅱ部と第Ⅲ部では、各々の、判断のモダリティを表す日本語と中国語の対訳上対応関係にある形式の、意味用法上の共通点と相違点を明らかにした。また、そのうえで相違点が生じる要因を考察し、それによって両言語の形式の本質的な違いあるいは特徴も明らかにした。第Ⅳ部では、評価判断のモダリティと真偽判断のモダリティのかかわりを考察した。また第Ⅴ部では、様々な日本語表現と対応する中国語の"会"を考察した。

　本章では、まず、第Ⅱ部と第Ⅲ部で得られた結果をあらためて整理し、その次に、それによって、第1章で掲げた本書の3つ目の目的である、判断のモダリティから見る日本語と中国語の違いを見出すことを試みる。また、最後に本書の意義と今後の課題について述べる。

1. 第Ⅱ部と第Ⅲ部のまとめ

　第Ⅱ部の第4章～第6章では、評価判断のモダリティについて、日中対照を行った。
　まず、第4章では、「なければならない」と"必須"が必然性を表す点で共通していることから出発し、必然性用法を下位分類した用法において両形式を比較対照した。それにより、両形式の本質的な違いを以下のように明らかにした。

（A）
「なければならない」：当該事態Qの実現が必然的であるという意味を表すが、事態Qの実現を問わない。意味の重点の置き所はQの在り方である。
　　　　　→「なければならない」は事態Qの在り方を重視す

241

　　　　　　る表現。
　　"必　須"：当該事態Qの実現が必然的であるという意味を表し、
　　　　　　それが話し手の評価判断であれば、事態Qの実現を
　　　　　　要求する。意味の重点の置き所はQの実質的な内容
　　　　　　である。
　　　　　　⇒"必須"は事態Qの実質的な内容を重視する表現。
　第5章では、まず、コーパスの例文を分析することにより、"応該"にはⅠ「Qがルール上のことであると提示する用法」、Ⅱ「Qが妥当であると主張する用法」、Ⅲ「Qが当為であると主張する用法」の3つの用法があるのに対し、「べきだ」はⅡとⅢしかないことを示した。その次に、ⅠⅡⅢの関係を考察したうえで、Ⅱにおける両形式の違いから、両形式の各用法の位置づけに関する仮説を立て、Ⅲにおける両形式の違いから仮説を検証した。両形式の各用法の位置づけは以下の通りである。

　(B)
　　「べきだ」：Ⅲが基本用法、Ⅱが派生用法。
　　"応　該"：Ⅰが基本用法、ⅡがⅠの派生用法、ⅢがⅡの派生用法。
　第6章では、高梨（2010）の評価のモダリティ形式の二次的意味を決定するファクターを援用し、形式が持つ基本的意味と派生的意味のかかわりに注目して「てもいい」と"可以"を比較対照した。「てもいい」は「許容」という基本的意味の背後に、当該事態Qが未実現である場合は「Qは肯定評価の対象ではなく、¬Qの可能性が残っている」、非実現である場合は「現実では¬Qになっているが、Qは肯定評価の対象である」という意味合いが存在し、これが用法の派生に影響する。それに対し、基本的意味が「可能」である"可以"は「てもいい」のような意味制約がないので、当該事態の実現が可能であるという意味が読み取れれば使うことができる。用法派生における両形式の違いは以下の通りである。

　(C)
　　「てもいい」：当該事態Qが未実現である場合、「許容」から「意
　　　　　　　　向」「許可」「意見表示」の用法が派生し、非実現で
　　　　　　　　ある場合、「後悔」「不満」の用法が派生する。

"可　以"：当該事態Ｑが未実現である場合、「可能」から「意向」「意志」「許可」「命令」「提案」の用法が派生し、非実現である場合、派生用法がない。

第Ⅲ部の第7章〜第10章では、真偽判断のモダリティについて、日中対照を行った。

まず、第7章では、「だろう」と"吧"が同じ推量用法と確認用法を持つに至った経緯を考察した。「だろう」については、推量用法と確認用法のそれぞれにおいて、話し手が何回判断をするかと、その判断が確かな判断かどうかの2点を分析し、"吧"については述べ立て文、疑問文、働きかけ文のそれぞれにおいて、"吧"の有無が話し手の命題についての確信度と文の語気に与える影響などを検討した。その結果は以下のようにまとめられる。

(D)

「だろう」：推量用法が基本用法で、「不確かな判断」という基本的意味を仲立ちとしてそこから確認用法が派生した。

"吧"：働きかけ用法が基本用法で、「語気を和らげる」という基本的機能を仲立ちとして確認用法と推量用法が派生した。

第8章では、「かもしれない」と"也许""可能"について、コーパスなどの例文を考察することによって、可能性をどのように述べるかに注目して用法分類を試みた結果、"可能"はⅠ「「事態Ｑが真である可能性がある」ことを現実に即した客観的な事実として述べる」、Ⅱ「「事態Ｑが真である可能性がある」ことを発話時以前における話し手の推量判断として述べる」、Ⅲ「「事態Ｑが真である可能性がある」ことを発話時における話し手の推量判断として述べる」の3つの述べ方を持つのに対し、「かもしれない」はⅡとⅢを持ち、"也许"はⅢしか持たないことが分かった。その次に、ⅠⅡⅢの主観性を分析し、3形式におけるⅠⅡⅢの位置づけを以下のように明らかにした。

(E)

"可　能"：Ⅰが基本用法、ⅡがⅠの派生用法、ⅢがⅡの派生用法。

「かもしれない」：Ⅱが基本用法、ⅢがⅡの派生用法。

"也　許"：Ⅲが基本用法。

　第9章では、まず、「はずだ」と"応該"は同じ基本的意味を持っているが、「はずだ」には「見込み」用法と「悟り」用法の2つの用法があるのに対し、"応該"には「見込み」用法しかないことから、両形式の違いに関する仮説を立てた。その次に、「見込み」用法における両形式の相違点を考察することを通して、仮説を検証した。両形式の違いは以下の通りである。

(F)

　「はずだ」：基本的意味は「Pから論理的に推論してQになること」であり、PとQは論理的な推論関係にあれば使える。
　　　　　　⇒PとQの論理的な推論関係を提示する表現。
　"応　該"：基本的意味は「Pから論理的に推論してQになること」であり、話し手が実際にPから論理的にQを推論した場合のみに使える。
　　　　　　⇒Qが話し手の推論によるものであることを提示する表現。

　第10章では、「ようだ」「らしい」と"好像"を対象とし、まず、それぞれの形式が持つ用法を詳しく分析し、その次に、用法の間のつながりを見出すことを通して、「ようだ」と"好像"、「らしい」と"好像"の本質的な違いを以下の（G）（H）のように明らかにした。

(G)

　「ようだ」：当該事態Qは、根拠Pに基づくことであれば、話し手の推定によるものであってもなくても使える。
　　　　　　⇒QにはPが存在することを重視する表現。
　"好　像"：当該事態Qは話し手の推定でないと、使えない。
　　　　　　⇒Qが話し手の推定によるものであることを重視する表現。

(H)

　「らしい」：当該事態Qは、根拠Pに基づくことであれば、話し手の推定によるものであってもなくても使える。

　　　　　　⇒Ｑには P が存在することを重視する表現。
"好　　像"：当該事態Ｑは話し手の推定でないと、使えない。
　　　　　　⇒Ｑが話し手の推定によるものであることを重視する表現。

2．判断のモダリティから見る日本語と中国語の違い

　第 1 章でも述べたが、対訳上対応関係にある形式を比較して、「形式間の違い」を明らかにすることができる。このような比較作業をある文法カテゴリーに属する個々の形式に対して一貫して行い、得られた「形式間の違い」が同質のものであると見なせれば、この「形式間の違い」は文法カテゴリーという視点から見た時の「言語間の違い」でもあると考えることができる。

　さて、前節で整理したように、本書は評価判断のモダリティにおいて、「なければならない」と"必須"、"応該"と「べきだ」、「てもいい」と"可以"を比較し、それぞれの「形式間の違い」を（Ａ）（Ｂ）（Ｃ）にまとめた。また真偽判断のモダリティにおいて、「だろう」と"吧"、「かもしれない」と"也許""可能"、「はずだ」と"応該"、「ようだ」と"好像"、「らしい」と"好像"を比較し、それぞれの「形式間の違い」を（Ｄ）（Ｅ）（Ｆ）（Ｇ）（Ｈ）にまとめた。（Ａ）～（Ｈ）を観察すると、（Ａ）（Ｆ）（Ｇ）（Ｈ）は、それぞれ言葉での表現は違うが、内実を次頁の図 1 の（Ｉ）のように統一的に解釈することができるのではないか。

　まず（Ａ）から見てみる。「なければならない」のＱの在り方は「必然的」であり、必然的なＱには当然Ｐが存在すると思われる。「Ｑの在り方」は、「ＰならばＱ」という関係そのものであり、「なければならない」は「必然的」という「ＰならばＱ」の関係を重視する表現であると言えよう。他方、"必須"については、話し手がＱの実現が必然的であると評価判断した場合、Ｑの実現を要求する点から、"必須"を「Ｑの実質的な内容を重視する表現」と結論づけた。つまりＱが話し手の評価判断によるものであるから、Ｑの実現を要求するのであって、"必須"はＱが話し手の評価判断に

第 14 章　結論　　245

```
(A) 「なければならない」：Ｑの在り方を重視する表現。
    "必須"：Ｑの実質的な内容を重視する表現。

(F) 「はずだ」：ＰとＱの論理的な推論関係を提示する表現。
    "応該"：Ｑが話し手の推論によるものであることを提示する表現。

(G) 「ようだ」：ＱにはＰが存在することを重視する表現。
    "好像"：Ｑが話し手の推定によるものであることを重視する表現。

(H) 「ようだ」：ＱにはＰが存在することを重視する表現。
    "好像"：Ｑが話し手の推定によるものであることを重視する表現。

                        ⇩

(I) 日本語：「ＰならばＱ」という関係を重視する。
    中国語：Ｑが話し手の判断によるものであることを重視する。
                              Ｐ：根拠　Ｑ：結論／当該事態
```

図1　判断のモダリティから見る日本語と中国語の違い

よるものであることを重視する表現とも考えられよう。

　次に（F）を見てみよう。まず、「提示する」という表現を「重視する」に換えてもよさそうである。重視するからこそ提示すると考えられる。また、「はずだ」の「ＰとＱの論理的な推論関係を重視する」というのは、まさに「ＰならばＱ」という関係を重視することであり、「はずだ」は「論理的」という「ＰならばＱ」の関係を重視する表現であると言い換えられよう。そして、「推論」は広い意味での「判断」であり、"応該"はＱが話し手の判断によるものであることを重視する表現であると言い換えられる。

　それから（G）（H）を見ると、「ようだ」「らしい」の「ＱにはＰが存在することを重視する」ことは、Ｑが確かに根拠Ｐからの証拠性的判断による結論であることを意味し、これも広くとらえれば、「証拠的」という「ＰならばＱ」の関係を重視することと考えられるのではないか。"好像"においても、「推定」は広い意味での「判断」であるので、"好像"はＱが話し手の判断によるものであることを重視する表現であると言い換えられる。

　以上から、（A）（F）（G）（H）はいずれも（I）と見なせるだろう。したがって、判断のモダリティという視点から日本語と中国語

を見た場合、その違いは（I）の通りであると言えるだろう。すなわち、日本語は「PならばQ」という関係を重視するのに対し、中国語はQが話し手の判断によるものであることを重視するのである。

また、一歩踏み込んで考えると、次のことが言える。

日本語の内部を見ると、「なければならない」、「はずだ」、「ようだ」「らしい」において、それぞれのPとQの関係は「必然的」、「論理的」、「証拠的」と中身が違うが、「PならばQ」という関係を重視する点は共通しており、PとQが関係していれば、つまりPとQがつながっていればその形式を使うことができる。そのため、「なければならない」は話し手が必然的と判断したQでも実現までは要求せず、また「はずだ」は話し手がPからQを判断していない「悟り」用法まで、「ようだ」「らしい」は話し手がPからQを判断していない「様態」「伝聞」用法まで、派生している。

一方、中国語の"必須"の「評価判断」、"応該"の「推論」、"好像"の「推定」というのは判断の様式であると考えられ、これらの形式はそれぞれ判断の様式は違うが、話し手がPからQを判断していることは共通しており、PとQはただ関係しているだけでは使えず、話し手は必ずPからQを判断していなければならない。そのため、日本語の形式のような用法の広がりを持っていない。このことを図にすると、次の図2のようになる。

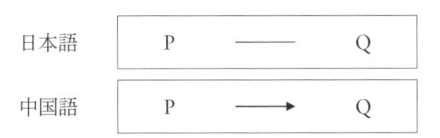

| 日本語 | P ——— Q |
| 中国語 | P ——→ Q |

—：PとQはつながっている
→：話し手がPからQを判断している
図2　判断のモダリティから見る日本語と中国語

最後に、(A)(F)(G)(H)が(I)にまとめられた理由について述べる。図2からも分かるように、(A)(F)(G)(H)の形式にはより明確なPがあると思われる。(A)の「なければならない」と"必須"以外に、評価判断のモダリティ形式には(B)の「べきだ」と"応該（評価判断）"、(C)の「てもいい」と"可以"もあ

るが、比べてみると、(A) の「なければならない」と"必須"のほうがPとQの結びつきがより強く、つまりPがよりはっきりととらえられる。また (F) の「はずだ」と"应该"以外に、真偽判断のモダリティ形式には (D) の「だろう」と"吧"、(E) の「かもしれない」と"也许""可能"もあるが、これらの形式は、話し手が頭の中で漠然と考えているものであり、明確なPがなくてもいいのである。そして (G) (H) の「ようだ」「らしい」と"好像"は証拠性判断を表すので、むろんはっきりしたPがある。つまり、本書が取り上げた多々ある判断のモダリティ形式の中でも、(A) (F) (G) (H) の形式により明確なPがとらえられるために、「PならばQ」という関係を重視するか、Qが話し手のPからの判断によるものであることを重視するか、という日本語と中国語の違いを得たのである。それに対し (B) (C) (D) (E) の形式は、Pがはっきりととらえられない場合もあり、上記のようなPとQを扱う日本語と中国語の違いを得られないと考える。

3. 本書の意義と今後の課題

　本書の意義を次のように考える。
　まず、本書で対訳上対訳関係にある形式の意味用法上の共通点と相違点、および本質的な違いあるいは特徴を明らかにしたことに大きな意義があると思われる。またこれらは、比較対照によってはじめて分かったことであり、本書で用いた対照方法が有効であると言えよう。本書で用いた対照方法は、一言で言えば、細かく下位分類した用法において形式を比較対照する、ということである。一見完全に対応するかのように見えるが、意味用法をさらに細かく見ていくと、必ずしもすべて対応するとは言えない。このような方法が対照研究において有効であることが本書の考察によって証明された。
　また、「話し手」「発話時」といったモダリティ要素がモダリティ形式の比較対照において重要な働きを果たし、特に用法を下位分類する手掛かりとなっていることが本書の分析でうかがえる。たとえば、第4章の必然性用法のⅠⅡⅢという分類では、「話し手」とい

う要素でⅠⅡとⅢが分かれて、また「発話時」という要素でⅠとⅡが分かれるのである。第8章の可能性用法のⅠⅡⅢという分類でも、「話し手」という要素でⅠとⅡⅢが分かれて、「発話時」という要素でⅡとⅢが分かれているのである。また第5章のⅠとⅡⅢも「話し手」という要素で分かれると考えられる。

　それから、本書の考察により、「日本語は「PならばQ」という関係を重視するのに対し、中国語はQが話し手の判断によるものであることを重視する」という判断のモダリティから見る時の日本語と中国語の違いが得られたことも、本書の大きな成果である。近年の日本語と中国語の対照研究では、対訳上対応関係にある個々の形式の対照研究がある一方、ある文法カテゴリーの体系に注目した対照研究の増加も著しい。両者は切り離しては考えられないにもかかわらず、従来は「言語間の違い」を解明するための基礎部分として別々に行われていた。対訳上対応関係にある形式の比較を通して「形式間の違い」を明らかにするという比較作業を、ある文法カテゴリーに属する個々の形式に対して一貫して行い、得られた「形式間の違い」により、文法カテゴリーという視点から見た時の「言語間の違い」を見出せることも、本書によって検証された。

　最後に、本書の結果は日本語教育と中国語教育においても意義があると思われる。第1章では、本書は「言語研究のための対照研究」であるという本書の立場を示した。また、「言語教育のため」という設定以前に、言語そのものの対照研究が充分になされる必要があり、まずやらなければならないのは「言語研究のための対照研究」であることも述べた。したがって、本書で明らかになった両言語の形式の共通点と相違点などの結果は、言語教育につながり、そのための材料になるのではないかと考えられる。

　そして、今後の課題については、以下のように考える。

　まず、本書は、判断のモダリティから見る時に「日本語は「PならばQ」という関係を重視するのに対し、中国語はQが話し手の判断によるものであることを重視する」という日本語と中国語の違いを導き出した。そのさらなる証拠を集める必要がある。

　また、従来、日本語の類型的な特徴に関する研究はあるが、本書

の結果との関連を検討する必要もある。ここで、以下の3つを挙げておく。

　池上（1982）「スル」的な言語　vs.「ナル」的な言語

　池上（1982）は、英語は「スル」的な言語であり、「スル」的な言語は「出来事に関与する〈個体〉、特に〈動作主〉としての〈人間〉に注目し、それを際立たせるような形で表現する傾向が強い言語」と述べている。一方、日本語は「ナル」的な言語であり、「ナル」的な言語について「〈出来事全体〉をとらえ、事のなりゆきという観点から表現する傾向が強い言語」であると述べている。

　影山（1996）　結果重視　vs.　過程重視

　影山（1996：290）は、動詞の自他にまつわる行為と結果の関係について、日本語と英語を比較し、その結果を次のように述べている。「英語は元来、行為者（ACT）の観点に立脚しているために、文全体の焦点は行為の及ぶ先——すなわち、結果情態——に当てられることになる。これに対し、日本語はナル（BECOME）という中間的な視点に立つために、結果情態にも行為にも眼を向けることができるものの、その両面性のゆえに、はっきりと結果重視とも行為者重視とも言えない曖昧さがある」と述べている。また中国語は「基本的に結果重視の言語」（P.289）であることも述べている。

　金（2003）　動詞志向構造　vs.　名詞志向構造

　金（2003）は、名詞の造語法、文の成分、名詞の性質から見た名詞の下位範疇、語彙的な意味の比重から見た軽名詞と重名詞などの視点から、日本語と韓国語を比較した。「同じような言語場にあり、ほぼ同様の意味を表すにあたって、日本語にも韓国語にも動詞構造と名詞構造の両方が共存しているが、互いに対照してみると、日本語は相対的に名詞構造を志向する傾向が著しく、逆に韓国語は動詞構造を好み、もともと名詞構造が存在しない場合も多いのである」と述べている。

　このように、日本語は「ナル」的言語、過程重視、名詞志向構造といった類型的な特徴があるとされているが、これらが「日本語は「PならばQ」という関係を重視する」という本書の結論とつながっているかどうか、どうつながっているかを考察していかなければ

ならない。

　それから、第Ⅴ部では中国語の"会"について考察した。Ⅲ類の"会"の本質は、「ある条件のもとで、事態が生起する」という述べ方であることが明らかになったが、なぜ中国語はⅢ類の"会"のような事態の生起を表すマーカーが必要なのかを検討する必要がある。そして、それが「中国語はQが話し手の判断によるものであることを重視する」という本書の結論と関係があるかどうかも考察する必要がある。

　また、最後になるが、前節でも述べたように、本書の結論は言語教育に役に立つと思われる。それをどう言語教育に応用するかも検討しなければならない。

　今後、以上の課題を明らかにしつつ、判断のモダリティにかぎらず、さらに範囲を広げ、モダリティの全体にかかわる日中対照研究を進めていきたい。

初出一覧

第4章 王其莉（2012）「日本語の「なければならない」と中国語の"必須"」『日中言語対照研究論集』14　日中対照言語学会

第5章 王其莉（2011a）「日本語の「べきだ」と中国語の"应该"」『日中言語対照研究論集』13　日中対照言語学会

第6章 王其莉（2015a）「日本語の「てもいい」と中国語の"可以"」『国語学研究』54　東北大学大学院文学研究科「国語学研究」刊行会

第7章 王其莉（2008）「日本語の「だろう」と中国語の「吧」」『文芸研究』166　日本文芸研究会

第8章 王其莉（2011b）「日本語の「かもしれない」と中国語の"也许""可能"」『言語科学論集』15　東北大学大学院文学研究科言語科学専攻

第9章 王其莉（2011c）「日本語の「はずだ」と中国語の「应该」」『国語学研究』50　東北大学大学院文学研究科「国語学研究」刊行会

第12章 王其莉（2011d）「日本語の「べきだ」「はずだ」中国語の「应该」」『文芸研究』171　日本文芸研究会

第13章 王其莉（2015b）「中国語の"会"に関する一考察―「Ⅰ．能力」「Ⅱ．長じる」ではない第Ⅲ類の"会"を中心に」『日中言語対照研究論集』17　日中対照言語学会

参考文献

日本語文献

相原茂（1997）『謎解き中国語文法』講談社
庵功雄（2001）『新しい日本語学入門』スリーエーネットワーク
池上嘉彦（1981）『「する」と「なる」の言語学』大修館書店
池上嘉彦（1982）「表現構造の比較―〈スル〉的な言語と〈ナル〉的な言語」『詩学と文化記号論』講談社
石綿敏雄・高田誠（1990）『対照言語学』桜楓社
井上優（2001）「日本語研究と対照研究」『日本語文法』1-1　くろしお出版
井上優（2002）「「言語の対照研究」の役割と意義」『対照研究と日本語教育』国立国語研究所
井上優（2006）「対照研究とは何か」『講座・日本語教育学　第6巻　言語の体系と構造』スリーエーネットワーク
于康（1999）「現代中国語の命題構造の階層性」『言語と文化』2　関西学院大学言語教育研究センター
于康（2000）「現代中国語のモダリティ構造の階層性」『言語と文化』3　関西学院大学言語教育研究センター
大河内康憲（1980）「中国語の可能表現」『日本語教育』41　日本語教育学会
王其莉（2008）「日本語の「だろう」と中国語の「吧」」『文芸研究』166　日本文芸研究会
王其莉（2011a）「日本語の「べきだ」と中国語の"应该"」『日中言語対照研究論集』13　日中対照言語学会
王其莉（2011b）「日本語の「かもしれない」と中国語の"也许""可能"」『言語科学論集』15　東北大学大学院文学研究科言語科学専攻
王其莉（2011c）「日本語の「はずだ」と中国語の「应该」」『国語学研究』50　東北大学大学院文学研究科「国語学研究」刊行会
王其莉（2011d）「日本語の「べきだ」「はずだ」中国語の「应该」」『文芸研究』171　日本文芸研究会
王其莉（2012）「日本語の「なければならない」と中国語の"必须"」『日中言語対照研究論集』14　日中対照言語学会
王其莉（2015a）「日本語の「てもいい」と中国語の"可以"」『国語学研究』54　東北大学大学院文学研究科「国語学研究」刊行会
王其莉（2015b）「中国語の"会"に関する一考察―「Ⅰ．能力」「Ⅱ．長じる」ではない第Ⅲ類の"会"を中心に」『日中言語対照研究論集』17　日中対

照言語学会
王其莉（2015c）「判断のモダリティ形式の意味特徴から見る日本語と中国語」『日本語と中国語のモダリティ』 白帝社
太田陽子（2004）「文型指導における「文脈欠如」の問題―日本語教科書におけるハズダの導入・練習を例に」『早稲田大学日本語研究教育センター紀要』17 早稲田大学日本語研究教育センター
太田陽子（2006）「文型の「意味」と誤用訂正―「空が曇っているから、雨が降るはずです」はなぜおかしいか」『講座日本語教育』42 早稲田大学日本語研究教育センター
奥田靖雄（1984）「おしはかり（1）」『日本語学』3-12 明治書院
奥田靖雄（1985）「おしはかり（2）」『日本語学』4-12 明治書院
尾上圭介（2001）『文法と意味1』くろしお出版
影山太郎（1996）『動詞意味論』くろしお出版
勝川裕子（2011）「可能の助動詞"会"の属性描写機能」『日中言語対照研究論集』13 日中対照言語学会
川村大（1998）「事態の妥当性を述べるベシをめぐって」『東京大学国語研究室創設百周年 国語研究論集』汲古書店
菊地康人（2000）「「ようだ」と「らしい」―「そうだ」「だろう」との比較も含めて」『国語学』51-1 日本語学会
木下りか（1997）「ハズダの意味分析―他の真偽判断のモダリティ形式と比較して」『日本語教育』92 日本語教育学会
木下りか（2013）『認識的モダリティと推論』ひつじ書房
木村英樹・森山卓郎（1992）「聞き手情報配慮と文末形式―日中両語を対照して」『日本語と中国語の対照研究論文集（下）』くろしお出版
金恩愛（2003）「日本語の名詞志向構造（nominal-oriented structure）と韓国語の動詞志向構造（verbal-oriented structure）」『朝鮮学報』188 朝鮮学会
金水敏（1992）「談話管理理論からみた「だろう」」『神戸大学文学部紀要』19 神戸大学文学部
工藤真由美（2014）『現代日本語ムード・テンス・アスペクト論』ひつじ書房
黒滝真理子（2005）『Deontic から Epistemic への普遍性と相対性―モダリティの日英語対照研究』くろしお出版
呉紅哲（2002）「「ダロウ」と「吧（ba）」の確認要求用法の比較」『岡山大学大学院文化科学研究科研究紀要』13 岡山大学大学院文化科学研究科
郷丸静香（1995）「現代日本語の当為表現―「なければならない」と「べきだ」」『三重大学日本語学文学』6 三重大学日本語日本文学研究室
澤田治美（1975）「日英語主観的助動詞の構文的考察―特に「表現性」を中心として」『言語研究』68 日本言語学会
澤田治美（1978）「日英語文副詞類（Sentence Adverbials）の対照言語学的研究―Speech act 理論の視点から」『言語研究』74 日本言語学会
蒋千苓（2005）「評価のモダリティ「べき」の人称現象と視点について―中国語の"応該"との比較を中心に」『日本語学会2005度秋季大学予稿集』日本語学会

杉村泰（1999）「事態の蓋然性と判断の蓋然性」『ことばの科学』12　名古屋大学言語文化研究会
杉村泰（2001）「カモシレナイとニチガイナイの異質性」『言葉と文化』2　名古屋大学大学院国際言語文化研究科日本言語文化専攻
曹大峰（2000）「認識モダリティの日中対照例―「だろう」と「吧（ba）」」『認識のモダリティとその周辺―日本語・英語・中国語の場合』国立国語研究所
高梨信乃（2005）「評価のモダリティを表す助動詞「べきだ」」『神戸大学留学生センター紀要』11　神戸大学留学生センター
高梨信乃（2010）『評価のモダリティ―現代日本語における記述的研究』くろしお出版
高橋太郎（1975）「「はずがない」と「はずじゃない」」『言語生活』289　筑摩書房
田野村忠温（1990）『現代日本語の文法Ⅰ―「のだ」の意味と用法』和泉書院
田野村忠温（1991）「『らしい』と『ようだ』の意味の相違について」『言語学研究』10　京都大学言語学研究会
玉地瑞穂（2005）「日本語と中国語のモダリティの対照研究―言語類型論の観点から」『高松大学紀要』44　高松大学
玉地瑞穂（2006）「中国語のモーダルマーカーの文法化に関する一考察―「応该 yīnggāi」と「要 yào」の例」『高松大学紀要』45　高松大学
田村直子（1999）「ナケレバナラナイの用法と命題要素とのかかわり―ザルヲエナイ、ベキダ、ハズダと置換性を手がかりに」『日本語教育』101　日本語教育学会
張偉莉（2007）「「能願動詞」と否定の関係に関する考察―"応該"を通して」『日本言語文化研究』11　日本言語文化研究会
張麟声（2007a）「言語研究のための対照研究について―日本国内の事例を中心に」『言語文化学研究　言語情報編』2　大阪府立大学
張麟声（2007b）「言語教育のための対照研究について」『日中言語対照研究論集』9　日中対照言語学会
程焱（2009a）「能願動詞"応該"に対応する日本語表現について」『日中言語対照研究論集』11　日中対照言語学会
程焱（2009b）「日本語の助動詞「ベキダ」と中国語の能願動詞"応該"―意味的対応関係と人称制限問題を中心に」『日中言語研究と日本語教育』2　好文出版
寺村秀夫（1984）『日本語のシンタクスと意味』第Ⅱ巻　くろしお出版
中右実（1980）「文副詞の比較」『日英語比較講座』2　大修館書店
中右実（1994）『認知意味論の原理』大修館書店
中畠孝幸（1998）「当然を表すモダリティ形式について―ハズダとベキダ」『甲南大学紀要（文学編）』111　甲南大学
中畠孝幸（2013）「日本語と中国語の根拠性（エビデンシャリティ）について―「らしい」「ようだ」「そうだ」と「好像」を中心に」『中国語話者のための日本語教育研究』4　日中言語文化出版社
中村亘（2000）「「ようだ」「らしい」「そうだ」をめぐって―事態の捉え方の違

いという視点から」早稲田日本語研究8　早稲田大学国語学会
仁田義雄（1991）『日本語のモダリティと人称』ひつじ書房
仁田義雄（1999）「事態めあてモダリティの体系化への覚書」『ことばと文学と書　春日正三先生古希記念論文集』双文社出版
仁田義雄（2000）「認識のモダリティとその周辺」森山卓郎・仁田義雄・工藤浩『日本語の文法3　モダリティ』岩波書店
日本語記述文法研究会（2003）『現代日本語文法4　第8部　モダリティ』くろしお出版
丹羽哲也（1991）「「べきだ」と「なければならない」」『大阪学院大学人文自然論叢』23・24　大阪学院大学人文自然学会
野田尚史（1984）「〜にちがいない／〜かもしれない／〜はずだ」『日本語学』3–10　明治書院
早津恵美子（1988）「「らしい」と「ようだ」」『日本語学』7-4　明治書院
費燕（1995）「日本語の「ようだ」「みたい」「らしい」「そうだ」と中国語の「好像」」『大妻女子大学大学院文学研究科論集』5　大妻女子大学
益岡隆志（1991）『モダリティの文法』くろしお出版
益岡隆志（2002）「判断のモダリティ―現実と非現実の対立」『日本語学』21-2　明治書院
益岡隆志（2007）『日本語モダリティ探究』くろしお出版
松田礼子（1994）「「はずだ」に関する一考察―推理による観念の世界とその外に実在する現実の世界をめぐって」『武蔵大学人文学会雑誌』26-1　武蔵大学人文学会
三宅知広（1992）「認識的モダリティにおける可能性判断について」『待兼山論叢・日本学篇』26　大阪大学
三宅知広（1996）「日本語の確認要求的表現の諸相」『日本語教育』89　日本語教育学会
宮崎和人・安達太郎・野田春美・高梨信乃（2002）『新日本語文法選書4　モダリティ』くろしお出版
森田良行（1989）『基礎日本語辞典』角川書店
森田良行・松木正恵（1989）『日本語表現文型』アルク
森山卓郎（1989）「認識のムードとその周辺」『日本語のモダリティ』くろしお出版
森山卓郎（1992a）「価値判断のムード形式と人称」『日本語教育』77　日本語教育学会
森山卓郎（1992b）「日本語における推量をめぐって」『言語研究』101　日本言語学会
森山卓郎（1995）「ト思ウ、ハズダ、ニチガイナイ、ダロウ、副詞〜Φ」『日本語類義表現の文法（上）単文編』仁田義雄・宮島達夫編　くろしお出版
森山卓郎・安達太郎（1996）『日本語文法　セルフ・マスターシリーズ6　文の述べ方』くろしお出版
森山卓郎（1997）「日本語における事態選択形式―「義務」「必要」「許可」などのムード形式の意味構造」『国語学』188　日本語学会
森山卓郎（2000）「基本叙法と選択関係としてのモダリティ」森山卓郎・仁田

義雄・工藤浩『日本語の文法3　モダリティ』岩波書店
森山卓郎（2002）「可能性とその周辺」『日本語学』21-55　明治書院
李幸禧（1991）「中日語の蓋然性判断形式について―機能的階層構造という側面から」『日本学報』10　大阪大学文学部日本学研究室
李幸禧（1993）「中日語のモダリティ位置と発話上の機能について―認識・判断のモダリティ形式を中心に」『日本学報』12　大阪大学文学部日本学研究室
魯暁琨（2002）「助動詞"会"の語義探究及び"能"との対比」『文京学院大学研究紀要』4　文京学院大学総合研究所

中国語文献

方立・范莉（2005）〈"应该"及其否定句式〉《现代外语》28-4
高增霞（2000）〈语气词"吧"的意义再探〉《山东师大学报（社会科学版）》
贺阳（1992）〈试论汉语书面语的语气系统〉《中国人民大学学报》5（于康・成田静香訳「中国語の書き言葉における語気の体系」于康・張勤編『語気詞と語気』好文出版）
蒋宁（2006）〈语气副词"可能"和"也许"句法，语义及语用分析〉《现代语文》
李琚宁（2007）〈「してもいい」与"可以"的对比研究〉《日语学习与研究》133
鲁晓琨（2004）《现代汉语基本助动词语义研究》中国社会科学出版社
吕叔湘（1942）《中国文法要略》（《吕叔湘文集第一卷》1990版）商务印书馆
马建忠（1898）《马氏文通》（1983年新1版，第5次印刷）商务印书馆
彭利贞（2005）〈论"应该"的情态与体的互动关系〉《第八届国际汉语教学讨论文论文选》
彭利贞（2007）《现代汉语情态研究》中国社会科学出版社
齐沪扬（2002）《语气词与语气系统》安徽教育出版社
王晓凌（2007）〈"会"与非现实性〉《语言教学与研究》1
徐晶凝（2003）〈语气助词"吧"的情态解释〉《北京大学学报（哲学社会科学版）》
张小峰（2003）《现代汉语语气词"吧""呢""啊"的话语功能研究》博士论文　上海师范大学

英語文献

Greenbaum, S.（1969）*Studies in English Adverbial Usage*. Longman
Hopper, P. J. & Traugott, E. C.（1993）*Grammaticalization*. Cambridge University Press
Langacker, R. W.（1991）*Subjectification*. Cognitive Linguistics 1. Mouton de Gruyter

Langacker, R. W. (2000) *Subjectification and grammaticalization*. Grammar and Conceptualization. Mouton de Gruyter

Palmer, F. R. (2001) *Mood and modality 2nd edition*. Canbridge University Press

辞書

『言語学大辞典〈第6巻〉術語篇』(1996) 亀井孝他編　三省堂
『中日辞書』(2002) 伊藤醇他編　小学館
『中日辞書』(第二版)(2002) 相原茂編　講談社
『中国語虚詞類義語用例辞典』(1995) 高橋弥守彦他編　白帝社
『中国語辞典』(2002) 伊地智他編　白水社
『日中辞典』(2002)(第2版) 菱沼透他編　小学館
『日中辞書』(2006) 相原茂編　講談社
『日本語文型辞典』(中国語簡体字版)(2001) くろしお出版
《现代汉语八百词(增订本)》(1999) 吕叔湘编　商务印书馆（日本語版『中国語文法用例辞典』(2003) 菱沼透他訳　東方書店）

例文出典

『中日対訳コーパス』(2003)　北京日本学研究センター
　日本語原文の文章と中国語原文の文章とがあり、またそれぞれの訳文もある。
　文学作品：中国23篇、日本22篇とその訳本を合わせて105件（ほぼ1130.3万字）。
　文学以外：中国14篇、日本14篇、日中共同2篇とその訳本を合わせて45件（ほぼ574.6万字）。

『CCLコーパス』　北京大学漢語語言学研究センター
　(http://ccl.pku.edu.cn:8080/ccl_corpus/)
　中国語原文の文章のみ。新聞記事、文学雑誌、テレビ・映画脚本、ネット文学などのテキストを基にしている。

あとがき

　日本語と中国語の対照研究を研究テーマに決めたのは修士2年生の時だった。これからどうやって修士論文をまとめるかに苦しみ、なんとなくモダリティの研究を続けたいが、まだ具体的な研究方向や研究方法を固めておらず完全に途方に暮れていた私は、指導教官の勧めで、焦りを一旦抑え、気持ちを落ち着かせて日本語のモダリティの文献を一から読み直した。とにかく深く考えよう、問題を発見して論文を書こうという思いが強過ぎたのが原因だったかもしれないが、日本語の文献を読んでいるにもかかわらず、どうしても自分の母語である中国語と比べずにはいられなかった。日本語と中国語の対比のおもしろさに深く引かれた。もちろん、自分に2つの言語を扱う能力がはたしてあるのか不安もあったが、とりあえず日中両言語の対照研究をやってみるという気持ちで修士論文に取り掛かったのが本書の原点であった。

　2003年3月末に来日し、本書が完成する今日まで、13年の歳月が経った。留学の機会を提供してくださったのは、私の中国の出身大学である大連外国語学院であった。大連外国語学院は日本の北陸大学と姉妹校であり、大学3年生の時に交換留学生として北陸大学に編入学した。北陸大学を卒業後、学部研究生として東北大学文学研究科国語学研究室で学ぶことになった。国語学研究室で研究のおもしろさを知るようになり、先生方、先輩方の研究に取り組む姿勢の格好良さに憧れ、修士課程に入り、そして博士課程に進学し、2012年3月に博士課程を修了した。その後、専門研究員としてさらに一年間研究を行った。

　東北大学国語学研究室には、学部研究生から専門研究員まで、8年の長きにわたりお世話になった。指導教官の斎藤倫明先生には、いつも懇切丁寧な指導をいただいた。問題提起の仕方から、論理的

思考法、論証の方法の細部に至るまで貴重なご教示を賜り、研究の基礎を教えていただいた。研究がうまくいかない時には、心温まる励ましのお言葉をかけていただき、斎藤先生に対する感謝の気持ちは言葉に尽くしがたい。また、今回の出版にあたっては、斎藤先生がご自分の著書の出版を控えているにもかかわらず、私の原稿を丁寧に読んで貴重なご意見をいただいた。小林隆先生は、常に温かく見守ってくださり、深く思いやりにあふれる多くのお言葉は心に刻まれている。また、博士論文の執筆・完成にもお心にかけてくださり、有益な助言をいただいた。大木一夫先生には、院演習などで多大な建設的なコメントをいただいた。私の研究の話をいつも熱心に聞いてくださり、先生との討論はとても刺激的だった。飲み会の時にいつも先生の隣の席を狙っていた。そして、甲田直美先生には、ご講義や院演習などでご示唆をいただいた。女性研究者の姿はとても魅力的で、私の憧れだった。また、研究室の先輩や同級生、後輩の方々にも大変お世話になった。論文を書けない辛さに負けそうな時にいつも励ましていただいた。優秀で熱意あふれる研究室の方々に恵まれたことは、私の幸せであり誇りである。

　専門研究員終了後、現職の西南学院大学言語教育センターの中国語教員として勤めることになった。一転して教えることが中心になり、日々の授業に追われてなかなか研究の時間を抑えられないことにすごく焦りと不安を抱いた。同僚の先生と励まし合いながら徐々に乗り越え、また優秀な事務室スタッフにも助けられ、少しずつ研究できるようになった。そして、西南学院大学は研究者にとって非常によい研究環境を与えてくれた。本書は、西南学院大学研究インキュベートプログラムの研究費を受けて刊行されることになった。ここに記して、感謝の意を申し上げたい。

　今回の出版原稿の前半は東北大学国語学研究室出身の名古屋学院大学の川﨑めぐみ氏が、後半は同じく東北大学国語学研究室出身の山口大学の安本真弓氏が日本語チェックをしてくださった。先輩たちの助けがなければ、本書の完成には至らなかったと思う。衷心より厚くお礼を申し上げたい。

　そして、本書の刊行にあたっては、ひつじ書房に大変お世話にな

った。とくに森脇尊志氏には、出版の相談から原稿の校正、編集まで貴重な意見をいただいた。感謝の意を申し上げたい。

　また、私は運がよく、学校以外にも心の優しい日本人の方々と数多く出会った。2006年の夏から2013年3月まで、日中労働者交流協会宮城の中国語講座の講師を勤めていた。亀谷保夫ご夫婦、吉崎雄一氏をはじめ、講座の皆さんには大変お世話になった。娘のように可愛がっていただいた。また現在でも仙台に行くたびに皆が集ってくれる。懐かしい昔話をするのが楽しみである。

　最後に、この13年間ずっと支えてきてくださった中国の両親や親族、日本で出会い共に研究の道を歩んでいる夫にも感謝を申し上げたい。そして、先月に生まれたばかりの子供の笑顔を糧に次のステップに邁進していきたい。

2016年2月　北九州にて
王其莉

刊行によせて

　王其莉さんの博士論文「判断のモダリティに関する日中対照研究」が、このほど加筆増補されひつじ書房から「ひつじ研究叢書（言語編）」の一巻として刊行されることになった。まことに喜ばしいことである。

　王さんとは、2005 年に彼女が研究生として私の指導学生となった時からの付き合いである。最初、研究生志望の連絡を受けたとき、在籍が日本の大学の法学部法律学科であることに若干の戸惑いを感じたが、後で確認したところ、当時、彼女は中国の出身大学の姉妹校に交換留学生として来日していたとのことで、元々の出身は、間違いなく日本語学科であった。そういうわけで、研究生として入学後、日本語学の研究に真剣に取り組む彼女の姿を見て一安心した記憶がある。王さんは、その後、順調に大学院の前期課程、後期課程へと進み、2012 年 3 月に東北大学から博士（文学）の学位を取得して修了し、翌年 4 月に現職に就いた。

　大学院へ進み、王さんが最初に研究テーマに選んだのは、「だろう」の多義性の問題、すなわち「推量用法」と「確認用法」との関係、であった。ただ、修士論文の準備段階で、この問題をどのように扱ったらよいか、特にモダリティの問題としてどう位置づけるべきかについて、いろいろと迷っていたように思われたので、私としては、取り敢えず日本語モダリティの先行研究を自分なりに総点検してみるように勧めた。今思えば、その作業を通して、彼女は日本語のモダリティと中国語のモダリティとの相違に興味を持ったのではないか。無事、修士論文を書き上げ後期課程に進んだ時には、既に自分の研究テーマをモダリティの日中対照研究と見定めていたようである。

　日本語と中国語の対照研究というのは、中国からの留学生にとっ

て魅力あるテーマに見えるようで、多くの留学生が取り上げるが、実は留学生にとってなかなか難しい問題である。まず、単純に言って、対照研究を効果的に進めるためには、日本語学と中国語学との双方に通じていなければならない。その意味では、日本語学だけを研究する場合に比べ、2倍の労力が掛かると言えよう。中国語が話せるというだけで中国語を研究することができないのは、日本語を母語とする日本人が日本語学を直ちにできるわけでないのと同じである。そして、中国から私のところに来る大体の留学生は、日本語学についてはある程度の知識があるものの、中国語学に関しては正式な手ほどきを受けていない場合がほとんどである。従って、中国語学をいわばゼロから学ばなければならない。

　そういった目で見た場合、本書の日中語対照研究としての価値はどこにあるかというと、次の2点が挙げられよう。1つは、中国語学への充分な目配りが効いているという点である。このことは、本書第2章を一読すればよくわかるが、単に日中語対照研究に関する先行研究だけでなく、中国語学に関する文献にもよく目を通している。もう1つは、日中両国語の対応形式に関する個別的な相違を指摘するだけでなく、その相違が全体として両言語のどのような本質的相違にまとめ上げられるのか、という点を追究しているところである。本書第14章を見ていただきたい。そこで論じられている、特定の「文法カテゴリーという視点から見た時の『言語間の違い』」という問題がそれである。私は、本書を読み通すことによって、個々の日本語モダリティ形式に関する精緻な分析結果と、それが有する本質的な意味合いを提示しようとする果敢な試みに触れ、日本語研究者として大きな刺激を受けた。そういう点では、本書は対照研究の1つの手本を示していると言えよう。

　とはいえ、本書にも幾つか難点が存するのは、著者の若さから言って当然である。たとえば、日本語と中国語のモダリティにおいては表現手段が本質的に異なるという点をどう考えるか、という問題がある。この点については、本書第2章第3節で論じられているが、そこでの論述を読むと、両言語のモダリティの対照研究がどのような意味で成り立つのかについて若干の疑問を抱かざるを得ない。具

体的には、本書のように日本語の文末表現と中国語の助動詞とをモダリティ形式として対照させるだけで充分なのか、中国語に関しては、副詞も同等の機能を有するものとして無視できないのではないか、といった点である。またそれとの関わりで気になるのは、従来の日本語モダリティの捉え方には幾つかの異なった立場が見られる、という研究史的背景とどう向き合うか、という問題である。本書は、基本的に、日本語の文が「命題」と「モダリティ」といった二要素から成るという立場に拠っている。この立場は、現在の日本語学で主流を占める考え方ではあるが批判もある。今後、そういったモダリティに関する異なった捉え方を本書にどのように取り込むかが問われるであろう。ただし、本書の場合、現時点でも、第5章の記述に見られるように、そういった別の立場からの分析結果をも積極的に取り入れている点注目に値する。本書の、いわば懐の深さを示すものとして評価できよう。

　王さんが、かつて修士論文を書きながら、研究方法や今後の方向性についていろいろと悩んでいたのを思うと、今回、このような形で博士論文を上梓できたことは、その頃の彼女を傍からやきもきしながら見ていた身として大変感慨深い。しかし、王さんのその後の研究者としての、あるいは一人の人間としての確実な成長ぶりを見ていると、この結果も納得の行く思いがする。私は、王さんが在学中、彼女に中国語の個人レッスンをしてもらっていたが、レッスン時には、教員と学生という立場が逆転し、その指導はなかなか厳しいものであった。ただ、それと同時に、もう頭の固くなって語学学習には向かなくなっていた私に対して、時々褒めて持ち上げることも忘れず根気強く丁寧に教えてくれたことが懐かしく思い起こされる。王さんには、そういった筋を通す芯の強さと暖かい包容力が感じられる。王さんは、本書で以て、日本語学界という大海に漕ぎ出したわけだが、本書での成果をいわばコンパスとして、この先着実に航海を進めて行ってほしいと心から願っている。

　　　　　　　　　2015年霜月、氷雨の降る仙台にて
　　　　　　　　　　　　　　　　　斎藤倫明

索引

あ
在り方　62, 68, 69, 70, 124, 210, 245

い
意見表示　107
意向　109, 110
意志　110
意志語気　34
一次的モダリティ　16
一般事態　17, 193
因果関係　85, 209

え
Epistemicモダリティ　41, 43
「婉曲」用法　186, 187

か
蓋然性判断　183
階層構造　23
確信的判断　140
確信度　129, 130, 131, 132
確認要求　162
確認用法　121, 126, 129, 132
価値判断のモダリティ　16
過程重視　250
仮定文　188
可能　99, 103, 104, 112
可能性判断　140
可能性表現　139, 140, 146, 150
可能表現　99, 114, 219
軽い問いかけ／軽い問い掛け　124, 134

感情語気　32
間接的情報　172
関連づけ型　6

き
聞き手情報依存　123
既実現　88, 203
既得知識　61, 160, 161, 208, 210
機能語気　32, 34
機能的階層構造　122
基本叙法　23, 25
基本的意味　56, 99, 100, 104, 105, 106, 107, 110, 112, 114, 117, 127, 158, 161
基本用法　91, 93, 94, 95, 125, 127, 132, 148, 151, 210, 211
疑問のモダリティ　26
客観性　147, 148
客観的な事実　141, 142, 146
共通の枠組み　5, 6, 10, 11, 140
許可　99, 100, 112
許容　99, 103, 106, 107, 110, 112

け
形式間の違い　12, 245, 249
形容詞述語文　221, 223, 225
結果重視　250
結論　155, 175
言表事態　18
言表事態めあてのモダリティ　19, 21
言表態度　19
言語間の違い　12, 245, 249
言語教育のための対照研究　6, 8
言語研究のための対照研究　6, 10

269

こ

語意 31
後悔 94, 95, 113, 114
交互観察型 7
語気 30, 31, 32, 130
語気を和らげる 128, 131, 134
語勢 31
個別事態 17, 193
根拠 155, 159, 167, 172, 175, 178, 181, 182, 185
根源的 77, 154

さ

「悟り」用法 158, 160

し

事態の生起 235
実行のモダリティ 26
実質的内容 63
主観性 147, 148, 150, 166, 167
情意系の〈待ち望み〉 19
証拠性判断 171, 181, 183
情態 34
情態動詞 36
叙述のモダリティ 26
助動詞 219, 221, 223, 224
真偽判断 70, 202, 210, 211, 212
真偽判断のモダリティ 16, 43, 75, 136, 153, 194, 197, 199, 218, 248

す

「推定」用法 175, 176, 178, 180
推量判断 140, 143, 144, 146, 151
推量用法 121, 126, 132
「スル」的な言語 250

せ

生起 105, 223, 224, 226, 227, 228, 229, 230, 232, 233, 234, 236
生起する原因 234
生起する条件 227, 228, 229, 230, 232, 233
先例参照型 7

そ

存在詞 83, 86, 205

た

対応記述型 5
対事的モダリティ 125, 127, 130, 133
対照研究 3, 4
対照研究のタイプ 5
対照言語学 3, 4
対人的モダリティ 125, 127, 129, 130, 133
対立事態配慮 123
多義性 37, 44, 75, 76, 97, 121, 199, 211, 212
妥当 81, 83, 85, 88, 89, 203, 206, 210
妥当性 80, 84, 85, 88, 91, 93, 97

ち

知覚内容 172
知識確認の要求 162, 163, 165
直接的情報 172

つ

使われ方 65

て

提案 105
Deonticモダリティ 41, 43
「伝聞」用法 179

と

当為　81, 85, 204, 206, 210
当為性　80, 83, 84, 85, 91, 93, 95
当該事態の制御可能性　104
統合（類型設定）型　6
動作動詞　86, 87
動詞志向構造　250
動詞述語文　225

な

「ナル」的な言語　250

に

二次的モダリティ　16
認識　140
認識系の〈判断〉　19
認識的　77, 154
認識動詞　80, 83, 86, 203, 206
認知語気　44

の

述べ方　22, 24, 27, 29, 141, 145, 224, 225, 237

は

背景化　235
派生関係　210, 211, 235
派生的意味　105, 106, 112, 117
派生の仕方　161, 169
派生方向　91
派生用法　91, 94, 95, 127, 132, 148, 151, 209, 210, 219
働きかけ用法　129, 132
発言内容　172
発話・伝達のモダリティ　19
判断系のモダリティ　16
判断のモダリティ　16, 39, 43
判断様式／判断の様式　156, 157, 247
判定詞　80, 83, 86

ひ

PならばQ　245, 246, 247
"ひきはなし"の態度　172
"ひきよせ"の態度　172
必然性　55, 57
独り言　134
評価類　21
評価判断　59, 60, 61, 64, 79, 202, 210, 211, 212
評価・判断語気　32
評価判断のモダリティ　43, 75, 153, 194, 197, 199, 247
表現系のモダリティ　16

ふ

付加形式　23, 24
副次的モダリティ　21, 22
不確かな判断　125, 126, 127
普通の形容詞述語文　222, 223, 224
不満　94, 95, 113, 114
分析整理型　6
文の意味的階層構造　17
文法化　37, 147

ほ

法助動詞　75, 76, 199
本質的な違い　63, 64, 177, 180, 182

み

「見込み」用法　158, 159

め

名詞志向構造　250
命題　15, 22, 27, 236
命題確認の要求　162, 164, 165
命令　94, 112

も

モダリティ　15, 19, 23, 24, 27, 29, 31, 32, 34, 43, 236
モダリティ階層　127, 128, 131, 132
モダリティの下位分類　19, 27, 39, 40
モダリティを表す手段　38

よ

「様態」用法　174, 175, 176, 180
用法間のつながり／用法の間のつながり　121, 174
用法間の派生関係　213

る

類型設定型　5
類型的な特徴　249, 250
ルール　79, 202, 203

ろ

論理的　155, 157
論理的な帰結　160, 208
論理的な推論関係　160, 161, 165, 167
論理的に推論　156, 159, 161, 163, 164, 166, 168, 204, 207, 208

王其莉（おう きり）

略歴
1982年中国遼寧省遼陽市生まれ。2012年東北大学大学院文学研究科博士課程修了。博士（文学）。東北大学大学院文学研究科専門研究員を経て、現在、西南学院大学言語教育センター助教。

主な論文
「判断のモダリティ形式の意味特徴から見る日本語と中国語」『日本語と中国語のモダリティ』（白帝社、2015年）、「日本語の「なければならない」と中国語の"必須"」『日中言語対照研究論集』14（2012年）、「中国語の"会"に関する一考察―「Ⅰ.能力」「Ⅱ.長じる」ではない第Ⅲ類の"会"を中心に」『日中言語対照研究論集』17（2015年）

ひつじ研究叢書〈言語編〉第138巻
判断のモダリティに関する日中対照研究

Comparative Studies on Judgment Modality between Japanese and Chinese
Qili Wang

発行	2016年3月16日　初版1刷
定価	7200円＋税
著者	©王其莉
発行者	松本功
ブックデザイン	白井敬尚形成事務所
印刷所	日之出印刷株式会社
製本所	株式会社 星共社
発行所	株式会社 ひつじ書房
	〒112-0011　東京都文京区千石2-1-2　大和ビル2階
	Tel: 03-5319-4916　Fax: 03-5319-4917
	郵便振替 00120-8-142852
	toiawase@hituzi.co.jp　http://www.hituzi.co.jp/

ISBN978-4-89476-808-6

造本には充分注意しておりますが、落丁・乱丁などがございましたら、小社かお買上げ書店にておとりかえいたします。
ご意見、ご感想など、小社までお寄せ下されば幸いです。

刊行のご案内

〈ひつじ研究叢書（言語編）　第 129 巻〉
コミュニケーションへの言語的接近
定延利之 著　定価 4,800 円＋税

〈ひつじ研究叢書（言語編）　第 131 巻〉
日本語の活用現象
三原健一 著　定価 3,800 円＋税

〈ひつじ研究叢書（言語編）　第 132 巻〉
日英語の文法化と構文化
秋元実治・青木博史・前田満 編　定価 7,200 円＋税

〈ひつじ研究叢書（言語編）　第 133 巻〉
発話行為から見た日本語授受表現の
歴史的研究
森勇太 著　定価 7,000 円＋税